走向职业化——高职高专“十二五”规划教材

【经济管理类专业基础课系列】

市场调研与预测

主　编　邱小平

副主编　刘迎春　高凤荣　焦利勤

参　编　孙仁祥

主　审　杨群祥

第2版

机械工业出版社

China Machine Press

本书从高职高专市场营销专业课程的教学要求和特点出发，系统介绍了市场调研与预测的基本理论以及实用能力，包括方案设计、调研方式方法、资料处理以及报告撰写等。本书加入了小知识、小案例、小思考、练习及训练等版块，互动性强；每个项目结束设有相应的思考与练习、案例分析，帮助学生更好地掌握理论知识，提高实践能力。

读者对象：高职高专市场营销专业以及经济管理类相关专业的老师与学生；从事市场研究的实际工作者。

图书在版编目（CIP）数据

市场调研与预测/邱小平主编. —2 版. —北京：机械工业出版社，2012.6（2016.6 重印）

（走向职业化——高职高专“十二五”规划教材·经济管理类专业基础课系列）

ISBN 978-7-111-38774-9

Ⅰ. 市…　Ⅱ. 邱…　Ⅲ. ①市场调研-高等职业教育-教材　②市场预测-高等职业教育-教材　Ⅳ. F713.5

中国版本图书馆 CIP 数据核字（2012）第 126383 号

机械工业出版社（北京市西城区百万庄大街 22 号　邮政编码　100037）

责任编辑：张　昕　　　　版式设计：刘永青

北京瑞德印刷有限公司印刷

2016 年 6 月第 2 版第 5 次印刷

170mm × 242mm ·14.75 印张

标准书号：ISBN 978-7-111-38774-9

定价：29.00 元

凡购本书，如有缺页、倒页、脱页，由本社发行部调换

客服热线：（010）88379210；88361066

购书热线：（010）68326294；88379649；68995259

投稿热线：（010）88379007

读者信箱：hzjg@hzbook.com

高职高专经管类、旅游类规划教材
总编委会名单

高职高专经管类、旅游类规划教材
经管专业基础课分编委会

走向职业化高职高专经管类、旅游类规划教材联编院校名单

（排名不分先后）

1. 深圳职业技术学院
2. 顺德职业技术学院
3. 广东轻工职业技术学院
4. 广东工贸职业技术学院
5. 四川烹饪高等专科学校［四川旅游学院（筹）］
6. 广东交通职业技术学院
7. 中山职业技术学院
8. 广东白云学院管理系
9. 广东农工商职业技术学院
10. 广东邮电职业技术学院
11. 广东铁路职业技术学院
12. 广州航海高等专科学校
13. 黄河水利职业技术学院
14. 佛山职业技术学院
15. 珠海城市职业技术学院
16. 广东女子职业技术学院
17. 广东培正学院
18. 广东教育学院
19. 内蒙古财经学院职业学院商贸系
20. 山西金融职业学校

出版说明

高等职业教育是我国高等教育的重要组成部分，它以培养生产、建设、管理、服务第一线的高等技术应用型专门人才为根本目标，以坚持服务为宗旨。随着我国经济的迅速发展，社会对高等应用技术人才需求的急剧增长，以及国家和各级教育主管部门的重视，高等职业教育在“十一五”期间已取得了空前的发展，目前高等职业教育的规模已占到全国高等教育的半数以上。

“十一五”初期，高等职业教育在全国的发展水平极不均衡，全国高职高专院校的教学质量亦参差不齐。为此教育部曾先后下发文件，要求全国高职院校“加快高职教育改革与发展，提高高职教育教学质量”。

广东省是中国改革开放的前沿，也是我国高等职业教育蓬勃发展的典型代表之一。在广东省汇集了一大批优秀的高职院校和优秀的师资资源。

教材是体现教学内容和教学要求的知识载体，是教师进行教学活动的基本工具，是提高教学质量的重要保证。发展高等职业教育，提高教学质量，必须重视教材的建设。

在此背景下，在教育部有关领导的指导及广东省教育厅的大力协助下，机械工业出版社以广东省为中心，联合全国一批致力于高职教育改革且已颇具成效和影响的优秀院校共同成立了“高职高专经管类、旅游类教学改革规划教材编审委员会”。编委会以研讨高职高专教育教学改革方向，交流教学改革成果及经验为宗旨，力图通过以点带面，从前期的若干专业入手，层层深入逐步拓展，并借助教材这一形式将教学成果和经验在编委会成员学校之间进行分享与传播，从而进一步向全国进行推广，力求为我国的高职教育发展贡献一份绵薄之力。

“十一五”期间，编委会以机械工业出版社为平台，规划和陆续出版经济管理类和旅游类高职高专系列教材50余种。范围覆盖经济管理类专业基础课、电子商务、物流管理、会计电算化、旅游管理、酒店管理等专业的主要课程。此批规划教材按照教育部“提高教学质量、推行工学结合、以就业为导向”等要求，并根据高职高专教育的实际情况，邀请具有丰富高职教学经验的一线授课教师、具有相关行业工作背景的双师型教师以及企业一线工作者联手编写，旨在真正做到“产学结合”、“工学结合”。这些改革成果走在了全国高职教学改革的前列，同时，编委会中很多优秀院校也先后入选国家示范性高职院校，为全国的高职院校做出了表率。

“十一五”规划系列教材的编写指导思想体现了编委会研究制定的方针：教材编写结合教学方法的改革与实践；与相关行业的职业资格认证相结合；在写作方法上敢于打破传统的以学科体系设置课程体系、以知识点为核心的框架，更多地考虑学生所学知识与行业需求及相关岗位、岗位群的需求相一致，使教材内容“项目化”、“工作流程化”；突出“走向职业化”的特点，努力培养学生的职业素质、职业能力和专业技术。此外在高职教育的理论“必需、够用”方面也进行了有益的探索与尝试。在系列教材的开发过程中，众多资深一线授课老师、双师型老师、企业工作者们在教学、专业知识与企业实际工作的有效结合方面进行了探索。此批教材以“立足广东，面向全国”为目标，在突出广东特色的同时更兼顾到与全国通用性的结合。

系列教材尝试打破常规的学科体系教学模式，探索一种更符合高职教育实际情况的模式。在通过案例教学、项目式教学和互动式教学强化实践性、应用性与针对性的同时，以学生为本的思想也增强了学生学习的趣味性和主动性。系列教材以建设成为立体化教材为最终目标，将会在实践中逐步完善整个教材体系。

此批教材为编委会组织编写的高职高专教育教学改革规划教材，被机械工业出版社列为“十一五”期间重点发展的规划教材。经过两年多来的教学实践与积累，其中一批较早出版的，编写特色突出，符合教学规律及教学改革发展趋势，能够显著提高教学效果的教材已经脱颖而出，深受全国广大师生的喜爱。随着教学改革的进一步深入以及相关专业政策和知识的更新，这批优秀教材都已经面临再版的时机。为此，我们以“国家中长期教育改革和发展纲要”和“教育部2010年工作要点”为指引，以更进一步地贯彻执行《教育部关于全面提高高等职业教育教学质量的若干意见》（教高【2006】16号）和《教育部关于加快高等职业教育改革促进高等职业院校毕业生就业的通知》（教高【2009】3号）文件为方针，申报普通高等教育“十二五”国家级规划教材。与此同时，我们还将区分各专业在教学改革所处的不同阶段继续完善和发展已有系列教材的品种，加强配套教学资源的建设，扩大整体教学改革试点范围。

“十二五”期间，我们将结合广东省高职高专教学改革项目的最新成果，计划增加出版汽车、机械、电子、计算机、工商管理、物流、市场营销等更多专业的系列规划教材，并择其优秀者申报“十二五”国家级规划教材。

在编委会长期运作及系列教材规划和出版过程中，得到了广东省教育厅高教处吴念香副处长以及顺德职业技术学院、深圳职业技术学院、四川烹饪高等专科学校、广东轻工职业技术学院和广东工贸职业技术学院等一大批全国优秀院校的鼎力支持，在此特别致以衷心的感谢！

高职高专教学改革规划教材编委会
机械工业出版社
2010 年 7 月

前　言

本书在2007年8月首次出版发行，随着高职教育的发展及教材在使用过程中不断的提升和积累，又于2009年7月进行了修订，经过8次印刷共发行了近4万册，成为一本为多所院校使用的优秀教材。为了适应高职教育的发展，本书于2012年7月进行了再版。本次再版，编者对教材的编写风格进行了较大的调整，结合实际市场调研项目的工作内容，按照工作流程分解成具体项目和任务，把教学内容整合成8大项目，更加适应“项目导向 、任务驱动”的教学模式要求。学习者通过掌握任务处理能力，从而掌握相应的项目执行能力，并最终掌握本门课程。

本书结合高职高专人才培养要求，突出“走向职业化，立足广东，面向全国”的宗旨，以就业为导向，结合广东地区的经济发展，突出广东特色，同时兼顾全国范围的通用性；结合教学方法的改革实践及相关的考核；打破传统的以学科体系编写教材的模式，在理论够用、实用的基础上，突出实践能力的培养；强调实际操作能力和职业素养的培养，突出“走向职业化”的特色，结合获取职业技能和资格证书所需的知识与能力，并且以企业管理类学生未来岗位和岗位群所需能力为导向，构建较为完整的内容体系。本书图、表、案例丰富，文笔简明，是一本易读易学的优秀教材。

本书分为8大项目，包括：项目1，设计市场调研总体方案；项目2，运用市场调研样本组织方式；项目3，设计市场调研问卷；项目4，运用市场调研方法开展调研；项目5，处理市场调研资料；项目6，分析市场调研资料；项目7，市场预测；项目8，撰写市场调研报告。书后附有市场调研与预测概述基础知识以及市场调研内容基础知识。

广东农工商职业技术学院市场营销副教授邱小平拟定本书大纲，并担任主编。参与本书编写工作的有广东农工商职业技术学院、顺德职业技术学院、广东邮电职业技术学院、中山火炬职业技术学院的专家教授和专业骨干教师，具体分工如下：广东农工商职业技术学院邱小平编写项目2、项目5、项目6、附录A；顺德职业技术学院高凤荣编写项目1、附录B；广东邮电职业技术学院刘迎春编写项目3、项目7任务1；中山火炬职业技术学院焦利勤编写项目4、项目8；中山火炬职业技术学院孙任祥编写项目7任务2、任务3。全书由邱小平负责统稿，由广东农工商职业技术学院杨群祥教授审稿，由“高职高专经管旅游类教学改革规划教材编委会”审定。

本书的编者在编写过程中得到了广东农工商职业技术学院杨群祥教授的悉心指导，机械工业出版社高伟编辑也给予了大力支持；本书还参阅了许多学者最新的研究成果和案例，在此一并表示衷心的感谢！

邱小平

2012年5月

教学建议

本课程实用性很强，应多结合实际案例进行教学。另外，根据高职教育的要求，还应多结合高职教育的特点组织教学。

在教学过程中建议做到如下几点。

（1）基于工作过程组织教学内容。根据调研公司实际开展市场调研活动的基本程序组织教学内容，进行专项能力的培养。

（2）以“项目导向、任务驱动”的模式组织教学。

（3）采用工学结合的模式强化实践能力的培养。

以传播理论知识为宗旨，以培养学生的实践操作能力为目标，紧密结合生产实际、体现岗位能力要求，将能力培养的内容分为8个方面，包括市场调研方案设计能力、市场调研样本组织能力、问卷设计能力、实际市场调研能力、调研资料处理能力、调研资料分析能力、市场预测能力和市场调研报告撰写能力。

以“项目导向、任务驱动”模式组织的整体教学内容

教学项目	教学任务	培养的主要能力	学时安排	考核方式
项目1 设计市场调研总体方案	任务1 设计市场调研方案的格式	市场调研总体方案设计能力	6	报告
	任务2 设计市场调研方案的封面			
	任务3 设计市场调研方案的标题与目录			
	任务4 设计市场调研方案的引言			
	任务5 设计市场调研方案的调研目的			
	任务6 设计市场调研对象与调研单位			
	任务7 设计市场调研方式与调研方法			
	任务8 确定市场调研时间和调研工作期限			
	任务9 进行市场调研方案的可行性研究与评价			

（续）

教学项目	教学任务	培养的主要能力	学时安排	考核方式
项目2 运用市场调研样本组织方式	任务1 确定调研样本组织的基本方式	市场调研样本组织能力	10	考试和报告
	任务2 确定能否采用随机抽样方式			
	任务3 运用适当的随机抽样方式			
	任务4 对运用随机抽样方式下的样本资料进行推论			
	任务5 确定采用随机抽样方式下的样本容量			
	任务6 确定能否采用非随机抽样方式			
	任务7 正确运用非随机抽样方式			
项目3 设计市场调研问卷	任务1 设计市场调研问卷的标题	问卷设计能力	8	考试和报告
	任务2 设计市场调研问卷的问候语和说明			
	任务3 设计市场调研问卷的编码			
	任务4 设计市场调研问卷的甄别部分			
	任务5 设计市场调研问卷的题目			
	任务6 设计市场调研问卷题目的答案			
	任务7 设计市场调研问卷的作业情况记录及结尾部分			
项目4 运用市场调研方法开展调研	任务1 确定是否直接采用间接的市场调研法	市场资料收集能力	4	报告
	任务2 运用访问法进行市场调研			
	任务3 运用观察法进行市场调研			
	任务4 运用实验法进行市场调研			
项目5 处理市场调研资料	任务1 拟定市场调研资料的处理程序	调研资料处理能力	6	考试和报告
	任务2 对市场调研资料进行审核			
	任务3 对市场调研资料进行编辑			
	任务4 进行市场调研资料的分类整理汇总			
	任务5 对市场调研资料进行编码			
	任务6 对市场调研资料进行转换			
项目6 分析市场调研资料	任务1 选择市场调研资料的分析方法	市场调研资料分析能力	6	报告
	任务2 运用定性分析法			
	任务3 运用定量分析法			
项目7 市场预测	任务1 正确选择市场预测的方法	市场预测能力	6	报告
	任务2 运用定性预测法			
	任务3 运用定量预测法			

（续）

教学项目	教学任务	培养的主要能力	学时安排	考核方式
项目 8 撰写市场调研报告	任务 1 拟定市场调研报告的格式	市场调研预测报告撰写能力	4	报告
	任务 2 设计调研方案的各个要素			
	任务 3 撰写市场调研报告			
附录 A 市场调研与预测概述基础知识 附录 B 市场调研内容基础知识		市场调研与预测基础认知能力	4	报告
合　计			54	

建议采用如下教学方法：

（1）采用角色扮演的方式，增强教学效果。主讲教师扮演调研企业经理人、学生扮演调研部门员工，通过情景模拟，学生可掌握理论知识并锻炼实际能力。

（2）采用分组讨论的方式。学生分学习小组介绍方案，其他同学作为参与人员进行讨论分析，最后老师进行点评。

（3）采用现场实境教学法。带领学生深入实际市场环境开展市场调研，老师负责指导和解答问题。

建议改革考核方法，以知识考核和能力考核相结合的方式进行考核，总之，要在教学中不断探索创新，提升教学效果。

目 录

项目 1
设计市场调研总体方案

学习目标

知识目标

1. 掌握市场调研总体方案设计的意义
2. 总体方案设计的格式要求
3. 总体方案设计中各部分要素设计的要求

能力目标

1. 能结合市场调研方案设计的要求，结合调研项目分析和设计方案的各个要素
2. 能结合实际的市场调研项目设计出符合要求的、完整的市场调研方案

项目介绍

市场调研活动的开展涉及多方面的要素，如资金（费用）、人力、时间、管理（组织安排等）；要经过多个环节，包括设计问卷、调研实施问卷、处理问卷、分析资料、报告调研资料结果等方面，只有这些要素和环节有机结合才能完成调研的活动，取得好的调研结果。而要做到这一点，周密的安排必不可少。调研总体方案就是对整个调研活动的周密安排和部署。

本项目可以培养学生认识整个调研活动的全过程、认识调研活动各环节的有机结合、认识调研活动的主要要素，掌握相应能力并加以运用。

市场调研总体方案是客户与市场调研公司经过接洽，达成委托意向，委托调研公司开展调研活动的指导书，内容包括活动的方方面面，指导市场调研活动，是开展市场调研活动最为重要的前提之一。学生可具体通过 9 个任务进行学习。

任务1　设计市场调研方案的格式

1.1.1　对调研方案的认识

调研方案（也称调研总体方案）是根据调研研究的目的和调研对象的性质，在实际调研之前对调研工作的总任务的各个方面和各个阶段进行通盘考虑和安排，并提出相应的调研实施方式方法，制订出合理的工作程序的书面文件。

任何活动都必须事先谋划才能取得好的效果，市场调研活动也是如此。通过事先的安排部署，调研活动得以按计划组织实施，不会混乱无序；特别是事先安排调研活动的时间和内容，调研活动才不会盲目。同时还要注意，激烈的市场竞争，调研方案的设计水平也成为调研公司赢得客户的敲门砖。

1.1.2　市场调研方案的格式

市场调研方案具体的格式包括封面、目录、引言以及主体内容四大部分。下面主要介绍主体内容和几点说明。

1. 主体内容

主体内容一般包括以下9个方面。

（1）调研目的。

（2）调研内容。

（3）调研对象。

（4）调研方式和调研方法。

（5）调研资料整理和分析方法。

（6）提交报告的方式。

（7）调研程序及安排（含调研时间、地点和调研工作期限）。

（8）经费估算。

（9）调研的组织计划。

附：调研问卷。

2. 几点说明

（1）方案的格式可以多种多样，但基本的格式相对固定。

（2）格式可以根据内容设计得详略得当，具体可以结合调研的实际问题以及习惯进行设计。

实施任务1 结合实际项目设计市场调研方案的格式

1. 任务组织

（1）三人为一组成立学习小组，并公布名单；成立的学习小组原则上不变动，共同完成本课程的所有项目任务。

（2）各小组结合所选定的调研专题进行讨论，拟定本小组调研方案的格式。

（3）老师组织小组之间进行交流，对各小组结合实际项目设计的调研方案格式进行讨论和交流；老师负责说明和决策。

（4）学习小组将完善的调研方案格式设计方案提交老师进行评定。

2. 任务要求

（1）每位同学都要积极参与，发表自己的观点。

（2）调研方案的格式必须紧密结合设计要求，可以参考以下格式设计（见图1-1）。

封面

目录

引言（概要）

（1）调研目的

（2）调研内容

（3）调研对象

（4）调研方式和调研方法

（5）调研资料整理和分析方法

（6）提交报告的方式

（7）调研程序及安排（含调研时间、地点和调研工作期限）

（8）经费估算

（9）调研的组织计划

附：调研问卷

图1-1 调研方案设计格式

（3）必须以电子文件和纸质文件的形式将设计结果上交老师。

任务2 设计市场调研方案的封面

1.2.1 设计封面的样式

市场调研方案封面的设计样式多种多样，可以横列也可以竖列，但主要采用横列的形式，如图 1-2 所示。

飘影洗发水市场调研策划方案
委托人：广东飘影实业有限公司 责任人：第一诚信市场调研服务公司 第二作业小组 2011 年 12 月 30 日

图 1-2 封面的设计样式

1.2.2 封面设计的要求

1. 设计的封面要简洁清楚

市场调研方案不是艺术作品，并不需要过多的艺术设计要求。封面设计总的原则是简洁、清新，不要过于繁杂；也不要设计很多自以为必要的东西，使人感觉不佳。

2. 设计的封面要包括基本要素

封面主要应设计好标题、作业小组、时间，以及委托单位等要素。目的是让读者立刻了解调研方案的主题和其他主要信息。

3. 封面可以有必要的装饰

设计精美的封面给人留下良好的印象，适度的修饰也可以增强视觉效果，起到“先声夺人”的效果，容易赢得好评。

实施任务 2 结合实际项目设计市场调研方案的封面

1. 任务组织

(1) 三人学习小组结合所选定的调研专题进行讨论，拟定本小组调研方案的封面。

（2）老师组织小组之间进行交流，对各小组结合实际项目设计的封面进行讨论；老师负责说明和决策。

（3）学习小组将完善的调研设计方案封面提交老师进行评定。

2. 任务要求

（1）每位同学都要积极参与封面的设计。

（2）调研方案的封面必须紧密结合设计要求。

可以参考以如图1-2所示的样式进行设计。

（3）必须以电子文件和纸质文件的形式将设计结果上交老师。

任务3　设计市场调研方案的标题与目录

1.3.1　设计调研方案标题的意义与要求

调研方案的标题鲜明并且能增加吸引力；好的标题能使被调研者清楚地知道将要完成什么调研活动，从而提高调研效果。标题设计必须符合以下两点基本要求。

（1）标题应简单明了。出于格式、被调研者可阅读性及调研人员有效说明等方面的考虑，标题不宜过长。

（2）必要时可以采用复合标题。同样是出于调研活动有效性的考虑，对于比较大的调研专题，一般情况下被调研者不会费时很多地配合调研，所以，比较合适的做法是将该调研专题分割成几个分项目。

1.3.2　标题的一般格式

构成标题的元素主要包括调研时间、调研客体、调研对象、调研方案；或者是调研对象、调研客体、调研方案的结合。这样，相应就形成了两种不同的格式。

格式1：某某时间对某某商品的市场调研总体方案。

格式2：（关于）某某商品（某行业、消费行为）的市场调研总体方案。

小案例>>

1. 2011年度格力空调广州市场消费情况调研方案
2. 格力空调广州市场调研方案
3. 广州市天河区居民家庭汽车购买行为的调研方案
4. 关于中山市民文化消费支出的调研方案

1.3.3 设计调研方案的目录

调研方案的目录对于一份方案来说十分必要，它能为方案的阅读使用者提供指引。目录设计不要求过于详细，应当对方案格式中主要的要素标明页码。

实施任务3 结合实际项目设计市场调研方案的标题与目录

1. 任务组织

（1）三人学习小组结合所选定的调研专题进行讨论，拟定本小组调研方案的标题与目录。

（2）老师组织小组之间进行交流，对各小组结合实际项目设计的标题与目录进行讨论和交流；老师负责说明和决策。

（3）学习小组将完善的调研方案的标题与目录设计提交老师进行评定。

2. 任务要求

（1）每位同学都要积极参与，发表自己的观点。

（2）调研方案的标题必须紧密结合设计要求：①标题应简单明了；②可以采用复合标题；③元素应主要包括：对象范围 + 调研客体 + 调研方案；调研客体 + 调研方案。

（3）必须以电子文件和纸质文件的形式将设计结果上交老师。

任务4 设计市场调研方案的引言

1.4.1 对引言的认识

引言又称为前言，在方案中起到使阅读使用者了解方案梗概的作用，一方面能形成阅读的方向；另一方面也使其对整个方案有所把握。下面是一份引言案例，供参考。

广州市方便面消费市场调研方案

引 言

为了把握广州市方便面消费市场的现状以及未来的发展变化，为锦城公司的新产品开发和市场营销策略运用提供依据，本公司接受了锦城的委托，对广州市方便面的消费市场开展专项调研。本次调研的内容主要如下。

（1）消费者背景调研，把握主要的消费对象。

（2）消费行为状况调研，包括①消费者主要购买的产品；②购买渠道；③购买价格；④主要了解的促销策略。

（3）消费者的购买动机调研。

（4）消费者对产品品牌的满意度以及消费需求变化调研，包括要求的包装变化、价格、品质等。

本次调研采用非随机抽样方式中的配额抽样技术，采用街头访问的方法进行调研。本方案经过了多次的讨论、协商，做出了相应的修改和调整，并对相关的调研问卷进行了小范围的试验，方案基本确定可以实施，具体时间9月16日~9月20日。

1.4.2　引言的撰写要求

（1）简单明了。引言主要起指引作用，所以应当简单明了，对方案的主要方面进行说明，不必面面俱到，一般几百字足矣。

（2）前言中撰写的内容，应该概述市场调研方案策划设计的缘起、委托企业面临的问题、市场调研的目的、方案的主要内容、调研采用的主要方式和方法、方案设计进行的基本过程，但要注意说明调研的意图。

实施任务4　结合实际项目设计市场调研方案的引言

1. 任务组织

（1）三人学习小组结合所选定的调研专题进行讨论，拟定本小组调研方案的引言。

（2）老师组织小组之间进行交流，对各小组结合实际项目设计的引言进行讨论和交流；老师负责说明和决策。

（3）学习小组将完善的调研方案引言设计提交老师进行评定。

2. 任务要求

（1）每位同学都要积极参与小组方案的设计。

（2）调研方案的引言必须紧密结合设计要求。

（3）必须以电子文件和纸质文件的形式将设计结果上交老师。

任务5 设计市场调研方案的调研目的

1.5.1 对调研目的的认识

市场调研活动为了解决企业面临的问题，所以，活动的开展具有明确的目的，如认识新市场、开拓市场、维持巩固市场等。所以，在开展调研活动之前，必须充分了解和认识委托企业面临的问题，明确调研开展的目的。下面做两点简单说明。

（1）调研目的是调研活动中要弄清楚客户为什么要进行调研，解决什么问题。

（2）调研的目的可以表述成“为企业的市场开发提供依据，为企业的营销决策提供服务”。

1.5.2 消费市场调研目的的表述

通过调研掌握消费的现状及消费变化，为公司制定消费策略和整体市场营销策略服务。具体的调研目的包括如下几个方面。

（1）调研消费市场的现状，为制定目标市场定位的策略服务。

（2）调研消费者的行为，为制定消费渠道策略服务。

（3）调研消费动机，为制定销售策略服务。

（4）调研消费态度变化，为制定销售及促销策略服务。

实施任务5 结合实际项目设计市场调研方案的目的

1. 任务组织

（1）三人学习小组结合所选定的调研专题进行讨论，拟定本小组调研方案的调研目的。

（2）老师组织小组之间进行交流，对各小组结合实际项目设计的调研目的进行讨论和交流；老师负责说明和决策。

（3）学习小组将完善的调研目的设计方案提交老师进行评定。

2. 任务要求

（1）每位同学都要积极参与小组方案的设计。

（2）调研方案的调研目的必须紧密结合设计要求，在开展消费市场调研时可以参考1.5.2中的要求进行设计。

（3）必须用电子文件和纸质文件的形式将设计结果上交老师。

任务6 设计市场调研对象与调研单位

1.6.1 对调研对象的认识

调研对象是指调研专题所针对的所有被调研单位。例如，调研深圳市福田区居民家庭的汽车拥有量，福田区所有居民家庭都是这次调研的对象。

1.6.2 对调研单位的认识

调研单位是指搜集调研资料的对象，在抽样调研时即指调研样本。例如，调研深圳市福田区居民家庭的汽车拥有量，在采用随机抽样方式中的简单随机抽样方式下，该区所抽中号码对应的居民家庭就是调研单位。

实施任务6 结合实际项目设计市场调研对象与调研单位

1. 任务组织

（1）三人学习小组结合所选定的调研专题进行讨论，拟定本小组调研方案的调研对象与调研单位。

（2）老师组织小组之间进行交流，对各小组结合实际项目设计的调研对象与调研单位进行讨论和交流；老师负责说明和决策。

（3）学习小组将完善的调研对象与调研单位设计方案提交老师进行评定。

2. 任务要求

（1）每位同学都要积极参与，发表自己的观点。

（2）调研方案的调研对象与调研单位必须紧密结合设计要求。

（3）必须用电子文件和纸质文件的形式将方案设计结果上交老师。

任务7 设计市场调研方式与调研方法

1.7.1 对市场调研方式的认识

市场调研活动一般采用抽样调研，即从调研总体（又称为母体）中抽选出一部分个体作为样本，对样本进行调研，并根据抽样样本的结果推论总体。具体又包括随机抽样调研与非随机抽样调研，并且各自包含了5种具体的方式。而调研所有适合对象的方式，称为普查，此方式一般只适合政府部门组织的调研，以及一些小范围的调研。

1.7.2 对市场调研方法的认识

市场调研的方法是指调研资料搜集的具体方法。主要包括了4大类方法，即间接资料调研法（文案调研法）、实验法、访问法、观察法。其中，访问法是运用最广的方法，包括电话访问法、邮寄法、家访、小组访问、街头访问法等。

实施任务7 结合实际项目设计市场调研方式与调研方法

1. 任务组织

（1）三人学习小组结合所选定的调研专题进行讨论，拟定本小组调研方案的调研方式与调研方法。

（2）老师组织小组之间进行交流，对各小组结合实际项目设计的调研方式与调研方法进行讨论和交流；老师负责说明和决策。

（3）学习小组将完善好的调研方式与调研方法提交老师进行评定。

2. 任务要求

（1）每位同学都要积极参与小组方案的设计。

（2）调研方案的调研方式与调研方法必须紧密结合设计要求。

（3）必须以电子文件和纸质文件的形式将设计结果上交老师。

任务8 确定市场调研时间和调研工作期限

1.8.1 对调研时间的认识

调研时间是指资料所属的时间。搜集的资料在时间方面主要分为两种，一是指特定的时期的资料，如3月2日~3月12日商店的客流量；另一种是指某一指定时点的资料，如3月31日24时在店的商品价值。

1.8.2 对调研期限的认识

调研工作期限指调研工作开始至完成的阶段的整个期间。具体可以分为两种形式。

（1）整个调研工作期限，指从拟定调研方案至完成市场调研报告所需的时间或截止时间。

（2）各个阶段期限。指完成调研活动的不同阶段所需的时间。如问卷设计从3月1日~3月3日完成，指的问卷设计阶段的期限。具体的调研期限安排应拟定调研活动进度表进行控制。

实施任务8 结合实际项目确定市场调研时间和调研工作期限

1. 任务组织

（1）三人学习小组结合所选定的调研专题进行讨论，拟定本小组调研方案的调研时间和调研工作期限。

（2）老师组织小组之间进行交流，对各小组结合实际项目设计的调研时间和调研工作期限进行讨论和交流；老师负责说明和决策。

（3）学习小组将完善的设计方案调研时间和调研工作期限提交老师进行评定。

2. 任务要求

（1）每位同学都要积极参与小组方案的设计。

（2）调研方案的调研时间和调研工作期限必须紧密结合设计要求。

（3）必须用电子文件和纸质文件的形式将设计结果上交老师。

任务9 进行市场调研方案的可行性研究与评价

1.9.1 调研方案可行性研究与评价的意义

调研方案是否切实可行，必须经过分析检验和评价。同时方案可能存在不足的方面，通过专门的检验方法可以发现存在的问题，提升方案的水平。

1.9.2 可行性研究方法

调研方案是否可行，主要可以通过以下三种方法进行检验与评价。

（1）逻辑分析法。这种方法主要是结合事物之间的相互发展关系，利用科学方法分析设计的方案是否符合逻辑与情理。例如，开展广州市牛奶消费市场的调研，方案中把调研对象设计为小学生，显然不够全面。

（2）经验判断法。这种方法主要借助有经验的调研专家，利用他们的经验对方案进行判断。例如，请专家对广州市的商品流通企业发展的调研专题方案进行评价，在调研目的是要求掌握定性发展情况下，如果还采用分层随机抽样显然不合适，而应当采用非随机抽样中的判断抽样更为合适。

（3）试点调研法。可以结合调研方案的设计，选择代表性强的单位进行预先调研，检验调研方案的可行性，发现方案设计中存在的问题并进行完善。例如，开展广州市电子类产品未来市场发展的调研，可以采用街头访问法进行实地的检验，到广州市电子产品集散地岗顶市场进行调研，可以发现街头调研方法的不足，并加以完善。

实施任务9 结合实际项目进行市场调研方案的可行性研究与评价

1. 任务组织

（1）三人学习小组结合自己所选定的调研专题进行讨论，拟定本小组方案可行性研究的方案。

（2）老师组织小组之间进行交流，对各小组结合实际项目设计的可行性研究方案进行讨论和交流；由老师负责说明和决策。

（3）学习小组将完善的结果提交老师进行评定。

2. 任务要求

（1）每位同学都要积极参与小组方案的设计。

（2）调研方案的可行性研究方案必须紧密结合要求。

（3）必须用电子文件和纸质文件的形式将结果上交老师。

学习指导

1. 学习建议

市场调研方案设计，就是根据调研的目的和对象，提前对整个调研工作的全部过程进行通盘考虑和总体安排，制定合理的调查方案和工作程序。在了解市场调研方案设计含义基础上，明确市场调研方案设计的意义，掌握总体方案的基本内容；在了解市场调研可行性研究方法的基础上，对各种方案进行分析和评价。

2. 学习重点与难点

重点：（1）市场调研总体方案的基本内容和格式。

（2）市场调研方案的评价。

难点：市场调研总体方案的设计。

3. 核心概念

市场调研方案　市场调研方案设计　直观判断法　逻辑分析法　试点调研法

课后思考与练习

1. 市场调研总体方案设计的意义是什么？

2. 简述市场调研方案设计应包括什么内容？

3. 市场调研方案设计的基本格式是什么？

4. 如何开展市场调研方案的可行性分析和评价？

案例分析

大学生对MP5需求情况的市场调研方案

1. 前言

MP5是一类集娱乐性和学习性于一体的数码产品，因方便实用而在大学校园内广为流行。为配合本品牌MP5产品在市场的占有率，评估MP5的行销环境，制定应有的营销策略，预先进行MP5市场调研大有必要。

本次市场调研将围绕市场环境、消费者、竞争者进行。

2. 调研目的

要求详细了解MP5市场各方面的情况，为该产品在市场的拓展制定科学合理的营销方案提供依据，撰写市场调研计划书。

（1）全面摸清本企业品牌在消费者中的知名度、渗透率、美誉度和忠诚度。

（2）全面了解本品牌及主要竞争品牌在某大学的销售现状。

（3）全面了解目前主要竞争品牌的价格、广告、促销等营销策略。

（4）了解学生对MP5消费的观念和习惯。

（5）了解在校学生的人口统计学资料，预测MP5的市场容量及潜力。

3. 调研内容

市场调研分为内、外调研两个部分，此次调研主要运用外部调研，主要内容如下。

（1）行业及市场环境调研。

1）MP5市场的容量及发展潜力。

2）MP5行业的营销特点及行业竞争状况。

3）学校教学、生活环境对MP5行业发展的影响。

4）当前MP5种类、品牌及销售状况。

5）MP5行业各产品的经销网络状态。

（2）消费者调研。

1）学生对MP5的购买形态（购买过什么品牌、购买地点、选购标准等）与消费心理（品牌知名度、偏爱、经济、便利、潮流时尚等）。

2）学生对MP5各品牌的了解程度（包括功能、特点、价格、包装等）。

3）学生对品牌的意识、对本品牌及竞争品牌的观念及品牌忠诚度。

4）学生平均月开支及消费比例的统计。

5）学生理想的 MP5 描述。

（3）竞争者调研。

1）主要竞争者品牌及其产品的优势、劣势。

2）主要竞争对手的营销方式与营销策略。

3）主要竞争对手的市场概况。

4）本品牌主要竞争对手的经销网络状态。

4. 调研对象及抽样

全体在校学生都是调研对象，但因为家庭经济背景的差异，全校学生月生活支出存在较大的差距，导致其消费习惯的差异，因此在选择 MP5 的品牌、价格上都有所不同。为了准确、快速地得出调研结果，此次调研决定采用分层随机抽样法：先按其住宿条件的不同分为两层（住宿条件基本上能反映学生的家庭经济条件）——住公寓的学生与住普通宿舍的学生，然后再分别进行随机抽样。此外，分布在校内外的各经销商、专卖店也是本次调研的对象，因其规模、档次的差异，决定采用判断抽样法。

具体情况如下：

消费者（学生）：300 名，其中住公寓的学生占 50%

经销商：　10 家，其中校外，5 家

大型综合商场：　1 家

中型综合商场：　2 家

专卖店：　2 家

学生样本要求：

（1）家庭成员中没有人在 MP5 生产单位或经销单位工作。

（2）家庭成员中没有人在市场调研公司或广告公司工作。

（3）学生没有在最近半年中接受过类似产品的市场调研。

（4）学生所学专业不能为市场营销、调研或广告类。

5. 调研员的规定及培训

（1）规定。

1）仪表端正、大方。

2）举止谈吐得体，态度亲切、热情。

3）具有认真负责、积极的工作精神及职业热情。

4）具有把握谈话气氛的能力。

5）经过专门的市场调研培训，专业素质良好。

（2）培训。培训必须以实效为导向，本次调研人员的培训采用培训班集中讲授的方法，针对本次活动聘请有丰富经验的调研人员面授调研技巧和经验。对调研人员进行思想道德方面的教育，使之充分认识到市场调研的重要意义，培养其强烈的责任感，端正其工作态度，激发其对调研工作的积极性。

6. 人员安排

根据调研方案，本次调研需要三类人员：调研督导、调研人员、复核员，具体配置如下。

（1）调研督导：1名。

（2）调研人员：20名（其中15名对消费者做问卷调研、5名对经销商做深度访谈）。

（3）复核员：一两名，可由督导兼职，也可另外招聘。

如有必要还将配备辅助督导（1名），协助进行访谈、收发和检查问卷与派送礼品。问卷的复核比例为总问卷数量的30%，全部采用电话复核方式，复核时间为问卷回收的24小时内。

7. 市场调研方法及具体实施

（1）对消费者以问卷调研为主。在完成市场调研问卷的设计、制作及调研人员的培训等工作后，就可以开展具体的问卷调研了。把调研问卷均分给各调研人员，统一选择中餐或晚餐后的时间进行调研（此时学生多待在宿舍，便于集中调研、节约时间和成本）。调研人员在进入各宿舍时说明来意，并特别声明在调研结束后将赠送精美礼物一份，利于吸引学生积极参与并得到正确有效的调研结果。调研过程中，调研人员应耐心，切不可急促。要求学生在调研问卷上写明姓名、所在班级、寝室、电话号码，以便问卷复核。调研人员可以在当天收回问卷，也可以第二天收回（有利于学生充分考虑，得出更真实有效的结果）。

（2）对经销商以深度访谈为主。由于调研形式不同，对调研者提出的要求也有所差异。与经销商进行深度访谈的调研员相对于实施问卷调研的调研者而言，专业水平要求更高。调研人员对经销商进行深度访谈之前一般要预约时间并承诺付与一定报酬，正式访谈前调研人员要做好充分的准备、列出调研所需的所有问题。调研人员在访谈过程中应占据主导地位，把握着整个谈话的方向，能够准确筛选谈话内容、快速做好笔记，得到真实有效的调研结果。

8. 调研程序及时间安排

市场调研大致来说可分为准备、实施和结果处理三个阶段。

(1) 准备阶段：一般分为界定调研问题、确定调研方案、设计调研问卷或调研提纲三个部分。

(2) 实施阶段：根据调研要求，采用多种形式，由调研人员广泛地搜集与调研活动有关的信息。

(3) 结果处理阶段：将搜集的信息进行汇总、归纳、整理和分析，并将调研结果以书面的形式——调研报告表述。

客户确认调研项目后，相关人员有计划地安排调研工作的各项日程，保证调研工作的顺利实施。按调研的实施程序分七个阶段具体安排。

调研方案、问卷的设计 …………………………………… 3 个工作日

调研方案、问卷的修改和确认 ……………………………… 1 个工作日

项目准备阶段（人员培训） ………………………………… 1 个工作日

实地访问阶段 …………………………………………… 4 个工作日

数据预处理阶段 ………………………………………… 2 个工作日

数据统计分析阶段 ……………………………………… 3 个工作日

调研报告撰写阶段 ……………………………………… 2 个工作日

论证阶段 ……………………………………………… 2 个工作日

9. 经费预算

(1) 策划费	1 500 元
(2) 交通费	500 元
(3) 调研人员培训费	500 元
(4) 公关费	1 000 元
(5) 访谈费	1 000 元
(6) 问卷调研费	1 000 元
(7) 统计费	1 000 元
(8) 报告费	500 元
总计	7 000 元

【分析】

1. 分析以上调研方案中的调研内容，评判其是否符合调研目的？
2. 本调研中使用了哪种调研方法和抽样方法？
3. 整体方案的可操作性如何？

实训应用

实训项目

为了调研某商品的品牌形象，设计一份市场调研方案。

实训目的

(1) 通过实训，使学生掌握市场调研方案的设计能力。

(2) 增强学生的团队合作的精神。

实训指导

(1) 首先确定商品。

(2) 搜集商品品牌的资料。

(3) 设计一份调研方案。

实训组织

(1) 全班同学分组，每组4~6人，以小组为单位完成设计任务。

(2) 确定每组组长，由组长给组员分配工作。

(3) 每组选定的商品可以不同。

(4) 教师下达任务书。

实训考核

(1) 小组自评。

(2) 小组互评。

(3) 教师评价总结。

相关链接

http：//www. 3see. com

http：//www. searchina

http：//wenku. baidu. com/view/f892eeebaeaad1f346933f43. html

项目2
运用市场调研样本组织方式

学习目标

知识目标

掌握市场调研的主要方式，掌握随机抽样、非随机抽样的五种主要技术，掌握抽样推论的方法和样本容量的确定

能力目标

1. 选择比较所有的样本组织方式
2. 结合具体的市场调研项目运用正确的样本组织方式

项目介绍

市场调研活动是对一定的对象进行调研，搜集资料，整理、分析后得出调研结论，并提出相关建议的一项活动。其关键是要确定调研的单位，具体来说就是明确调研单位是全部对象还是部分对象，以及如何确定某一部分、这一部分的范围多大。一般的市场调研只调研部分对象，而市场调研的目的是要把握所调研市场的整体情况，所以调研人员必须能够利用部分对象的结果得出全部对象的结果。确定调研单位的问题，归根结底就是市场调研活动中的样本组织方式运用的问题。

学习本项目可以培养学生选择调研对象和推论总体结果的能力。具体分解为9个任务进行学习。

本项目是本课程的核心内容，在学习过程中学生将遇到三个主要的难点，一是熟练运用五种随机抽样方式、二是利用样本资料推论总体、三是确定样本容量。要求学生掌握多个相关的数学模型并加以运用；以上难点无疑也是学习的重点，同时，熟练运用五种非随机抽样方式也是重点。

任务1　确定调研样本组织的基本方式

要确定市场调研样本组织的具体方式，必须先明确样本组织的基本方式。市

场调研样本组织基本方式包括两大类，一是全面调研（又称为普查），二是部分调研（又称为抽样调研）。

2.1.1　对普查的认识

顾名思义，普查就是普遍调研。在市场调研活动中为了全面掌握所调研的市场现象，需要对涉及的所有对象个体进行调研，这种方式叫做普查。如调研某高校学生的就业观，就须对该校全部学生进行调研，所得的结果也较为准确。但是，要注意并非所有的调研都能进行普查。有许多调研所面对的个体数量庞大，如全国城市家庭住房面积的调研，类似这种问题的调研，只有国家政府才有能力进行，一般的调研公司或企业根本无法进行。再者，有时因现实条件的约束而不能进行普查，如对某食用油生产厂家的产品质量进行检测，就不可能将全部成品油打开进行调研。另外，现实中许多问题没必要进行普查，如调研广东青少年的身高，只需对部分人进行调研，因为青少年的身高在一个有限的范围内。综上所述，我们必须正确地认识普查这一形式。

普查的优点是资料准确；缺点是投入的时间、人力、费用较大，组织要求较高。普查主要适用于政府组织的一些关于人口、社会民生方面的调研以及一些小范围的调研，在现实中更多地应用在小范围的调研中，如调研某公司员工对该公司的满意度，调研某地企业的主体等。

【练习】普查适用于所有的调研吗？为什么？

【训练】组织全班同学对校园广播站的满意度进行普查。

2.1.2　对抽样调研的认识

1. 抽样调研的意义

抽样调研就是从总体中选择部分个体进行调研。抽样调研也常简称为抽查，是指从调研总体（又称为母体、整体、调研对象）中抽选出一部分个体作为样本进行调研，并根据抽样样本的结果推论总体结论的调研方法。例如调研天河区居民家庭汽车拥有量，可以选取部分家庭进行调研，然后推论整个天河区的情况。

2. 抽样调研的主要方式

抽样调研包含随机抽样调研和非随机抽样调研两大类。前者主要包括简单随机抽样、分层随机抽样、分群随机抽样、等距抽样、多级多阶段抽样五种方式；后者主要包括任意抽样、判断抽样、配额抽样、滚雪球抽样、固定样本连续抽样五种方式。具体将在任务2和任务3中详细说明。

3. 抽样调研方式得到广泛运用的原因

抽样调研被广泛地应用在各个领域的资料调研搜集，主要由于以下原因。

（1）抽样调研只是调研总体的一部分，大大节省了调研的时间。

（2）调研的结果能满足调研要求。因为抽样调研的样本来源于总体，采取适当的调研技术，所得到的资料代表性很高，如调研广州市商品流通企业的经营状况，可以采用分层随机抽样技术，按规模大小将企业划分为大、中、小三种类别，再在每一种类别中抽出若干家企业作为样本，这样就可以得到较准确的总体结果。

（3）抽样调研技术以数理统计作为理论依据，具有很强的科学性。

（4）因为市场环境多变，调研活动并不要求达到100%准确，抽样调研能够在可以接受的误差下对总体做出推断，得到满足要求的调研结果，从而成为市场调研基本的方式之一。

4. 抽样调研的适用性

抽样调研的适用范围主要如下。

（1）无法进行普查，如全国性城市居民住房面积的调研。

（2）不必要进行普查，如产品质量的检测。

（3）需要快速得到调研结果，如节令市场销售状况的调研。

（4）在经费、人力、物力和时间有限的情况下开展的调研。

（5）对普查进行验证。

（6）对某总体进行假设性检验，常用抽样调研检验、判断这种假设的真伪。

5. 抽样调研的一般程序

抽样调研一般包含五个程序。

（1）确定调研总体，即明确调研的全部对象及其范围。确定调研总体，是开展市场调研的前提和基础，只有明确调研总体，才能进行正确地抽样，并保证抽取的样本符合要求。

（2）确定抽样调研的方式。抽样调研分为随机抽样和非随机抽样，具体将在后面的任务中学习。在这里须认识到选择的方式不同，具体的做法将会不同。

采用随机抽样方式时，需要对个体编号，即对调研总体中的每一个个体进行编号。然后采用选定的随机抽样技术，选出更具代表性的个体。采用非随机抽样方式时并不要求对每个个体编号。

在调研工作中，如果调研总体很多，则编号的工作量会很大，一方面可以考虑采用非随机技术，另一方面要分析能否采用分群随机技术或多级多阶段抽样技术。

这里还需要说明的是确定抽样调研的方式涉及大量的工作，如采用随机抽样方式时，必须计算样本的数量等问题。

（3）确定调研方法。调研方法是具体开展调研时搜集资料的做法。调研方法包括访问法、现场观察法、实验法等。

（4）开展调研。采用（3）中确定的调研方法对（2）中确定的样本进行具体调研，获取第一手资料。开展调研经常利用问卷这一工具，具体问卷设计将在项目3中学习。

市场调研经常还要采用间接资料调研的方法，搜集一些第二手资料，即现成的调研资料。一方面可以利用现成的共享资源，另一方面可以掌握一些调研项目的背景资料，例如采取网上调研就是搜集二手资料的常用方法，具体将在项目4中学习。

（5）处理资料。由于有时调研所得到的资料无序甚至无效，无法得出有意义的结果，所以必须处理所得的资料，使之有序、有效和便于利用。

（6）分析资料。调研的目的是决策，所以，要进一步对资料进行分析，得出一些认识和观点，从而为决策服务。资料分析的过程是一个复杂的过程，如果采用随机抽样的调研方式，还需要通过样本指标推断总体指标的结果，具体将在本项目的任务6进行学习。这里举两个例子说明如何采用最简单的方法点估计推断总体指标。

小案例>>

例1：从1 000个对象中抽出100个样本进行访问调研，请他们对经济发展速度的前景进行预测，其中认为未来一年经济增长速度将达到8%以上的有60人，占被抽样总数的60%。

【解】可以用百分比推算法进行推断。推断出调研总体1 000个对象中将有600人认为未来的经济增长速度将达到8%以上；说明大多数人对经济发展前景相当看好。

例2：假定对500家商店客流量进行调研，从50个样本调研的结果是平均的客流量为350人次。

【解】可以用平均数推算法进行推断。将调研的样本结果加以平均，求出样本平均数，再代入平均数推算总体的公式：总体总量=总体个体数×样本平均数。

那么 500 家商店的总客流量为：500×350 人次 =175 000 人次。

【分析提示】 以样本指标可以推算总体指标。按百分比推算法和平均数推算法是最简单的估计方法。更多的估计总体的方法将在本项目的任务 6 中学习。

（7）撰写调研报告。调研报告是调研结果的反映，也是调研价值的体现，具体将在项目 8 中进行学习。

实施任务 1　结合具体项目确定调研样本组织的基本方式

1. 任务组织

（1）学习小组先结合实际的调研专题进行讨论，拟定本小组调研项目样本组织的基本方式。

（2）老师组织小组之间进行交流，对各小组结合实际项目设计的样本组织的基本方式进行讨论；老师负责说明和决策。

（3）学习小组将完善的样本组织的基本方式设计方案提交老师进行评定。

2. 任务要求

（1）每位同学都要积极参与，提出自己的方案。

（2）调研方案的样本组织方式必须紧密结合实际，具体应首先判断采用普查还是抽样调研；抽样调研是采用随机抽样还是非随机抽样。

（3）必须用电子文件和纸质文件的形式将结果上交老师。

任务 2　确定能否采用随机抽样方式

2.2.1　对抽样方式及其类别的基本认识

抽样方式是指抽样调研时样本的抽取模式及其具体做法，也可以称为抽样技术。抽样方式可以分为随机抽样方式与非随机抽样方式两大类。

1. 随机抽样方式

随机抽样又称为概率抽样技术，即从市场母体中抽取一部分子体作为样本，采用一定的市场调研方法搜集样本资料，并运用数理统计的原理和方法对总体的数量特征进行估计和推断的调研技术。

例如，可以从广州市天河区的 20 万户家庭中抽取 400 户家庭进行汽车拥有状况的调研。其中，20 万户家庭就是这项调研的母体，400 户家庭就是调研的样本。可以通过这 400 户家庭汽车拥有状况的调研结果推论 20 万户家庭的汽车拥有状况。

2. 非随机抽样方式

非随机抽样是由调研人员根据一定的主观标准抽选样本的抽样调研技术，即从市场调研对象中人为地确定标准，抽取一部分子体作为样本进行调研。

例如，开展广州市女性消费者每个月化妆品支出的调研，由于18～45岁的女性消费者是消费的主要群体，可以针对她们开展调研。

2.2.2　随机抽样方式的特点

随机抽样方式对总体中每一个个体都给予平等的机会作为样本，完全排除了人为主观因素的影响。

这里要注意对总体和个体的认识。

（1）这里的总体指的是某次抽样时涉及的全部对象的总和。在不同的随机抽样方式下，总体的含义具体有一些差别，如在简单随机抽样方式下，指的是所涉及的对象包含的全部个体总和；在分层随机抽样方式下，指的是特定的层，即“大总体”中的“小总体”；在分群随机抽样下，指的是由群组成的“群的总和”。

（2）这里的个体指的是抽样调研对象的组成细胞。不同的抽样方式下个体的含义也有所不同，如在简单随机抽样下，指的是单一个体；在分层随机抽样方式下，是指特定的层内包含的个体；而在分群随机抽样下指的是“群”（分群抽样方式下的“个体”并不是指“抽样元素”，具体可以参阅后部分内容）。

随机抽样一方面可以使抽取出来的个体情况有较大的可能性接近总体的情况，提高样本的代表性，为利用样本的调研结果推论总体结果提供前提条件；另一方面，可以根据数理统计的原理，提高调研的精度，准确地计算抽样误差，并且有效地进行控制；再一方面，市场现象普遍存在着随机性特征，由多个因子影响，抽样时只有遵循随机性原则，才不至于破坏原有的随机性特征。

2.2.3　对随机抽样调研科学性的认识

随机抽样技术具有很强的科学性，主要原因如下。

（1）抽样的部分来自总体，必然带有总体的信息，所以，利用部分样本推论总体是有基础条件的。

（2）构成总体的一些个体之间在性质上必定相似或相近，所以有代表性。

（3）根据李雅普诺夫的理论，不管总体原始分布如何，样本的分布总是可以视为正态分布，而且由此得到准确总体参数的概率值极大。这样，就可以结合正态分布的结论推论总体。

2.2.4 随机抽样方式常涉及的一些基本概念

1. 抽样框

抽样框是指构成调研对象的所有个体单位的详细名单，即全部抽样单元的资料。例如 从100 000名职工中抽取400名职工，则100 000名职工的名单就是抽样框。抽样框一般可采用现成的名单名录，如学校的名单、企业名录、住户名单等，没有现成名单时可以自己编制。

2. 抽样单位或抽样单元

抽样单位或抽样单元指的是抽样框中的个别单位。

3. 抽样元素

抽样元素是指接受调研提供资料的最小的具体单位，通常指被调研的个人。

抽样单元可以分级，大的抽样单元可以包含许多小的抽样单元。例如在全国居民家庭生活状况调研中，省（直辖市）可作为一级抽样单元，市（县）作为二级抽样单元，还可以继续按区、街道再细分为三级、四级更细的抽样单元。抽样元素是具体提供资料的对象，如家庭户、个人。抽样单元与抽样元素可能重合，也可能不同。例如，在采用分群随机抽样的方式进行抽样调研广州市市民对低碳广州的认识，将广州市以区为群进行调研，这是两者就是分开的。

实施任务2 结合具体项目确定能否采用随机抽样方式

1. 任务组织

（1）学习小组先结合实际的调研专题进行讨论，拟定本小组调研样本组织的基本方式，分析能否采用随机抽样方式。

（2）老师组织小组之间进行交流，对各小组的分析进行讨论；老师负责说明和决策。

（3）学习小组将完善的分析及方案提交老师进行评定。

2. 任务要求

（1）每位同学都要积极参与，提出自己的分析意见。

（2）调研方案的分析必须紧密结合实际。具体应注意做好如下三方面的判断：①随机抽样方式的总体要求与抽样框是否具备；②采用随机抽样方式是否能满足调研要求；③采用随机抽样方式的结果是否比非随机抽样方式理想。

（3）必须用电子文体和纸质文体的形式将完善的结果上交老师。

任务3 运用适当的随机抽样方式

随机抽样技术涉及的内容很多，具体包括五种方式。由于随机抽样五种抽样技术之间存在联系，所以应先从最简单的简单随机抽样技术入手，然后再认识随机抽样其他方面的问题，包括抽样误差的计算、抽样估计、样本容量的确定。

2.3.1 随机抽样的主要方式

1. 简单随机抽样方式

简单随机抽样方式又称单纯随机抽样方式，是按随机原则对总体进行无目的地选择，是一种纯粹偶然的抽取样本方式。例如，调研某街道居民的收入，可以对该街道的所有家庭进行编号，然后随机抽取号码，再对抽中的家庭进行调研。

简单随机抽样方式是一种基础的调研方式，其他方式都是在它的基础上发展起来的，主要介绍以下两种。

（1）抽签法。先将调研总体的每个单位编上号码，任意从中抽选号码，直到抽足预先规定的样本数目为止。抽签法广泛应用在日常的生活中，主要适用于总体单位数目较少的情况。

（2）乱数表法，又称随机数表，是指利用含有一系列组别的随机数字表格确定样本的号码，再对应确定样本个体的方法。乱数表可以利用特制电子计算机，将0～9按照每组数字2位、3位甚至多位分组排列好形成表格，也可以参照英国编制的乱数表。（由于乱数表的编制原则没有规律，大家都可以编制。）下面是一张自制的乱数表（见图2-1）。

020 346 764 987 567 098 321 245 690 367 768 891 231 190 082 672 234 612 780 613 572 903 602 798 991
610 406 289 497 461 921 047 218 336 920 356 367 743 269 360 489 598 243 179 356 390 061 832 421 278
876 421 623 598 798 712 408 276 539 344 104 380 828 731 199 204 198 307 113 657 432 908 784 312 345
609 853 742 532 767 801 105 398 948

图2-1 自制乱数表

将调研总体中的所有单位加以编号，根据编号的位数确定使用若干位数字，然后查乱数表。在乱数表中任意选定一行或一列的数字作为开始数，接着可从上而下，或从左至右，或一定间隔（隔行或隔列）顺序取数，凡编号范围内的数字号码即为被抽取的样本个体号码。如果不是重复抽样，碰上重复数字应舍掉直到抽足预定样本数目为止。例如，从900人中抽取100人。先将900人编号为

1～900，从0～9抽一个号码，假如是5，又假设从横向顺序任意组合三个号码，则从第一行的567开始一直抽够100个号码即可。

简单随机抽样方式由于每个个体都有同等被抽中的机会，即个体之间可以相互替代，所以适用于总体内个体之间差异不明显的情况。如果总体内的个体差异明显，则不适宜采用，应改用其他方式，否则误差会比较大。

这里顺便说明，具体抽样时有两种方法，一种是重复抽样，一种是不重复抽样。重复抽样下被抽中个体不可以参加下一次抽样；非重复抽样下被抽中个体不可以参加下一次抽样。

2. 分层随机抽样方式

（1）分层随机抽样的含义。分层随机抽样方式又称为分类随机抽样技术、类型随机抽样技术，是把调研总体按照不同属性分为若干层次或类型，然后在各层或类型中按简单随机抽样方式（或等距抽样方式）抽取一定样本的抽样技术。例如，调研某集团公司女性消费者化妆品的月消费支出，可按年龄、收入或职业等某一种标志划分为不同的层次或类型，然后按照样本数量要求，在各个层次中进行简单随机抽样调研即可（见表2-1）。

表2-1　某企业女性按年龄分层

年龄分组（岁）	各组人数	各组样本数
<20	100	15
20～30	200	80
30～35	400	60
35～40	200	30
>40	100	15
合计	1 000	200

表2-1对该企业的1 000名员工按年龄分为五层，其中对80名20～30岁的被调研者，可以按简单随机抽样或等距抽样的方式抽取样本进行调研。

（2）分层随机抽样的特点。分层随机抽样的主要特点体现在先将总体所有单位按某一个（或几个）有关的重要标志进行分类或分层，然后在各类或各层中采用简单随机抽样或等距抽样方式抽取样本单位。这里还要说明的是由于需要分层，必须有总体内个体的信息才能进行。

（3）分层要求。选择分层标志（分层变量、指标）原则上要求做到以下几点。

1）相关性的原则，即要求选择的分层标志要与调研的问题密切相关。例如，消费者接触媒体习惯的调研与他们的职业密切相关，而与收入就没有那么密切。

2）易于测量和应用，即操作起来方便。例如，调研大学生的月消费支出，按生源所在地就很容易分层调研。

3）分层后各层次间比较清晰，层内差异相对较小、层间差异明显。例如可以按照收入的不同区间进行分层。

常用分层标志包括以下几类。

a. 人的属性。包括性别、年龄、民族、职业、文化程度、收入等。

b. 人的生活方式，包括媒介接触习惯、运动偏好、娱乐爱好、消费习惯、生活情调等。

c. 家庭的特性，如家庭人口数量、家庭收入、家庭支出及结构等。

d. 企业的特性，包括：①企业规模；②企业产值；③企业效益；④企业类型；⑤企业的社会影响力。

4）分层随机抽样的主要方式。可以按照确定各层样本数量的方法不同，分为等比例分层抽样、分层最佳抽样两种方式。

a. 等比例分层随机抽样。在确定各层样本的数量时，按各层（或类型）中的个体单位数量占总体个体单位数量的比例分配各层的样本数量，即以各层所占总体的比例确定各层样本数。

$$n_i = n \times N_i / \sum N_i \tag{2-1}$$

式中，n_i 为各类型应抽选的样本单位数；n 为样本单位总数；N_i 为各类型的个体单位数；$\sum N_i$ 为所有类型个体单位数之和。

小案例>>

某地共有居民 20 000 户，按收入高低进行分类，其中高收入居民为 4 000 户，占总体的 20%，中等收入为 12 000 户，占总体的 60%，低收入为 4 000 户，占总体的 20%。要从中抽选 200 户进行购买力调研，请确定各层样本数。

【解】 各类型应抽取的样本单位数如下。

高收入层的样本单位数目为： $n_i = n \times N_i / \sum N_i = 200 \times 20\% = 40$(户)

中等收入层的样本单位数目为：$n_i = n \times N_i / \sum N_i = 200 \times 60\% = 120$(户)

低等收入层的样本单位数目为：$n_i = n \times N_i / \sum N_i = 200 \times 20\% = 40$(户)

【分析提示】 各层样本单位数的抽取数量是按各类型经济收入的单位数量占总体单位数量的比例计算确定的。这种方法简便易行，计算方便。

等比例分层随机抽样主要适用于各类型之间差异不大的情况。如果各类之间差异较大，则不适宜采用此法，而应采用分层最佳抽样法计算并确定各层样本数。

b. 分层最佳抽样法，又称非等比例抽样法，它根据各层的标准差大小来调整计算各层的样本单位数。实质上以调研单位数和样本标准差两个因素为依据进行计算各层样本数。

$$n_i = n \times N_i \times S_i / \sum N_i \times S_i \tag{2-2}$$

式中，n_i 为各类型应抽选的样本单位数；n 为样本单位总数；N_i 为各类型的单位数；S_i 为各类型单位的标准差。

小知识 >>

样本标准差（standard deviation）。该项指标主要可以用于反映某一资料内部个体之间的差异情况。计算公式为：

样本标准差 = $\sqrt{离差的平方和/(样本数目-1)}$。当样本数目 >30 时，可不减 1。

例如：调研 5 位顾客对 × × 牌饮料的评价。分别打分为：7 分、7 分、8 分、9 分、9 分。下面计算标准差。

先计算均值 = $(7+7+8+9+9)/5=8$（分）；然后计算方差 = $[(7-8)^2+(7-8)^2+(8-8)^2+(9-8)^2+(9-8)^2]/(5-1)=1$；再计算根方差（标准差）= $\sqrt{[(7-8)^2+(7-8)^2+(8-8)^2+(9-8)^2+(9-8)^2]/(5-1)}=1$ 或根方差（标准差）= $\sqrt{方差}=1$。结果说明 5 位顾客相互之间的平均差是 1 分。

小案例 >>

某次调研的总体单位数是 40 000 人；其中高收入的单位数为 8 000 人；中等收入的单位数为 20 000 人；低收入的单位数为 12 000 人。高收入阶层的标准差为 400 元，中等收入阶层的标准差为 200 元，低收入阶层的标准差为 100 元，要求调研 600 人作为样本。分别按①等比例抽样；②分层最佳抽样法求各层样本数并加以比较各层样本数的变化。

【解】（1）比例抽样法下的计算。

高等收入层样本单位数目为：8 000/40 000 × 600 = 120（人）

中等收入层样本单位数目为：20 000/40 000 × 600 = 300（人）

低等收入层样本单位数目为：12 000/40 000 × 600 = 180（人）

（2）最佳抽样法下的计算（见表 2-2）。

表2-2 调研单位数与样本标准差乘积计算表

各层单位数（人）	各层标准差（元）	乘积（元）
8 000	400	3 200 000
20 000	200	4 000 000
12 000	100	1 200 000
合计		8 400 000

各层样本数的计算，按照计算公式，计出各类型应抽选的样本单位数如下。

高等收入层样本单位数目为：600×(3 200 000/8 400 000)＝228.57(人)

中等收入层样本单位数目为：600×(4 000 000/8 400 000)＝285.71(人)

低等收入层样本单位数目为：600×(1 200 000/8 400 000)＝85.71(人)

【分析提示】各层样本单位数不是按各类经济收入的比例计算，而是按样本标准差的大小进行调整计算的，与等比例随机抽样公式比较，增加了标准差这个因素。不难看出，标准差大的层调整后将会增加样本数。具体来看，高收入层所抽取的样本数目由120人增加到228.57人，增加了108.57人；中等收入层大体不变；低收入层则由180人减少为85.71人；实质是标准差小的层减少调研样本；而标准差大的层则增加调研样本。

3. 等距随机抽样方式

（1）等距随机抽样方式又称为系统抽样技术或机械随机抽样技术，即将总体中的个体先按一定标志顺序排列，并根据总体单位数和样本单位数计算出抽样距离(相同的间隔)；然后按相同的距离或间隔抽选样本单位。例如，某地某村股东会员代表大会与会会员代表的调研。会议实到200名会员，调研20名作为样本。将与会会员代表按到会的先后顺序排列，然后计算出抽样间隔并进行抽样。

（2）等距随机抽样方式的样本组织。该方式运用的关键是确定抽样间隔和第一个样本，抽样间隔计算公式如下。

$$D = N/n \tag{2-3}$$

式中，D为抽样间隔；N为总体数；n为样本数。

上例的抽样距离为200/20＝10。第一个样本的确定可以用简单随机抽样或判断抽样法。在简单随机抽样法下，先用0～9的号码抽出一个号码，假设抽出号码为5，则第一个号码为5；第二个为15；其他为25，35，45，55，65，75，85，95，105，115，125，135，145，155，165，175，185，195。

例1：某地区有100家零售店，采用等距随机抽样的方法抽选10家进行调

研。第一步，将总体调研对象（100家零售店）进行编号，即1～100号。第二步，确定抽样间隔。已知调研总体数 $N=100$，样本数 $n=10$，则抽样间隔 = 100/10 = 10（家）。第三步，确定第一个样本号数。将10张卡片从0～9号编号，然后从中随机抽取1张作为第一个样本号数。假设抽出的是3号，则3号为第一个样本号数。第四步，确定被抽取单位。从第一个样本开始，按照抽样间隔选择样本。本例从3号起每隔10号抽选一个，直至抽够10个号码为止。计算方法是：3，3+10=13，3+10×2=20，等等，即所抽的单位的编号为3、13、23、33、43、53、63、73、83、93的10个号码对应的零售店。

第一个样本可从第一段或任一段采取简单随机抽样或判断抽样确定，余下样本按距离等距确定，形成一个等差数列。这里还要注意一个特殊处理的方面，如果求出的单元编号超过了 N，则将该编号减去 N 即可。

例2：某居委会拥有居民720户，在某次市场调研中须在这一居委会的居民中抽取10户样本单元。抽样间隔 $K=72$，若第一个样本号码为051，那么全部样本号码为：051，123，195，267，339，411，483，555，627，699；若第一个样本号码为102，那么全部样本号码为：102，174，246，318，390，462，534，606，678，750；最后一个应改为30（750－720）号。

【分析提示】 等距抽样的关键是确定抽样距离和第一个样本。

（3）等距抽样的顺序排列方式。主要有两种顺序排列方式：①按与调研项目无关的现成标志排列。现成标志有很多，如开展体育活动支出调研，可按现成的住户门牌、工作证编号、姓氏笔画等标志进行排列；②按与调研项目有关的标志排队。如连续生产方式下产品品质的调研，可以按产品出现时间排序；再如对住户月消费支出进行调研，可按住户平均月收入进行抽选。

（4）等距抽样方式的优点。方法简单；样本均匀地分散在调研总体中；样本具有代表性。

（5）等距抽样方式的局限性。主要体现在：①总体的单位排列时需要有每个单位详细具体资料，即抽样框；②抽样误差的计算较复杂；③当抽样距离与被调研对象本身节奏性或循环周期重合时，会影响调研的精确度。例如调研2月某商场每周销售量，抽取4天作为样本。如第一个样本是周末，则其他样本都会是周末，而周末的销售与平时不同，就会产生系统性误差。

（6）等距抽样方式的适用性。等距抽样是应用最广的一种抽样方式，常替代简单随机抽样方式；适用于大规模调研。在大规模的调研（特别是电话访问）中常与其他抽样方法结合使用。

4. 分群随机抽样方式

（1）分群随机抽样方式又称整群抽样技术、集团抽样技术，即将调研总体分为若干群体，然后用单纯随机抽样方式，从中抽取某些群体进行全面调研。例如，调研广州市天河区居民的运动时间，一共调研500人，可以先把天河区划分为若干个街道，抽取若干街道然后再对所抽取的街道所有的人进行调研。

（2）采用分群随机抽样的主要原因。

1）抽样框的影响。简单随机抽样、系统抽样、分层随机抽样需要个体名录，在总体很大的情况下很难得出；如调研广州市中学生中近视眼的比例，要对整个广州市中学生编制名录，是比较困难的。而编制全市中学名录就方便多了，可以按照预期需要抽取的人数，随机抽取几家中学进行调研。

2）抽选群为对象能大大降低数据搜集的费用，而且分群随机抽样的样本集中。

（3）分群抽样的特点。

1）以群为抽样单元（个体）进行简单地随机抽样。这里可以把抽样面对的群看成个体，比较好理解。

2）随机抽取群并对所抽取的群进行普查，是分群抽样与普查的结合。因为在分群抽样下，群与群之间是同质的；而群内的个体是异质的。

（4）抽样群的划分方法。可以根据地域的划分或其他自然形成的群体，如学校、工厂、街区等。对于一个连续的总体，可以根据需要划分群的大小，如一片街区可划分为几个街道，又如调研某学校在校学生对广播站评价，可以以班或宿舍为群进行调研。

（5）分群要求。常按照客观存在的社会条件、自然条件形成的群体；每群的单位数可以相等也可以不相等；抽取群时既可以用随机抽样方式，也可以用非随机抽样方式（一般用随机抽样方式）；分群与分层后的要求相反，群与群之间的差异要小；群内个体之间的差异要大。

小案例>>

例1： 某市一共有100所中学，精准眼镜公司为了调研了解中学生的视力状况，决定调研1 000名中学生。已知每所中学大约有500名学生。该公司采用了分群抽样技术，从100所中学中随机抽取了2所中学全面调研，很快就达到了调研目的。

【分析提示】 各中学的中学生视力情况不会因为中学的不同而受影响，适合采用分群随机抽样。

例2： 某城区由15个街区组成，某公司准备调研居民的运动时间。调研时按照现成地域分布，将该城区划分成了 5 个群体，每个群体含 3 个街区，现抽取 2 个群体，并对群内 6 个街区的居民进行了普查，有关资料见表 2-3。

表 2-3 某城区 6 个街区居民普查资料表

群	群内街区	人均运动时间（分钟）
A	1	30
	2	40
	3	35
B	4	45
	5	25
	6	30

【分析提示】 由于运动主要取决于人们的生活观念，所以适合采用分群抽样。

例 3： 某学校一共有 5 000 人，设有 100 个班，每班 50 人。在某次的救助捐款调研中采用了分群随机抽样技术。以班为群，抽 10 个班进行调研后得出全校的捐款额。

【分析提示】 同一个学校中各班的生源情况相差不大，所以采用分群抽样技术是合适的。

（6）分群抽样的适用性。分群抽样适用于总体构成不清晰，难于找到标志进行有效分类；总体太大，无法或难于编制抽样框；或节省费用等情况。这里应特别注意，分群抽样只有在群内差异大、群间差异小的情况才可考虑采用。

（7）分群抽样的优点。

1）抽样方式比较简单。它是在简单随机抽样方式的基础上发展起来的，以群为个体抽样。

2）易行。样本集中，调研起来比较方便；只需关于群的抽样框而无需群内个体的名录。

3）费用小，效率高。主要体现在样本集中调研方便。

（8）分群抽样的不足。样本不能均匀分布在总体单位中，与其他抽样方式相比误差较大。在同样的样本数量下，调研精确度低于简单随机抽样，如果群内个体之间的差异较小而群间差异大，则抽样误差更大。所以，在实践中为了减少误差，一般都要通过增加一些样本单位数的办法提高调研的精确度。如为了取得与简单随机抽样同样的精确度，分群抽样的样本个体数需要比简单随机抽样多出几倍。

5. 多级多阶段抽样

在进行复杂的大规模调研时，由于总体内的个体数量很大，抽样框很难编制，难于或无法做到直接抽取样本个体。如调研全国城市小学生的视力状况，由于编制名录是一项浩大的工程而难于实现。

（1）多级多阶段抽样的含义。通过多次抽样，最后抽取出样本的调研方式。如调研全国城市小学生的视力状况，可以先把全国划分为不同的省份，抽取几个省份；再把抽中的省份划分为不同的市，抽取几个市；以此类推，最后对抽取的街道所属的小学进行普查。

（2）多级多阶段抽样的特点。结合前例，可以总结出多级多阶段抽样的要求，即先把总体划分为若干个一级抽样单元；再把各个一级抽样单元划分为若干个二级抽样单元，直至不再划分。抽样时简单随机抽样的方式一直贯穿始终。

（3）多级多阶段抽样的类型。多级多阶段抽样包括：多次分层抽样、先分群后分层抽样、先分层后分群抽样、一直分群抽样等。

这里要说明的是，多级多阶段抽样阶数（抽样次数，每抽一次为一级或一阶段）可任意，但通常为2阶、3阶，因为阶数太多会显得太复杂，而且还会增加误差。各阶中可使用任何一种抽样方式，从而形成多种抽样类型共存的模式。

主要的模式如下。

1）多次分层抽样。例如调研广州市男士化妆品的消费情况，先按收入分层，再按年龄分层。

2）先分群后分层抽样。例如调研广州市居民的文化消费支出，先按性别分群，再按收入分层。

3）先分层后分群抽样。例如调研广州市越秀区劳动力的教育水平分布状况，先按中专及以下、大专、本科、本科以上分层；再按性别分群。

4）一直分群抽样。例如调研广东省中山市中学生视力状况，依次按学校和性别分群。

2.3.2 随机抽样调研技术的评价

1. 随机抽样调研的优点

（1）时间短，收效快，涉及面小，取得调研结果速度快，能在较短的时间内获得同市场普查大致相同的调研效果，还可以运用抽样调研技术检验普查及有关资料的准确性，并给予必要的修正。

（2）质量好、可信度高。随机抽样调研是建立在数理统计基础之上的科学方法，具有科学性。

(3) 费用少、易推广。调研的对象少，又能保证调研的有效性，从而可以大大地减少工作量，节省开支费用；同时，由于抽样调研需要的人力、物力较少，企业能够承担，容易组织。

2. 随机抽样调研的不足

随机抽样调研存在着抽样误差，但同时应认识到抽样误差在一定范围内又是允许的。由于市场的多变性，无法也不需要完全正确。

实施任务3 结合具体项目运用适当的随机抽样方式

1. 任务组织

(1) 学习小组先结合所选定的调研专题进行讨论，拟定本小组选定的具体随机抽样方式。

(2) 老师组织小组之间进行交流，对各小组选定的随机抽样方式进行讨论；老师负责说明和决策。

(3) 学习小组将完善的随机抽样方式结果提交老师进行评定。

2. 任务要求

(1) 每位同学都要积极参与，发表自己的观点。

(2) 调研方案所选定的具体随机抽样方式必须紧密结合实际，具体应注意明确如下几个方面的问题。

1) 所选随机抽样方式的理由。

2) 采用该随机抽样方式是否能满足调研要求。

3) 采用该随机抽样方式的结果是否比其他随机抽样方式理想。

4) 具体该种抽样方式的基本操作程序的细化说明。

(3) 必须用电子文件和纸质文件的形式将结果上交老师。

任务4 对运用随机抽样方式下的样本资料进行推论

2.4.1 随机抽样的误差计算与控制

抽样调研的目的是用样本的指标来推论总体的指标。其思路是先看样本指标与总体指标之间的差异是多少；然后利用这一差异来推论总体指标。对于这些问题，数理统计已经作了详尽的论述和说明，可以直接应用于市场调研实践。

1. **对抽样误差的认识**

采用某种抽样调研方式针对某一调研总体进行调研时，可以抽到多种样本组合；而且不同的调研者得到的样本组合是不同的。显然采用某一名调研者、某一次抽样或某一个样本组合产生的误差作为该抽样方式的误差是不科学的。这样就引出了两个不同的抽样误差概念：个体误差，即一个样本组合指标与总体指标之间的离差（用两者平均数的离差作代表）；抽样误差，即在某种抽样方式下该方式的结果代表总体指标产生的误差。抽样误差不是指个体误差，而是指所采用的抽样方式下所有样本组合的个体误差平均后的平均误差，即抽样平均误差。抽样调研时，该种抽样调研方式下所有组合的平均误差作为抽样误差。

每一组样本组合的个体误差计算是以样本平均数 $\bar{x}$ 与总体平均数 $\bar{X}$ 指标之间的离差表示。抽样误差又称为代表性平均误差，具体是指所有样本组合的平均数 $\bar{x}$ 指标来推断总体平均数 $\bar{X}$ 指标之间的平均离差。

2. **抽样误差的计算**

计算抽样误差时，首先必须求出所采用的抽样调研方式下所有的样本组合数，再来求它们的平均误差。

（1）样本组合（样本空间）。一种调研方式下，有多少个样本组合？下面以单纯随机抽样为例子来进行说明。

1）重复且考虑顺序下的单纯随机抽样。假设 $N=3$，其标志值为1、2、3，现抽取 $n=2$。抽取结果有：1、1；2、2；3、3；1、2；2、1；1、3；3、1；2、3；3、2。一共9种样本组合。根据本例和其他方面的研究，统计学家引出了一个推而广之的求解模式：从总体 N 抽取 n 个重复且考虑顺序下的样本的可能样本组合数为 N 的 n 次方，本例就是3的平方。

2）不重复且不考虑顺序下的单纯随机抽样。上例抽取结果，在不重复且不考虑顺序的条件下，只有三个组合：1、2；1、3；2、3。统计学家也引出了一个推而广之的求解模式：从总体 N 抽取 n 个不重复且不考虑顺序下的样本的可能样本组合数为 N 与 n 的组合数，上例就是正好等于从3数中抽出2数的组合数，即样本的可能数目为 $C(3,2)=\frac{3!}{2!(3-2)!}=3$。对于任意的 N 和 n 有：$\frac{N!}{n!(N-n)!}$

（2）抽样误差的计算。用 $\mu\bar{x}$ 代表抽样误差。重复单纯随机抽样方式下，

$\mu\bar{x}=\sqrt{\sum(\bar{x}-\bar{X})^2/N^n}$。

不重复且无顺序下单纯随机抽样其抽样误差为

$$\mu\bar{x} = \sqrt{\sum(\bar{x} - \bar{X})^2 / C(N,n)}$$

进一步分析，在实际中不可能抽出全部组合后再计算式中的方差。那么该如何计算呢？根据数理统计结论进行推导：由于 $\bar{X}$ 未知，上式转化为

$$\mu\bar{x} = \sqrt{(1/n) \times (1/N) \times \sum(x - \bar{X})^2} = \sqrt{\sigma^2/n}$$

式中 $(1/N)\sum(x-\bar{X})^2$ 是总体方差。根据数理统计原理，在重复单纯随机抽样下，样本方差 $S^2 = 1/(n-1) \times \sum(x-\bar{X})^2$ 是总体方差 σ^2 的一个优良估计量。而 n 大下一般可不减去1。从而可转化为用样本来求解的结论：重复单纯随机抽样方式下：$\mu\bar{x} = \sqrt{\sigma^2/n} = \sqrt{S^2/n} = S/\sqrt{n}$。具体可用样本标准差 S 代表总体标准差 σ 来求解了。而在不重复单纯随机抽样方式下，$\mu\bar{x} = \sqrt{(S^2/n) \times (1 - n/N)}$。下面结合例子来说明。

小案例>>

某企业调研职工每月的消费支出，已掌握职工平均每人月消费支出的标准差为30元。如果从 $N = 2\,000$ 人中抽取160人进行调研，计算（1）重复抽样下；（2）不重复抽样下的抽样误差。

【解】（1）$\mu\bar{x} = \sqrt{S^2/n} = S/\sqrt{n} = 30/\sqrt{160} = 30/12.6491 = 2.3717$

（2）$\mu\bar{x} = \sqrt{(S/n) \times (1 - n/N)} = \sqrt{(30^2/160) \times (1 - 160/2\,000)} = 2.2749$

3. 影响抽样误差的因素

从抽样误差的计算模式，比如在重复单纯随机抽样方式下，$\mu\bar{x} = \sqrt{\sigma^2/n} = \sqrt{S^2/n} = S/\sqrt{n}$，或者在不重复单纯随机抽样下，$\mu\bar{x} = \sqrt{(S^2/n) \times (1 - n/N)}$，可以认识到影响抽样误差的主要因素如下。

（1）样本容量 n。一般情况下，n 越大，抽样误差相对越小。

（2）总体的标准差 σ，一般情况下，总体的标准差 σ 越大则抽样误差越大。

（3）随机抽样组织方式，在 n、N 一样的条件下：①重复单纯随机抽样的误差将大于不重复单纯随机抽样；②进一步还要认识到分群随机抽样的误差将大于不重复和重复单纯随机抽样；③不重复单纯随机抽样的误差大于分层随机抽样；④在总体按有关数量标志排列时，等距抽样平均误差小于不重复单纯随机抽样，有时甚至小于分层随机抽样。

4. 随机抽样误差的控制

在随机抽样调研的活动中，应尽量减少抽样误差，提高调研的精确度。结合

影响抽样误差的因素，具体可从以下几个方面进行。

（1）选定合适的抽样方式。市场调研的对象、调研的目的和要求不同，适宜的调研方式会不同。例如，开展某企业职工的月消费支出的调研，调研要求能进行很精准地推论总体和计算误差。由于调研的要求比较高，五种技术误差的控制效果不同，结合调研专题的特点，如分层随机抽样在相同的调研样本数量下，代表性比简单随机等抽样方式要好，所以，应尽量采用分层随机抽样方式，减少抽样误差。

（2）确定合适的样本数目。随机抽样调研的样本数目，在同样的调研方式下会明显地影响调研的误差。一般来说，样本越大，抽样误差越小；样本越小，抽样误差越大。可见，样本数量取决于调研要求的精确程度；但同时要注意，抽样调研并不是样本数量越大就越好。因为随着调研样本的增加，调研费用也会增加，而在能达到抽样精度要求的前提下，应尽量减少样本数量以减少调研的费用。再有，要注意按照调研精确度的要求，采用的调研方式不同，所以样本数量会有所不同，比如，在采用分群随机抽样方式下，样本数量就要多一点。

这里再进一步说明，影响样本数量的因素还与调研总体中个体之间的差异程度有关。在同样样本数的条件下，总体中个体之间的差异越大，误差越大。换言之，在确保误差相同的前提下，如果总体中个体之间的差异大，则须抽取的样本数就大，反之亦然。

（3）加强对调研工作的组织领导，以提高抽样调研工作的质量。抽样调研要经过多个环节和步骤，而每一个过程都会影响误差。所以，要以科学认真的态度对待调研工作；要注意调研人员的选择和培训；要注意调研组织工作的严密性和工作程序的规范性等因素。

【小思考】 随机抽样调研中是否一定存在抽样误差，能否控制？

答：抽样误差是客观存在和不可避免的，但误差的大小是可以控制的。可通过选定不同的抽样方式及样本数目来控制误差；另外，加强对抽样调研的组织领导，也可提高抽样调研工作的质量。

2.4.2 区间估计与点估计

样本推论总体的推论的方式主要有两种，点估计和区间估计。

1. 点估计

这是一种简单推断总体的方法，在前面也进行过一些介绍。一是确定总体内个体的值时，直接按照样本的平均值作为总体的每一个个体的平均值；二是确定总体总量时，直接用样本的平均值乘以总体的个体数来推论总体总量，具体可用公式：$Tq=\bar{x}\times N$ 计算。

点估计存在明显的不足，不考虑抽样误差和确认估计的准确程度，是一种较简单而粗略的估计，只能作为一种认识上的基本判断。

例：某地开展当地职工月收入的调研，当地职工的人数为 100 000 人，抽样 500 人调研得出平均的月收入水平为 4 000 元，问当地职工的月总收入是多少？

解：$Tq=\bar{x}\times N=4\ 000\times 100\ 000=400\ 000\ 000$（元）。

2. 区间估计

因为抽样调研客观上存在抽样误差，所以只能对总体作一定的估计。区间估计是把总体的值估计在一定的范围内，显得更加科学和有意义。

（1）区间估计的基本原理。

1）样本组合的均值的分布。大家知道，对于任意分布的总体 N，按样本 n 可抽出不同的多个样本组合，可以计算出不同的样本组合的平均值 $\bar{x}$，并可以计算出“所有组合均值的均值”，这样就可以形成一个许多样本平均值围绕其“所有组合均值的均值”的分布。

对社会随机现象的观察和实验称为随机试验，随机试验的每一可能结果就是一个随机事件。社会现象的大量数据差异，可以理解为随机现象产生的随机差异。调研对象的回答是随机的，因答案的选择结果因人而异。根据李雅普诺夫定理：如果总体存在有限的平均数和方差，那么不论这个总体变量如何分布，随着样本单位数的增加（或组合数增加），样本平均数的概率分布会趋向于正态分布。大数定律也表明，大量的随机现象遵从正态分布。所以当样本容量 n 足够大时，不论总体 N 的分布如何，样本组合均值围绕其“所有组合均值的均值”的分布都可作近似正态分布。

2）“所有样本组合均值的均值”即所有样本组合的平均值 $\bar{x}$ 的期望值，可以通过一个简单的例子来认识其意义。例如，假设 $N=3$，其标志值为 1、2、3，现抽取 $n=2$，抽取结果在重复的单纯随机抽样下有 1、1；2、2；3、3；1、2；2、1；1、3；3、1；2、3；3、2。共 9 种样本组合可能。这样可以很容易地计算出样本组合均值：1，2，3，1.5，1.5，2，2，2.5，2.5。“所有样本组合均值的均值” $=(1+2+3+1.5+1.5+2+2+2.5+2.5)/9=2$。而直接计算总体的平均值 $=(1+2+3)/3=2$。

下面再引入符号来说明，设 N 由三个个体组成，三个个体的变量为 x_1，x_2，x_3；从 3 个个体中抽取 2 个个体，抽样结果的变量组合为：x_1、x_1；x_2、x_2；x_3、

x_3；x_1、x_2；x_2、x_1；x_1、x_3；x_3、x_1；x_2、x_3；x_3、x_2。第一个样本组合均值为x_1；第二个样本组合均值为x_2；三个样本组合均值为x_3；第四个样本组合均值为$(x_1+x_2)/2$；第五个样本组合均值为$(x_1+x_2)/2$；第六个样本组合均值为$(x_1+x_3)/2$；第七个样本组合均值为 $(x_1+x_3)/2$；第八个样本组合均值为$(x_3+x_2)/2$；第九个样本组合均值为$(x_2+x_3)/2$。再计算上述九个平均数的平均数即所有样本组合的平均值，即$\bar{x}$的期望值

$$E(\bar{x})=[x_1+x_2+x_3+(x_1+x_2)+(x_1+x_3)+(x_2+x_3)]/9=(x_1+x_2+x_3)/3$$

总体的均值$\mu=(x_1+x_2+x_3)/3$，由此可得，所有样本组合的平均值=总体的平均值μ。

这里只是通过三个单位的总体的计算来说明，而数理统计学家则通过研究更大的总体和样本组合得出了相同的结果。

3）所有样本组合均值围绕“所有样本组合均值的均值”的分布是正态分布，因为“所有样本组合均值的均值”等于总体均值μ，可以视同所有样本组合均值围绕“总体平均值”呈现正态分布的现象。

4）正态分布原理。既然所有样本均值围绕“所有样本组合均值的均值”的分布是正态分布。根据正态分布原理，所有样本组合均值将围绕总体均值波动，与总体均值偏差比较小的组合比较多，偏差比较大的比较少，密度分布呈现中型的分布。具体来说，占68.27%的组合与总体均值之差不超过1个单位的抽样误差；占95.45%的组合与总体均值之差不超过2个单位的抽样误差；占99.73%的组合与总体均值之差不超过3个单位的抽样误差。

通过以上四点的分析认识，我们就可以进行总体估计推论了。

（2）置信度与置信区间。既然是估计，就不是百分之百地有把握，只能在一定的程度上把握。所以，对总体的估计是在一定的把握程度下的一定范围的估计。这就引出置信区间与置信度两个概念。

1）置信区间。大家可以把以一定的概率把握程度确定的总体指标所在区间称为置信区间。例如，某班参加英语考试的估计平均成绩，有90%的可能是在80～90分，即80分≤平均成绩≤90分。则把80～90分称为在90%的把握程度下的置信区间。

置信区间的表示方式可采用（$\bar{x}-t\mu\bar{x}\leqslant\bar{X}\leqslant\bar{x}+t\mu\bar{x}$）或［$\bar{x}-t\mu\bar{x}$，$\bar{x}+t\mu\bar{x}$］进行表示。

进一步应认识到，置信区间的大小反映了估计的准确性或精确性，在n一定时，区间与可靠度又是相互制约的。例如，估计某一群人的身高为［0米，3

米]，毫无疑问，这个估计的可靠性为100%。但这个估计毫无意义，其精确度几乎为0。必须把区间缩小，如［1.6米，1.8米］，但可靠程度则会变小了。所以，应把推断控制在一定的精度和一定的准确度范围内。

2）置信度。又称为置信水平或可靠水平，即用样本指标推算总体指标时的可信程度，或概率把握程度。例如把握程度为95%，意味着如果重复多次调研，100次中大约有95次，200次中大约有190次，置信区间可以覆盖了总体的真正的值。

3）置信度与置信区间的确定方法。可以以（$\bar{x} - t\mu\bar{x} \leqslant \bar{X} \leqslant \bar{x} + t\mu\bar{x}$）出发，或［$x - t\mu\bar{x}$，$\bar{x} + t\mu\bar{x}$］。其中，$\mu\bar{x}$是抽样误差；$t$称为概率度，可以通过设定把握程度，从而确定$t$值。

根据概率论和数理统计的分布理论和分布极限可知：①当$n>30$时，最常用t值可查常用的t值表；②若$n<30$，则样本均值分布服从自由度为$n-1$的t分布，t分布曲线与正态相近，应据$\alpha=(1-可信度)=1-F(t)$和$f=n-1$查t分布表。

常用的t值表如表2-4所示。

表2-4 常用的t值表

t	$F(t)$	t	$F(t)$
1.00	68.27%	1.96	95%
1.28	79.95%	2	95.45%
1.64	90.00%	2.58	99.01%
1.65	90.11%	3	99.73%

（3）区间估计的应用。

1）简单重复单纯随机抽样下的应用。例如，对某出口公司即将出口的一批名茶进行抽样调研，采用重复单纯随机抽样方式，共抽取90包，它们的平均重量$\bar{x}=200.2$g；$s^2=0.1$g。要求$F(t)=0.9545$，确定该批茶叶平均重量的置信区间。

解：根据把握程度$F(t)=0.9545$，查表可以得出$t=2$。

a. 计算抽样误差。$\mu\bar{x}=\sqrt{S^2/n}=\sqrt{0.1/90}=0.0333$

b. 确定置信区间。将t值代入模式，可以得出

$$(200.2-2\times0.0333 \leqslant \bar{X} \leqslant 200.2+2\times0.0333)=[200.1334 \leqslant \bar{X} \leqslant 200.2666]$$

2）简单不重复单纯随机抽样下的应用。例如，某校的大二学生总体$N=1\ 000$人，采用简单不重复单纯随机抽样，抽取100名学生作为样本，调研每天平均锻炼的时间，结果为36分钟，$s=6$分钟，试按$F(t)=95\%$估计全校学生每天平均

锻炼的时间。

解：a. 计算抽样误差

$\mu_{\bar{x}} = \sqrt{(S^2/n) \times (1-n/N)} = \sqrt{(6^2/100)(1-100/1\ 000)} = 0.5692$；

b. 根据把握程度 $F(t)=95\%$，查表得 $t=1.96$；

c. 确定置信区间。将 t 值代入模式，可以得出该校学生每天平均锻炼时间的置信区间为

$$[36-1.96\times0.5692, 36+1.96\times0.5692]=[34.8844, 37.1156]$$

实施任务4　运用随机抽样方式下的样本资料进行推论

1. 任务组织

（1）学习小组先结合所选定的调研专题进行讨论，并运用调研资料进行推论，综合得出小组结果。

（2）老师组织小组之间进行交流，对各小组结合实际项目资料进行推论的情况进行讨论；老师负责说明和决策。

（3）学习小组将完善的资料推论结果提交老师进行评定。

2. 任务要求

（1）每位同学都要运用资料进行推论，然后讨论确定小组的最后推论结果。

（2）要进行这几个方面的计算：①抽样误差计算；②利用资料进行点估计；③利用资料进行区间估计，置信度要求为95.54%。

（3）必须用电子文件和纸质文件的形式将结果上交老师。

任务5　确定采用随机抽样方式下的样本容量

开展市场调研，其中一个核心的问题就是究竟要对总体作多大范围的调研，即调研多少个样本。本任务的学习目的在于掌握确定样本数量的实际方法。

2.5.1　对样本容量的认识

在抽样调研中必须按照一定的技术和要求确定样本数量。在市场调研中，总的来说调研的范围越大，效果越好。但是实际上调研范围不可能随心所欲，还会受许多因素的影响。比如资金，因为获得样本资料都需要相应的成本，调研的对象条件和调研的精确度要求等因素也是制约因素。

可见，开展市场调研所确定的样本容量是在满足一定条件下的样本数量。可

以把能满足开展某一市场调研时相应条件要求下的样本数量称为该项市场调研的样本容量。例如，开展广州市药品连锁经营企业经营状况的调研，假设 2010 年全广州市有 2 000 家药品连锁经营企业，按照一定的技术要求确定对其中的 200 家进行调研，这 200 家就是满足条件要求下的样本容量。

2.5.2 影响样本容量的因素

要确定合适的样本数量，必须认识清楚影响样本数量的主要因素。影响样本容量的因素主要包括以下八个因素。

（1）抽样精度。抽样精度可以简单地理解为抽样调研中样本值代表总体值的精确程度。开展市场调研的目的是通过样本的值推论总体的值，但总会存在误差，这是由抽样调研的方式客观存在的。

调研中应尽量减少误差，从而能更好地认识总体。所以，必须规定误差不能太大，否则调研的资料就会失去价值。

对一项调研规定和限制误差，一般用抽样精度来表示，可用样本的平均值与总体的平均值的误差大小来要求。

抽样精度可用 $\bar{x}$ 代表 $\bar{X}$ 的正负差值的绝对值表示，并称为极限误差，用符号 Δx 表示，又称为容许的误差。公式可写成 $\Delta x = |\bar{x} - \bar{X}|$。正如在置信度与置信区间确定方法中提到的，极限抽样误差 ΔX 是指调研设计中要求的，利用样本平均数代表总体平均数允许的最大误差。

抽样精度影响所需调研的样本数量，在同样的调研对象和抽样方式下，例如采取简单随机抽样调研，并且针对同一母体同一专题，一般来说抽样精度要求越高，即误差要求越小，则调研的样本数量越大；反之亦然。

（2）母体幅度。母体幅度指总体中个体之间的差异程度，会影响抽样精度。在同样的抽样方式下，调研同样的样本数量，会因调研对象不同，即母体幅度不同，得出的代表性误差不同，即抽样精度不同。反过来思考，要达到一定的抽样精度，母体幅度会影响抽样精度，从而影响所需调研的样本数量。一般来说，母体幅度越大，相对需要调研的样本数量就需越大；相反，样本数量就可以小一些。

（3）抽样方式。每一种调研方式的代表性误差都不同，即在同等的样本容量下，抽样精度有所不同。所以，要达到相同的抽样精度，相应需要的样本数量是不同的。一般来说，分层随机抽样的样本数量在同样的抽样精度下就比简单随机抽样等抽样方式要小。

（4）样本设计和估计量。实际调研活动中可以采用先按简单随机抽样求出所需要的样本数量；再考虑调研中所采用其他抽样方式的效率有所不同，并加以调整。正是在抽样调研的活动中，可能综合运用几种的抽样调研方式，样本容量的计算中就必须考虑这样一个调整的因素，具体可以用设计效应系数 D 进行调整。

计算公式可采用：某种抽样调研所需的样本数 $n' = n \times D$。

设计效果系数可参考经验确定。简单随机抽样常取为 1；分层随机抽样取小于 1；分群随机抽样取大于 1，至少应取为 2，也许它实际可能高达 6 或 7。具体可通过：①参照以前相同或相近的调研确定；②通过小范围的试调研确定。

（5）调研的回答率（R）。调研中会遇到许多的问题，被调研者不合作则会得到无效问卷。为了使调研能得到预计的问卷数量，可结合以往的调研经验，加大调研问卷的数量。所以，调研时预计调研 100 份问卷，就需要调研 150 份甚至更多。因此，从广义上来说，样本数量在无形中增大了。

通常可用调研的回答率（R）来进行调整。调研的回答率（R）用收回的有效问卷占计划样本量的百分比来表示。具体可以①参照以前相同或相近的调研；②通过小范围的试调研来确定。这样经调整后的样本的数量 $n_2 = n_1/R$。例如，设 $R = 50\%$，原来计算出的样本数量 n_1 为 300 份，调整后的样本的数量 n_2 应为 600 份。

（6）调研费用。由于每一样本资料都需要相应的成本，具体而言，项目的总预算费用制约了实际调研样本量的至大值，因为容量过大就会导致超支。

具体可以通过建立模型进行计算。设经费总额为 Tc，费用函数可以表示为

$$Tc = Ts + c_1 \times n$$

式中，Ts——固定费用，与样本量无关；

c_1——平均每一样本单位需要的调研经费。

由此解出的样本量可以作为受经费约束的一个基本条件

$$Tc - Ts = c_1 \times n;\ n = (Tc - Ts)/c_1$$

例如，金诚公司委托精算子市场咨询服务有限公司进行市场调研，支付费用 100 000 元。精算子公司固定要发生的费用为 80 000 元，已知每份问卷所需费用 20 元，问至多能调研多少份问卷？

解：$n = (Tc - Ts)/c_1 = (100\,000 - 80\,000)/20 = 1\,000$（份）

（7）调研时限。由于每一样本资料的搜集都需要相应的时间，在时间许可时才可能完成较大样本的调研。而市场调研具有很强的时效性，如果客户要求在

比较短的时间内完成，调研的样本容量就会受到影响。所以，就某一调研项目而言，能开展的调研样本的至大值还会受到时间的限制。

（8）操作的可行性。开展较大规模的调研时，一般的调研公司或企业不具备足够的人力，另外组织上也比较困难，所以，可操作性也会一定程度的影响调研的样本容量。

综上所述，最终调研的样本容量应综合考虑上述因素，经协调后再确定。其中考虑的主要因素是抽样精度和调研费用。

2.5.3 样本容量的计算

样本容量（常称为必要样本单位）主要是指满足一定抽样精度以及调研费用等要求条件下的样本单位数。具体可以通过建立相应的数学模型来计算各种抽样方式下的样本容量。

1. 单纯随机抽样下的计算模式

（1）重复单纯随机抽样。

1）模式建立的基本思路。市场调研是必须建立在一定的把握上，包括估计总体的置信区间等方面，所以应在调研开始之时就做出一定的估计。这里注意，调研中一方面希望 Δx 小一些以提高抽样推断精度，另一方面则希望抽样推断把握概率大一些以提高抽样推断可靠度，因此，抽样精度与抽样推断可靠度之间存在矛盾。对于一定的调研，即 n 已知，若降低置信度，对应来说 Δx 可相应设定得小一些，但调研因置信度低而变得没有意义。若提高置信度，对应来说 Δx 可相应设定得大一些，Δx 大而抽样精度过低，调研也无意义。可见，只有低误差（Δx 小）且提高置信度［$F(t)$大］才有意义。针对上述问题的思考，通过尽量降低抽样误差（$\mu\bar{x}=\sqrt{\sigma^2/n}$）是解决问题的关键。而从抽样误差的模式中可以知道，降低抽样误差取决于母体幅度和样本容量。进而可认识到，对一定的总体进行调研，置信度、抽样精度、样本容量三者是紧密相连的。所以，Δx 不能乱作要求，它至多3个左右的μx；按相应置信度已很高，对应也就是相应规定的调研精度。

进一步来认识，因为（$\bar{x}-t\mu\bar{x}\leqslant\bar{X}\leqslant\bar{x}+t\mu\bar{x}$），或从正态分布图示中 $t\mu\bar{x}$为临界点认识。N 中抽 n，有 68.27% 样本组合的均值与“所有样本组合均值的均值”（等于总体均值）偏差在一个标准差内，有的没这么大，但最大等于 1 $\mu\bar{x}$。逆向思考，则可以确定出符合所有组合每一偏差在一个标准差内作为条件的 n。又因为所取的 n 的所有组合中，还存在均值等于临界值的可能组合（其他已被包容)，n 需保证有的组合的均值等于临界值，因所有组合均值都小于它，则无法达到68.27%置信度，大于它则超68.27%置信度而没有必要，所以 Δx 应取最大值（界点），即极限误差值。

2）公式推导。如前所述，一定 $F(t)$ 下，有 $\Delta x = t\mu_{\bar{x}} = t \times \sqrt{\sigma^2/n}$，公式两边平方，则 $\Delta x^2 = t^2 \times \sigma^2/n$，所以 $n = (t\sigma/\Delta x)^2$。

对 σ^2（或 σ）必须进行估计，常用的估计方法有以下几种：①用二手资料估计。具体可以根据过去相近调研所计算出的抽样资料结果和样本规模推算出 σ^2，作为本次样本设计中 σ^2 的估计值；②对于大规模大范围的重要调研，可以先进行小范围的预调研，取得必要的资料估计 σ^2；③可以借助有关专家提供有关总体分布的信息，估计总体分布的大致形状和范围，从而推导出 σ^2 的估计值。

3）基本模式。在采用二手资料估计或预调研 σ^2 时，可用样本的方差 s^2 代替 σ^2，则 $n = (ts/\Delta x)^2$。

(2)不重复单纯随机抽样。同样以 $\Delta x = t\mu_{\bar{x}}$ 出发，因不重复单纯随机抽样，$\mu_{\bar{x}} = \sqrt{(\sigma^2/n) \times (1 - n/N)}$，代入 $\Delta x = t\mu_{\bar{x}}$ 后可解得 $n = t^2 \times \sigma^2 N/(N\Delta x^2 + t^2 \times \sigma^2)$。这里建议大家把此公式与重复单纯随机抽样对照掌握。

2. 样本容量计算模式的应用

例1：现对某批产品的平均重量进行抽样调研，要求允许误差不超过0.1g，且费用不超过2 000元。该调研的基本费用为100元，调研每一个单位需要1元，$F(t)$ 为0.9545。根据以往的调研已知 $\sigma = 2$，求重复单纯随机抽样下 n。

解：$\sigma = 2$，$\Delta x = 0.1g$，由 $F(t) = 0.9545$，可知 $t = 2$，所以 $n = (t\sigma/\Delta x)^2 = (2 \times 2/0.1)^2 = 1\,600$(盒)；再计算总抽样费用 $= 100 + 1\,600 \times 1 = 1\,700 < 2\,000$，所以必要样本单位可定为1 600（盒）。

例2：某市调研居民生活的可支配收入，设每户每月经济收入的标准差为100元，要求置信度为99%，极限误差为20元，计算采用重复单纯随机抽样下所需要的 n。

解：查正态分布表得知 $t = 2.58$，$n = (t\sigma/\Delta x)^2 = (2.58 \times 100/20)^2 = 166.41$(户)。

例3：对某学院学生的月消费支出进行抽样调研，已知 $N = 5\,000$ 人；$\Delta x = 10$ 元；$F(t) = 95.45\%$。通过事先调研得知 $s = 50$ 元。计算采用①重复单纯随机抽样；②不重复单纯随机抽样下的样本容量 n。

解：① $n = (2 \times 50/10)^2 = 100$(人)

② $n = t^2 \times \sigma^2 N/(N\Delta x^2 + t^2 \times \sigma^2) = 2^2 \times 50^2 \times 5\ 000/(5\ 000 \times 10^2 + 2^2 \times 50^2)$

$= 98.04$（人）

两种方式比较，由于 N 比较大而相差无几。

3. 实际确定样本容量的基本方法

确定 n 时，因为调研一般综合采用多种抽样方式，影响因素多而已知的数据少，所以一般只能用大致估计的方法予以确定。

具体的方法是先按简单随机抽样进行估计；再用回答率估计值 R 和设计效应系数 D 两个校正系数加以修正。实际计算 n 公式：$n' = n \times D/R$。

例如，借用例 2 的资料。已求得 $n = 166.41$ 户；若采用访问调研的方法，根据以往经验，回答率估计值 R 为 90%；实际将采用分层随机抽样，设计效应系数 D 确定为 0.8，求实际的样本容量。解的时候代入实际计算 n 公式

$$n' = n \times D/R = 166.41 \times 0.8/0.9 = 147.92（户）$$

实施任务 5　结合具体项目确定采用随机抽样方式下的样本容量

1. 任务组织

（1）学习小组先结合所选定的调研专题进行讨论，确定样本容量的计算方法，并根据调研资料确定样本容量。

（2）老师组织小组之间进行交流，对各小组计算样本容量的情况进行讨论；老师负责说明和决策。

（3）学习小组将完善的样本容量计算结果提交老师进行评定。

2. 任务要求

（1）每位同学都要运用资料进行样本容量的计算，然后小组内讨论确定小组的最后计算的结果。

（2）调研方案所计算的样本容量必须紧密结合实际，具体应注意明确几个方面的问题：①抽样精度 Δx；②利用资料进行样本容量的一般计算；③利用资料进行实际样本容量的计算。

（3）必须用电子文件和纸质文件的形式将结果上交老师。

【练习】 1. 随机抽样调研技术主要包括哪些调研方式？

2. 随机抽样技术有什么特点？

【训练】 结合所在院系或专业，对老师或同学的运动时间进行随机抽样调研。

任务6 确定能否采用非随机抽样方式

【小思考】

我们学习了五种随机抽样技术，还有其他技术吗？为什么还要学习其他技术？

在市场调研的实践中，对随机抽样主要的五种抽样技术，既可以单独使用，如单独使用简单随机抽样；也可以交叉使用，如多级多阶段抽样。但有时由于总体不确定，或时间、经费、调研要求等因素的限制，还可以考虑采用非随机抽样技术。

2.6.1 认识采用非随机抽样技术的具体原因

（1）受客观条件的限制而无法进行严格的随机抽样。例如，调研海洋资源的状况时，由于海洋这个总体太大了，根本无法采用随机抽样方式。

（2）调研对象不确定或无法确定。例如某商场发生了火灾，进行现场调研时对火灾发生时有多少顾客都不知道，即对母体不甚了解，无法采用需要抽样框的简单随机抽样、分层随机抽样、分群随机抽样等方式。

（3）为了快速得到调研结果。例如，调研广州市节令市场的销售状况，可以调研几家有代表性的商场即能得到基本的情况。

（4）调研对象过分庞杂。例如，调研某天出入广州市的流动人口状况，调研对象总体大而杂，根本无法采用随机抽样技术。

（5）母体幅度（总体内各个体与个体单位之间的离散程度）不大，而且调研者具有丰富的调研经验，可以采用非随机抽样技术。例如，调研广州市大型零售百货商场的经营状况，只要调研者清楚广州市有哪几家大百货商场可以作为样品进行调研即可。

（6）调研样本分布的区域太分散。例如，调研广东茶叶生产的状况。茶叶的产地分布很广，如果按随机抽样，因为样本散在各地，调研起来很不方便。如果目的只是掌握基本情况，对一些主要产地进行调研即可。

（7）所选定的样本难于掌握。如调研企业家对当前旅游业发展的观点。如果按照随机抽样选定企业家，由于企业家配合度低，调研起来很不方便；相反，通过非随机抽样方法中的配额抽样即可顺利开展调研。

（8）调研的样本必须包括关键的受访者。如调研婴儿营养品的购买行为和态度评价。必须调研拟任、新任妈妈才比较好，调研时判断调研对象也会很方便。

2.6.2　认识非随机抽样技术的特点

非随机抽样技术在抽样时一般不要求掌握完全的总体抽样框资料，简便易行。一般按主观设立判断标准或者仅按方便调研的原则进行抽样。由于每个个体作为样本的概率不相等，无法测定抽样误差。

【小思考】1. 非随机抽样与随机抽样的根本区别是什么？

2. 非随机抽样有哪些特点？

实施任务6　结合具体项目确定能否采用非随机抽样方式

1. 任务组织

（1）学习小组先结合所选定的调研专题进行讨论，拟定本小组调研方案的样本基本组织方式，分析调研项目能否采用非随机抽样方式。

（2）老师组织小组之间进行交流，对各小组的结论进行讨论；老师负责说明和决策。

（3）学习小组将完善的分析及结果提交老师进行评定。

2. 任务要求

（1）每位同学都要积极参与，提出自己的方案，然后小组成员通过讨论形成统一认识。

（2）调研方案的分析必须紧密结合实际。具体应注意做好如下三方面的判断：①随机抽样方式的总体要求与抽样框是否具备；②采用随机抽样方式是否能满足调研的要求；③采用随机抽样方式的结果是否比非随机抽样方式理想。

（3）必须用电子文件和纸质文件的形式将结果上交老师。

任务7　正确运用非随机抽样方式

非随机抽样方式主要也包括五种方式，即任意抽样、判断抽样、配额抽样、固定样本连续抽样和滚雪球抽样。

2.7.1 任意抽样

1. 任意抽样的要义

任意抽样又称为偶遇抽样、任意抽样，样本的选定完全凭调研人员的便利进行。任意抽样的实施方式有很多种。例如，在食堂调研大学生的月消费支出；在柜台访问顾客的消费偏好；利用客户名单进行调研；在报纸上通刊登函件进行调研等。

2. 任意抽样的理论假设

调研总体内的个体必须是同质的，在这样的前提下，调研哪一个个体都没有影响。

3. 任意抽样的适用性

一般只用于预调研和探索性调研，正式调研比较少用。当设定好调研问卷后，为了检测问卷的质量，可以通过方便调研检测调研问卷存在的一些问题，在对市场情况不甚了解时，为了对调研有方向性和总体认识，可以通过任意抽样进行了解。由于任意抽样的前提是总体内的个体是同质的、可替代的，而一般情况下，总体内的个体之间都会存在或多或少的差异，所以正式的调研几乎不予采用任意抽样法。

4. 对任意抽样技术的评价。任意抽样的方法简单、调研快速且节省费用。但是在实践中并非所有总体中的每一个个体都是相同的，所以抽样结果偏差较大，可信程度比较低。由于它的样本没有足够的代表性，所以在正式市场调研时很少采用。

2.7.2 判断抽样

1. 判断抽样的要义

判断抽样又称目的抽样、立意抽样，由调研人员或专家选择有特殊代表意义的样本进行调研。例如，调研客户评价可以重点调研核心客户的评价。

2. 判断抽样的主要方式

（1）重点调研。

1）重点调研是判断抽样中的重要方式，具体是指对总体中一个或几个重点单位进行调研。

2）重点单位是指所要研究总体某一现象的总体指标中所占比重比较大、能反映研究现象基本情况的一个或少数几个单位。

3）重点单位的选定。可以利用调研总体的全面统计资料，按照一定标准选择重点样本。如某公司一共有 200 家客户，通过统计得出其中的 40 家与该公司的交易额达到 2 万元以上，累计占公司交易额的 70%，那么这 40 家客户就可以作为重点单位。

【小思考】 某公司根据历年的销售资料，得出有 10 家客户是公司的核心客户，它们的需求量占了 80%，通过调研得出未来一年的需求量为 800 万元，则该公司计划产量应为多少？

4）重点调研的适用性。重点调研比较适用于只要求掌握总体基本情况的调研；就调研的标志来说比较集中于少数几个单位，总体构成差别比较大；另外，使用此方式要求对总体有关特征相当了解；样本量要求小；在样本不易分类时是有较大的优越性。

5）重点调研的特点。可进行深入的调研；能节省费用。只可以基本推断总体，但难以准确推断总体。

（2）典型调研。

1）典型调研也是判断抽样的重要方式之一。是对总体中一个或几个具有特殊代表意义的单位进行调研。例如，专门调研经营最好的商品流通企业。

2）典型的选择。应根据调研的目的和对象的特点选择典型单位，其类型主要包括如下四种。

a. 一般典型。当总体内的个体比较均衡时，可以选择一般的个体，这些个体可以代表一般的水平。例如，广州市的中小零售企业经营状况都差不多，选择一般的企业即可。

b. 特殊典型。当总体内的个体差别比较大时，应按实际水平以相应的标志分层分类，再从各类或各层中选出样本作为典型。例如，对不同年龄女性的化妆品消费支出进行调研，专门选择 18 ~30 岁的女性进行调研。

c. 综合典型。当总体比较复杂，需要调研的内容影响因素比较多时，选择对在多种标志上具有代表性的单位进行调研。例如，天河区居民家庭潜在汽车消费需求的调研，由于汽车的消费受很多因素的影响，可以选择有一定支付能力的居民家庭进行调研，如月收入在 6 000 元左右的三口之家。

d. 定项典型。如果调研项目的发展过程波动性比较大，不稳定因素较多，需要连续深入地进行观察时，可选取一个或几个固定对象作为典型进行连续调研。例如，居民家庭月消费支出结构的调研。由于每一天的消费及结构都不同甚至有时差异很大，选择某几天推论整个月显然是不可行的。所以，应连续一月进行调研，具体可以选择高收入家庭、中等收入家庭、低收入家庭进行定项调研。

3）典型调研的特点。资料真实、参考价值高、成本低、调研比较深入；但因为是通过主观判断得出少数单位的结果，所以一般是估计值。

4）典型调研的适用性。总的来说适应于总体构成差别比较大，而调研单位要求的数量比较少的情况。

5）与分层随机抽样调研的比较。①典型调研与分层随机抽样在分类的标志选择上有所不同。典型调研因为样本比较少，对分类标志或标准的客观性要求比较高，分类确实能抓住总体的显著特征，而且对调研目的有直接意义。②抽样的样本数量有所不同。分层随机抽样要通过计算确定样本数量；而典型调研没有样本数量的要求，能达成目的即可。

3. 判断抽样方式的评价

（1）优点主要体现在如下方面。

1）判断抽样方式简便、易行、及时，符合调研目的和特殊需要，可以比较充分地利用调研样本的已知资料。

2）被调研者配合度较高，资料回收率比较高。

（2）缺点主要体现在如下方面。

1）容易发生主观判断上的误差；即误差取结于调研者的判断能力。

2）由于判断抽样中各个被调研单位被抽取的概率未知，所以无法计算抽样误差和可信度。

2.7.3　配额抽样

1. 配额抽样的要义

配额抽样是指将总体按照一定的标志（控制特征）进行分层（分出的层又称为副次母体），然后按一定的特征规定（控制特征）进行各层样本分配；再由调研人员按配额内的数量和要求，用任意抽样或判断抽样方式自由选取具体的个体作为样本单位；最后调研人员自主完成各种类型相应数量样本资料的搜集。例如，把天河区所有的商品流通企业划分为大型、中型、小型三类，然后按各类企业所占的比例人为地将要调研的样本数分配给各种类型，最后由调研人员完成各种类型相应数量样本资料的搜集。

2. 配额抽样的特点

按照一定标准分配各类样本数额；并在规定数额内由调研人员任意抽选并完成相应样本数量调研资料的搜集。

3. 配额抽样的具体方式

按照配额时控制特征数量划分，可分独立控制配额抽样和相互交叉控制配额抽样两大类。

（1）独立控制配额抽样。只规定调研对象应具有某一特性并分配相应的调研数额，而不规定被调研对象必须同时具有两种或两种以上特性。例如，某市进行化妆品消费需求调研，确定的样本量为300名，可以分别选择按消费者年龄、性别、收入三个标准分类，如表2-5所示。

表2-5 化妆品消费需求调研的配额分配表

按年龄配额		按性别配额		按收入配额	
年龄（岁）	配额（人）	性别	配额（人）	收入（元）	配额（人）
22以下 22~50 50以上	20 60 20	男 女	50 50	3 000以下 3 000~5 000 5 000以上	20 60 20
合计	100	合计	100	合计	100

从3个不同角度分别调研，不必相互顾及交叉属性，如不必要求是50岁以上收入4 000元的女性怎么消费。

独立控制配额抽样具有调研员选择余地大、简便易行、费用少等优点。但有时存在选择样本容易偏向某一类型而忽视其他类型的缺点。另外，调研不够深入，如上例就无法知道50岁以上、收入5 000元以上的女性如何消费。

（2）相互交叉控制配额抽样。这是普遍采用的方法，在学习配额抽样技术中应重点掌握。

1）相互交叉控制配额抽样又称为非独立控制配额，与独立控制配额抽样的不同在于前者要求样本同时具有交叉控制特征。规定被调研对象必须同时具有两种或两种以上特性并分配相应的调研样本数额，如40岁以上收入5 000元以上的女性的消费。

2）相互交叉控制配额抽样样本配额的方法。以各类单位数在总体单位数中所占比例乘以调研样本总量的结果为基础，再进行调整，并结合制定配额分配表分配各类的相应调研样本数额。

小案例>>

例1：某市进行商业网点销售状况调研，以商业网点所处地域、商业网点性质为控制特征进行配额调研，$n=30$家。地域比例：中心区占42.5%；中间区占41.5%；边缘区占16%。企业规模比例：大型占5%；中型占50%；小型占

45%。性质比例：批发占10%；零售占90%，如表2-6所示。

表2-6　配额分配表

区域 \ 规模 / 性质	大型企业5%		中型企业50%		小型企业45%		小计
	批发10%	零售90%	批发10%	零售90%	批发10%	零售90%	
中心区42.5%		1	1	6	1	4	13
中间区41.5%		1	1	6	1	4	13
边缘区16%			1	1	1	1	4
合计		2	3	13	3	9	30

上例设计可以有很多形式。表2-6的分配结果基本上是以各类型单位在总体中所占比例为基础计算出来的，然后再进行调整确定。具体可以先从横向区域开始，先分区域。中心区一共分30×42.5%＝12.75（家），中心区是商业的旺地，往上调整取13家；中间区同理；其余为边缘区4家。然后，从企业规模入手，先从比较重要的大型企业开始，13×5%＝0.75，由于大型企业的地位应选1家；再分比例大的中型企业，13×50%＝6.5（家），考虑到中型企业经营地位重要，所以往上取7家；这样，剩余的5家应归给小型企业。然后，对大型企业按性质进行分配，由于配额有限，一般情况的调研应将配额分给零售企业；然后分配中型，7家中型企业从企业性质入手配额分配，先分零售，7×90%＝6.3（家），本例中考虑到中型的批发企业也很重要，所以，减少中型零售企业选取的样本数，调整为6家；剩下1家分配给中型批发企业。类推可以知道小型企业的分配配额。这里要注意的是，调整过程中应遵循合理的原则；在配额过程中还可以有很多方案；还有就是有些类别没有配额，是因为总的调研样本数量比较少，在加大调研样本数量的情况下就能更好地兼顾各种类别了。

例2：将上例调研改为$n=200$家。地域比例结构：中心区占42.5%；中间区商店占42.5%；边缘区商店占15%。企业规模比例结构：大型商店占5%；中型商店占50%；小型商店占45%。经营性质比例结构：批发占10%；零售占90%（见表2-7）。

在分配时主要考虑到大型企业的地位；并兼顾批发和零售。

3）相互交叉控制配额抽样方式的评价。由于在配额分配过程中能兼顾各种类别，所以调研面比较广；另外，调研的样本具有交叉的属性，所以样本的代表性比较高，调研比较深入。

表 2-7 配额分配表

区域 \ 性质 \ 规模	大型企业 5%		中型企业 50%		小型企业 45%		小计
	批发 10%	零售 90%	批发 10%	零售 90%	批发 10%	零售 90%	
中心区 42.5%	1	4	4	39	3	34	85
中间区 42.5%	1	4	4	39	3	34	85
边缘区 15%	1	1	2	13	2	11	30
合计	3	9	10	91	8	79	200

4）控制配额抽样方式的工作程序。一般可以分为四个步骤。

a. 确定控制特性。调研者可事先根据调研的目的确定调研对象的控制特性，作为总体的划分标准，如采用年龄、性别、收入、文化程度等作为消费者调研的控制特征。

b. 根据控制特性对总体进行分层，计算出各层占调研总体的比例。

c. 进行配额分配，确定每层的调研样本数量。各类样本配额比例以各类单位在总体中所占比例为基础，然后再结合调研实际调整确定样本配额。

d. 由调研人员选择样本进行调研。在各层抽样数目确定后，调研者就在确定的样本配额限度内按要求选择样本进行调研。

5）与分层随机抽样的比较。相似之处在于两者都要事先对总体中所有单位按其属性、特征分类；然后，按各个控制特性，分配样本数额。区别在于分层随机抽样是按随机原则在各层内抽取样本，而配额抽样则是由调研者在配额内主观选取样本。

6）与判断抽样中的典型抽样相比比较。①抽取样本的方式不同。配额抽样是从总体的各个控制特性的层次中抽取若干个样本；而典型抽样一般是从总体的某一个层次中抽取若干个符合条件要求的典型样本；②样本的本质要求不同。配额抽样注重“数量”的分配；典型抽样则注重“性质”的分配；③抽样方法不同。配额抽样（如相互交叉控制配额）比较复杂精密；典型抽样的方法简单易行。

7）配额抽样方式的评价。①代表性高，是非随机抽样方式中最流行的方式；②容易操作、节省费用、效率高、代表性较强、应用广泛；③调研者可以自由选择样本，无需太多的事前准备；④容易补选样本；⑤没有总体抽样框时也可以用这种方法；⑥样本是主观判断，容易发生选择上的偏差，不能估计抽样误差，不能访问调研者。

2.7.4 固定样本连续抽样

这种方式在判断抽样方式中的典型调研中曾提及。如果调研项目的发展过程波动性比较大，不稳定因素比较多，需要在较长时间内连续深入进行观察时，选取一个或几个固定对象作为典型进行连续调研。定项典型调研主要是调研的样本。固定样本连续调研主要注重形式，两者侧重有所不同。

1. 固定样本连续调研的要义

固定样本连续调研是把选定的样本单位固定下来，长期进行调研的一种方式。例如，进行住户的家庭月消费支出的调研，就是选定调研的家庭后对其开展一个月的连续调研。

2. 固定样本连续调研的特点

这种调研方式的调研对象稳定，可以及时、全面地取得各种可靠的资料，具有费用低、效果好的优点，在市场调研中普遍采用。固定样本连续调研方式最明显的缺点是被调研者要登记记录的工作量比较大，较难长期坚持。

3. 关于样本轮换的问题

为了保证样本的代表性和资料的连续性，同时减轻被调研户的负担，通过采用样本轮换的办法，既可以减少样本变动增加的误差，又可以保证资料质量的稳定性。具体可在连续调研过程中，每隔一定时期就部分（大约为1/4）轮换被调研者。

4. 具体操作程序

（1）按照调研目的的要求确定固定的样本对象。具体可以采用适合的抽样方式，如简单随机抽样、分层随机抽样、系统随机抽样和非随机抽样方式中的所有方式。

（2）对被调研者进行必要的培训，如填写表格、注意事项等方面。

（3）固定的样本对象每天按要求详细记录需要调研的内容。如家庭月消费调研的被调研家庭，每天都要记录收支流水账；被调研零售企业每天要记录营业情况；产品使用被调研对象每天要记录产品的使用情况等。

（4）由调研人员定期搜集各被调研对象记录的材料，并进行汇总、整理、分析，得出有关的结论。

（5）每隔一定时间对固定被调研对象进行访问，了解被调研对象的记录情况，并给予具体指导，发现问题应及时纠正，保证资料的真实性。

（6）定期召开被调研对象座谈会听取意见，以改进调研中发现的问题，提高调研质量。

2.7.5　滚雪球抽样

1. 滚雪球抽样的要义

以滚雪球的方式抽取样本，即通过少量样本单位为基础，并通过其逐步延伸以获取更多样本单位，直至达到调研要求的样本数量。

2. 运用前提

1）虽然对总体的情况不是很了解，但能对总体的部分单位情况有所把握。如想进入陌生市场前，首先有圈内的朋友或者可以信任并能介绍情况的朋友。

2）样本单位之间必须具有一定的联系，即第一层的样本能有能力介绍新样本。

3. 方法和步骤

（1）随机或非随机确定少数样本。

（2）借助样本确定更多的样本。

（3）重复直至达到要求的样本数。

注意，除第一步可以采用随机或非随机抽样外，以后各步都应采用非随机抽样方式。例如，调研 100 名保姆，了解她们与雇主之间的关系，先访问 3 名保姆，再由她们提供更多的保姆；直至达到调研 100 名保姆。

4. 滚雪球抽样方式的评价

滚雪球抽样的优点主要体现在有针对性、较准确地确定被调研者，这主要是由于层与层样本之间存在比较密切的关系。局限性主要是要求样本必须有联系性，否则无法达到要调研的样本数量。

【练习】 1. 非随机抽样调研技术主要包括哪些调研方式?

2. 非随机抽样技术有什么特点?

【训练】 结合所在学院对老师或同学的运动时间进行非随机抽样调研。

实施任务 7　结合具体项目运用适当的非随机抽样方式

1. 任务组织

（1）学习小组先结合所选定的调研专题进行讨论，拟定本小组的非随机抽样方式。

（2）老师组织小组之间进行交流，对各小组选定的非随机抽样方式进行讨论；老师负责说明和决策。

（3）学习小组将完善的非随机抽样方式设计方案提交老师进行评定。

2. 任务要求

（1）每位同学都要积极参与，发表自己的观点，提出选择方案。

（2）调研方案所选定的具体非随机抽样方式必须紧密结合实际，具体应注意明确几个方面的问题：①所选非随机抽样方式的理由；②采用该非随机抽样方式是否能满足调研的要求；③采用该非随机抽样方式的结果是否比其他非随机抽样方式理想；④具体该种抽样方式的基本操作程序的细化说明。

（3）必须用电子文件和纸质文件的形式将结果上交老师。

小知识>>

市场调研样本组织的基本方式包括两大类，一是普查，另一是抽样调研。一般情况下都采用抽样调研的样本组织方式。抽样调研方式具体又分为随机抽样调研与非随机抽样调研两类方式。而随机抽样方式又包含了简单随机抽样、分层随机抽样、分群随机抽样、等距随机抽样、多级多阶段随机抽样主要的5种方式；非随机抽样又包含了任意抽样、判断抽样、配额抽样、固定样本连续调研、滚雪球抽样主要的5种方式。

学习指导

1. 学习建议

本项目是市场调研的核心项目。在学习中要对逐个问题进行领会和掌握。在市场调研的样本组织活动中，可以通过五种随机抽样和五种非随机抽样技术展开，大家要熟练掌握它们的运用方式方法，并注意通过相互之间的比较进行区别和加深认识。本项目还着重对随机抽样技术进行了说明，包括抽样误差的计算、利用样本推论总体时所采用的点估计和区间估计、样本容量的计算等核心问题。

2. 学习重点与难点

重点：掌握10种抽样技术。

难点：抽样误差的计算、推论总体、样本容量的计算。

3. 核心概念

普查　抽样调研　随机抽样　非随机抽样　抽样误差　置信区间　样本容量

课后思考与练习

1. 选择题

（1）市场调研的判断抽样包括（　　）调研。

A. 重点　　B. 配额　　C. 滚雪球　　D. 典型

(2) 随机抽样是按照（　　）概率抽样的。

A. 等　　B. 不等　　C. 变化　　D. 固定

(3) 非随机抽样是（　）决定样本的。

A. 人为　　B. 配额　　C. 概率　　D. 计算

(4) 核心对象的调研适宜采用（　　）调研。

A. 分层随机　　B. 典型　　C. 重点　　D. 简单随机

(5) 分群随机抽样抽取的对象是（　　）。

A. 总体　　B. 个体　　C. 样本　　D. 群

(6) 记者进行采访经常采用的是（　　）调研。

A. 重点　　B. 典型　　C. 分群　　D. 分层

(7) 总体内个体之间的差异称为（　　）。

A. 标准差　　B. 偏差　　C. 母体幅度　　D. 方差

(8) 家庭月消费调研属于（　　）调研。

A. 固定样本连续　　B. 典型　　C. 重点　　D. 简单随机

2. 判断题

(1) 抽样调研的条件下个体作为样本的概率都是相等的。(　　)

(2) 随机抽样技术比非随机抽样技术的效果好。(　　)

(3) 抽样调研的误差可以精确计算。(　　)

(4) 分层随机抽样的每一个体作为样本的概率相同。(　　)

(5) 配额抽样是人为分配各类的样本的。(　　)

(6) 样本容量必须受到调研费用的限制。(　　)

(7) 母体幅度越大，相对的样本容量越大。(　　)

(8) 有时等距抽样的误差比分层抽样还要小。(　　)

(9) 非随机抽样必须要有抽样框。(　　)

(10) 分群抽样下群内的偏差小群与群之间的偏差大。(　　)

(11) 抽样调研都可以进行总体的估计。(　　)

(12) 一般的调研都是采用随机抽样方式。(　　)

(13) 滚雪球抽样可用于新市场的调研。(　　)

(14) 调研某商场的顾客可以使用随机调研的方式。(　　)

(15) 调研广州市市民对广州的评价最好用多级多阶段调研。(　　)

(16) 调研企业产品质量最好用判断抽样调研。(　　)

3. 简答题

（1）为什么要求计算估计总体时必须用随机抽样调研？

（2）为什么并不是样本量越大越好？

（3）如何理解影响抽样调研误差的因素？

4. 计算题

（1）假设某地 $N=100\ 000$ 人，$n=1\ 000$ 人；分层时按教育程度和性别将总体分为六层；N 中大专及以上占50%（其中男性占60%）；高中和中专占20%（其中男性占50%）；初中占30%（其中男性占50%），请按比例求各层样本。

（2）假设某地 $N=100\ 000$ 人；$n=1\ 000$ 人；按教育程度将总体分为3层，N 中大专以上占50%，高中和中专占30%，初中占20%；已知 $S_1=10$，$S_2=30$，$S_3=40$。请进行①计算分层比例抽样下各层样本数；②分层最佳抽样下各层样本数；③分析说明各层样本数的变化。

（3）某商场对消费者进行调研，采用配额抽样方法确定样本，设有性别、收入、年龄三个控制特征。按性别分，男性和女性分别占45%、55%；按收入分，高收入层、中收入层和低收入层所占比例分别为10%、20%和70%；按年龄分，青年、中年和老年人所占比例分别为20%、30%和50%；共抽取100名消费者，编制配额分配表。

（4）调研某企业职工每月的平均可支配收入，该企业有职工4 000人，调研样本为400人。已知该企业职工收入的方差为10 000元。计算1）重复单纯随机抽样下的抽样误差；2）不重复单纯随机抽样下的抽样误差。

（5）某地调研当地职工的每月消费支出，平均为2 000元，按不重复单纯随机抽样方式共调研100人。已知职工消费支出标准差为90元，当地有职工800人，确定在置信度为95.45%下的置信区间。

（6）某地调研当地职工的每月消费支出，平均为2 000元，按不重复单纯随机抽样方式共调研100人。已知职工消费支出方差为6 400元，当地有职工800人，①确定在置信度为95%下的置信区间；②计算在置信度为99.73%，极限误差不超过20元的条件下需要的样本数量。

案例分析

丽人化妆品公司为了调研了解当地企业职工的化妆品消费水平，选定了一家大型企业作为企业代表进行调研。将该企业的500名女职工按收入水平进行分层。具体分层情况如表2-8所示。

表 2-8　500 名女职工收入水平分层表

收入水平分组（元）	人数（人）	比例（%）
1 500 以下	50	10
1 500 ~ 2 000	100	20
2 000 ~ 2 500	200	40
2 500 ~ 3 000	100	20
3 000 以上	50	10
合计	500	100

计划调研 100 名职工（分层的样本容量计算不再专门介绍）。先按照比例进行了样本计算分配，如表 2-9 所示。

表 2-9　100 名女职工样本数按收入水平分层分配表

收入水平分组（元）	比例（%）	样本数（人）
1 500 以下	10	10
1 500 ~ 2 000	20	20
2 000 ~ 2 500	40	40
2 500 ~ 3 000	20	20
3 000 以上	10	10
合计	100	100

调研得出的各层职工的月化妆品支出平均值、标准差如表 2-10 所示。

表 2-10　各层女职工每个月化妆品支出的平均值和标准差

收入水平分组（元）	样本数（人）	平均支出	标准差
1 500 以下	10	30	10
1 500 ~ 2 000	20	60	20
2 000 ~ 2 500	40	100	20
2 500 ~ 3 000	20	150	30
3 000 以上	10	200	50
合计	100		

经加权计算得出全体样本的加权平均月化妆品支出为

$30 \times 10\% + \times 60 \times 20\% + 100 \times 40\% + 150 \times 20\% + 200 \times 10\% = 105$（元）

经加权计算得出加权标准差为

$$10 \times 10\% + 20 \times 20\% + 20 \times 40\% + 30 \times 20\% + 50 \times 10\% = 24$$

经计算抽样误差　$\mu \bar{x} = \sqrt{S^2/n} = S/\sqrt{n} = 24/\sqrt{100} = 2.4$

并按照把握程度95.45%确定出总体的置信区间：$(105-2\times2.4\leqslant\overline{X}\leqslant105+2\times2.4)$；即 $(100.2\leqslant\overline{X}\leqslant109.8)$

【分析】

该企业采用分层随机抽样是可行的，因为化妆品的支出与收入水平密切相关。作为随机抽样调研必须首先确定样本容量，再将调研的资料计算出抽样误差、推论总体的置信区间，从而分析出总体的消费水平。从调研的结果来看，当地大型企业职工的消费水平不高，这与大多数人的收入水平不高有关。

项目 3
设计市场调研问卷

学习目标

知识目标

掌握设计市场调研问卷的格式要求，以及问卷设计中各要素的要求。

能力目标

1. 能按照市场调研问卷设计的要求，结合调研项目分析设计问卷的各个部分

2. 能结合实际的市场调研项目设计出符合要求的、完整的市场调研问卷

项目介绍

市场调研活动必须有的放矢地进行，调研问卷就是一项基本工具。完善的市场调研问卷可以令调研的资料更加符合要求，从而为深入分析提供条件。本项目是课程的重要项目之一，也是开展市场调研活动的核心能力之一，所以应认真学习并掌握。学习内容包括问卷标题设计、问候语设计、编码设计、甄别部分设计、题目设计、答案设计以及问卷的作业情况记录及结尾部分设计的知识和能力。本项目学习的重点和难点分别在于问候语的设计和题目的设计，学习时应多加练习并加以掌握。

任务 1　设计市场调研问卷的标题

3.1.1　市场调研问卷的标题设计基础

1. 设计市场调研问卷标题的意义

问卷标题反映了市场调研活动的主题。鲜明的市场调研标题能使被调研者清楚调研内容，容易受到吸引而接受调研。

2. 市场调研问卷标题设计的要点

（1）市场调研问卷的标题应设计为简单明确的形式。

（2）标题的一般元素应包括：对象范围、调研客体、调研问卷。如“广州

市天河区居民家庭汽车消费行为的调研问卷”。

（3）标题的形式可以是单式标题或复合式标题。一般采用单式标题；复式标题常在比较复杂的大项目调研中采用，总标题反映调研的大方向，小标题反映调研的具体方向。

3. 拟定标题的具体要求

（1）简明扼要。例如：2010 年××公司对消费者关于化妆品月消费支出的深入调研。这样的标题显得过长，应将没有必要的内容去掉。可以改为：关于化妆品月消费支出的调研。这样就显得简明又清晰。

（2）不要直接用“市场调研问卷”这样的标题，被调研者无法直接了解调研的主题。

（3）形式可以多样，具体如下。

1）通过恰当的表述增强调研的吸引力。例如：对大学生月消费支出的调研。把标题改为：“对‘天之骄子’月消费支出的调研”；或“对充满活力的大学生生活的调研问卷”，能增强对被调研者的吸引力。

2）可采用复合标题。对于调研范围比较大的问题系列化的问题，可以采用复合标题的形式。例如：广州市居民社会生活的调研——出行方面的调研。由于居民社会生活的调研涉及诸多方面，可以采取系列调研分开进行，其中居民出行方面的调研可以独立作为专题进行。

实施任务1　结合具体项目设计市场调研问卷标题

1. 任务组织

（1）学习小组先结合所选定的调研专题进行讨论，拟定自己小组调研问卷的标题。

（2）老师组织各个小组进行交流，对各小组结合实际项目设计的调研问卷标题进行讨论和交流；老师负责说明和决策。

（3）学习小组将完善的调研问卷标题结果提交老师进行评定。

2. 任务要求

（1）每位同学都要积极参与，分别提出自己的问卷标题并进行小组内部的讨论。

（2）应掌握好问卷标题设计 3 个方面的具体要求。

（3）必须用电子文件和纸质文件的形式将结果上交老师。

任务2 设计市场调研问卷的问候语和说明

3.2.1 对问候语设计要求的认识

为了引起被调研者对所调研问题的兴趣和重视，激发被调研者的参与意识、消除疑虑，争取得到更好的合作，可以在一开始接触被调研者时通过简明扼要的说明，赢得被调研者的合作。设计要求：①问卷说明的语气应该亲切、诚恳、有礼貌；②内容要能交代清楚调研的目的以及被调研者提供资料的重要性；③不能拖沓冗长，以免引起被调研者的反感；④对于自填式问卷问卷说明还可以帮助被调研者对问卷进行规范回答。下面是一例问卷的问候语和说明（见图3-1）。

> 您好！
>
> 我是××公司的调研员，想了解您对美容护理的看法，为这一行业的发展提供帮助（请您回答时直接在〔 〕里打钩；问答题可自由回答）。谢谢您的帮助！
>
> ××公司
>
> ××年×月×日

图 3-1

实施任务2 结合具体项目设计市场调研问卷的问候语

1. 任务组织

（1）学习小组先结合选定的调研专题进行讨论，拟定自己小组调研问卷的问候语。

（2）老师组织各个小组进行交流，对各小组结合实际项目设计的问候语和说明进行讨论；老师负责说明和决策。

（3）学习小组将完善的问候语和说明设计方案提交老师进行评定。

2. 任务要求

（1）每位同学都要积极参与，提出自己设计的问候语和说明并进行组内的讨论。

（2）应按照问候语设计的4点要求进行设计。

（3）必须用电子文件和纸质文件的形式将结果上交老师。

任务3 设计市场调研问卷的编码

3.3.1 认识问卷编码的意义与内容

编码是为了方便运用计算机登录和作统计分析。

问卷编码主要包括：①每份问卷须编号，即在问卷最右侧设“统计编码或问卷编号”；②可对每一调研项目（大类）进行编码，如被调研者的基本特征、事实性问题、行为性问题可分别作为一个大类用代码代表；③每个问题的题目最好是用各题目的序号编码；④对各备选答案编码。

3.3.2 掌握问卷编码的方式与形式

问卷编码按工作方式划分，可以分为事前编码和事后编码。前者指在问卷设计时就进行编码工作；后者指问卷收回后进行编码工作。后者主要是指对一些封闭式问卷答案中“其他”选项以及开放式题目的答案经归类后的编码。

问卷编码的形式多种多样。可以用英文字母、数字或两者的结合进行编码。一般应做到简单明了。

实施任务3 结合实际项目设计市场调研问卷的编码

1. 任务的组织

（1）学习小组各成员结合所选定的调研专题提出自己的编码方案，然后小组内进行讨论，拟定自己小组的编码方案，参与老师组织的讨论。

（2）老师组织小组之间，对各小组的编码方案进行讨论；老师负责说明和决策。

（3）学习小组将完善的编码设计方案提交老师进行评定。

2. 任务实施的要求

（1）每位同学都要积极参与，提出自己的编码方案。

（2）注意编码的内容的多个方面。

（3）编码应做到简单明了，并非越复杂越好。

（4）必须编制编码说明表。

（5）必须用电子文件形式和纸质文件的形式将结果上交老师。

任务4 设计市场调研问卷的甄别部分

3.4.1 问卷甄别部分的意义及内容

1. 问卷甄别部分的意义

调研时为了得到目标对象的资料，有必要筛选与调研目标对象不符的对象。也可以将一些与调研事项有直接舆论影响的人筛选掉。

2. 甄别的内容

主要包括：①年龄，先通过询问年龄将不符合的对象剔除。如老年人月消费支出调研对象的年龄不能小于65岁，否则便终止访问；②特殊对象，看调研对象及其家人的工作性质。如果被调研对象或其家人在广告、市场调研、咨询、电视、广播、报纸等媒介机构或相关行业工作，则一般不作为对象。因为这些对象属于舆论制造者，和一般的被调研者不同；③收入，收入达到某一水平的对象才作为调研对象。④职业，职业为某一行业的对象才作为调研对象；⑤学历教育水平，学历达到某一层次才作为对象；⑥家庭，家庭人口、收入等；⑦企业，企业所处行业、企业经营业绩、企业规模、企业所有制情况等；⑧其他，如协会、组织等。

这里还要说明的是，一般会对存在消费的情况做比较深入的调研。一般问到没有购买行为的对象时，问明不买的原因后，则停止调研；主要对有购买行为的对象进行深入的调研。对问卷问题的提问对象的说明实质从广义上来说也是一种甄别。

3.4.2 甄别的形式

甄别的形式主要有两种，一种是独立的形式，设置专门的卡片进行询问，遇到不合适的对象则停止调研；另一种是在问卷中设置题目，当被调研对象不具有某种行为时，就停止后续不相关问题的调研。例如调研消费者对 iPhone 的消费，当得知其没有购买时，就可以在调研“买了什么”、“为什么没买”等问题后，停止对购买使用 iPhone 的相关问题的调研。

实施任务4 结合具体项目设计市场调研问卷的甄别部分

1. 任务组织

（1）学习小组各成员结合所选定的调研专题提出自己的甄别设计方案，小组内讨论，拟定小组最后的甄别设计方案，然后参与老师组织的讨论。

（2）老师组织小组之间进行交流，对各小组的甄别设计方案进行讨论；老师负责说明和决策。

（3）学习小组将完善好的甄别设计方案提交老师进行评定。

2. 任务要求

（1）每位同学都要积极参与，提出自己的甄别设计方案。

（2）注意甄别的内容主要应从被调研对象的特性出发，并利用表格等形式一一说明。

（3）必须用电子文件和纸质文件的形式将结果上交老师。

任务5 设计市场调研问卷的题目

3.5.1 问卷中问题的主要类型

按问题是否界定答案可分为开放型问题、封闭型问题和混合型问题三种。

1. 开放型问题。只设问题，不设固定答案，由消费者按照自己的想法回答。

2. 封闭型问题。问题已设定好可供选择的答案。被调研者只在给定的答案中选择回答。例如，在消费者汽车购买行为的调研中设问：您是不是已经购买了汽车？答案①是；②不是。

3. 混合型问题。问题对应的答案由两部分组成，即固定答案和不固定答案。例如，在消费者汽车购买行为的调研中设问：您是否喜欢国产汽车？①是；②不是，为什么？

3.5.2 问卷问题表述的一般方式

1. 简单询问法

一般采取直接询问的方法。例如：请问你的职业是什么？对方可以直接回答。

2. 简单陈述法

先表达一个观点，然后再进行询问。例如：“教师职业越来越好，你认为呢？”对方在回答时要陈述对该观点的具体看法。

3. 释疑法

对于较敏感的问题，问题设定中预先消除被调研者的疑虑，再提出具体的问题。例如：“职工具有得到社会保障的权益，请谈谈您所在企业的情况？”

4. 假定法

问题假定被调研者具有一定的条件，然后再提出具体的问题。例如：“假如您的收入提高到5 000元，您最想购买什么商品?”

5. 转移法

问题中提出他人的看法，要求被调研者做出评价，从而得知被调研者的态度或评价。例如：“有人认为高职教育理论很重要，而有人认为不重要，您同意哪一种观点?”

6. 情景法

设计与调研内容相关的情景，而且将调研的意图隐藏在问题之中，要求被调研者分析后回答问题，并使被调研者在不易觉察的情况下表达自己的观点。例如：“一位很时髦的青年女子到商场购物时要求售货员打折，你认为售货员会怎么办?”

7. 投射法

投射法是心理学上用来测量人格的一种方法。具体的做法是：将一些刺激情境展示给被试，根据被试的反应判断其人格类型和心理特征。应用在市场调研活动中，通过一些词语、句子、图画、角色要求让被调研者完成指定要求，在完成过程中被调研者的想法投射出来。这种方法采用无结构、非直接的询问方式；适用于深入敏感问题的调研，具体的做法有下面几种。

（1）词语联想法。利用一些刺激的词语让被调研者说出或写出联想到的东西。具体又有如下几种做法。

1）自由联想法：问句中提供相应的字词，让对方充分发挥联想，即“刺激词语+不限制联想”。如：当您听到下面的词时，您想到的是什么？商场____；茶____。

2）控制（限制）联想法：问句中提供相应的刺激词语和修饰限定词，让对方在一定范围内发挥联想，即“刺激词语+控制联想范围”。如：形象最好的商场是____。

3）引导联想法：问句中提供相应的刺激词语和引导限定词让对方在一定范围内发挥联想即“刺激词语+联想提示”。如：最近在广州市天河区粤垦路新开张的商场____。此法多用于对商品名称、企业名称的命名调研或名称测试。

（2）完成法。

1）句子完成法：由被调研者补充不完整句子。例如，一般人买洗发水最看重的是____。

2）故事完成法：又称续成故事法。提出一个能引起被调研者兴趣但未完成的故事，让其补充。例如，小张和小李去汽车展销会购买汽车____。

（3）结构法。常用主题统觉法，被调研者看一些内容模糊的图画后，将其编成故事表述出来，又称图片理解测验法。如调研雇主与毕业生、关系，看一幅有关图片。图中雇主张开嘴巴说道“你还满意吗?”，让被调研者想象毕业生的回答。

（4）表现法。被调研者以一定的角色处理并说明一定事件，从而得知被调研者的态度，具体方法如下。

1）角色扮演法。请被调研者以他人的角色来处理某件事情。例如：“如果你是营业员，你面对打闹的小孩会怎么办?”

2）第三视角法。提供文字描述或形象化的情景让被调研者将自己的态度与该情景联系起来并表述观点。例如，你认为营业员面对打闹的小孩会采用什么处理方法?

3.5.3　敏感性问题的提问

问卷调研中经常会遇到一些敏感性的问题，直接询问时容易造成尴尬局面。在设计问卷时可以采用一些技术处理，增强调研的效果，具体的方法包括前文提到的释疑法、假定法和转移法。

3.5.4　提问的基本技巧和要求

提问的好坏将会直接影响问题的回答效果。所以提问时需要注意一些基本技巧，具体来说，要注意如下几个方面。

1. 问题多用亲切的词语

提问时用“您”而不用“你”；表述时为了亲切，可以多用“我们”，如“我们都是消费者，应该懂得维护消费者权益，请您谈谈应如何维护消费者权益”。

2. 问题不要过长

如“在当今消费不断增长的时代，消费的层次也在不断地增长，请问您对消费的结构变化是怎么看的?”。问题过长，消费者或者没能听懂问题的中心，或者容易厌烦。如果再加上问题表述不够通俗，调研起来可能会不理想。

3. 提问不要太直接、具体

消费行为存在明显的差异性，所以在调研时不要太直接、具体地询问，否则容易造成被调研者难以回答。例如，“您认为夏新电脑是不是最好的?”被调研者可能都没有听说过夏新电脑，不仅不好回答，而且会觉得厌烦。

4. 问题不要太过专业

调研的目的是尽可能地如实得到被调研者的情况，太过专业的问题会使被调研者不能理解而敷衍或不回答，从而对调研效果产生比较大的影响。如“你认为市场营销中的4C中哪一项是最重要的?”

5. 问题不要太过久远

太过久远的问题，被调研者不一定会记得清楚，这样会产生虚假的回答。例如，“请问您上个月哪一天到过天河城?”这种问题就难以回答。

6. 问题不要涉及难以判断的回答

很多市场现象需要专门的研究、较为关注或有较多的认识，才能做出好的判断，否则将难以作出有把握的判断。例如，“广州市天河城是最好的购物中心吗?”再如，“广州市的楼市将出现拐点了吗?”这些问题都会使得被调研者难以判断。

7. 要用中性的表述

如“广告是所有企业参与市场竞争的利器，请谈谈贵企业的广告投放情况”，这样的设问具有明显的倾向，应改为直接的提问方式，如“请您谈谈贵企业的广告投放情况”。

8. 不要直接询问让人尴尬的问题

每一个人都有自己的隐私和认为敏感的问题。所以，在调研时要注意被调研者的心理感受，尽量不要直接询问被调研者敏感问题，如年龄、收入、容貌等。否则，会造成尴尬甚至不愉快，难以完成好的调研。如“小姐，您用什么牌子的化妆品消除雀斑?”这种问题很容易造成不愉快。

9. 不要提没有意义的问题

问卷的调研时间有限，所以要题量合适，每一题都要体现调研的目的。可以在预调研时多加分析，关键是要从目的出发，分析判断问题的必要性。如在广州市居民家庭消费支出调研中询问，“请问您对当前的空气质量感觉怎样?”、“您是不是感觉广州市变漂亮了?”等问题。

10. 不要用难以定量的词语

调研题目要尽量做到好理解、好回答。一些程度副词很难衡量，容易造成被调研者随意回答或不好回答。如经常、常常、很多、很大、很好等。例如，“您经常到天河城吗?”、“您每月都有很多次出去旅行吗?”

11. 不要用意思不明确的句子

问题要清晰地表达调研的目的，否则容易造成歧义，这样的调研无疑效果难以保证。如“请您随便谈谈对企业形象的认识”，这里的“随便”使被调研者理解为问题“不重要”、“可以不谈”、“不要深入地说明”等，造成调研目无法达成。

12. 不要用断定性的提问

消费心理很复杂，消费行为具有多样性。所以，在开展市场现象的调研时，要注意问题不能断定在某一类里面，造成被调研者无法回答。如“您一定是很喜欢旅游，请您谈谈对当前旅游市场的看法。”

13. 要注意问题与答案的一致性

答非所问的现象在一些问卷中也会出现，造成被调研者对调研严谨性的诟病和意义的怀疑。所以，在问卷设计中要注意杜绝这样的问题。如问题是“商品品牌是否需要投资打造?”答案却是“好”或“不好”。

实施任务5 结合具体项目设计市场调研问卷的问题

1. 任务组织

(1) 学习小组各成员结合所选定的调研专题提出调研问卷题目的设计方案，然后小组内进行讨论，拟定小组的问卷题目设计方案，然后参与老师组织的讨论。

(2) 老师组织小组之间进行交流，对各小组题目设计方案进行讨论；老师负责说明和决策。

(3) 学习小组将完善的问卷题目设计方案提交老师进行评定。

2. 任务要求

(1) 每位同学都要积极参与，提出自己的问卷题目的设计方案。

(2) 运用多种问卷的设问方式。

(3) 必须用电子文件和纸质文件的形式将设计方案上交老师。

(4) 必须在同学中进行模拟调研，检查问卷题目设计的可行性。

任务6 设计市场调研问卷题目的答案

3.6.1 封闭式问题的答案设计形式

1. 双项选择法

针对只有两种可能的答案进行设计。

例如，您是不是已经购买了汽车?

答案：(A) 是 (B) 不是

2. 多项选择法

被调研者在同时提供的多个答案中选择两个以上的答案。具体还包括排序和不排序的形式。

(1) 排序又分为两种方式，全排序和部分排序。

1) 全排序是指将提供的全部答案按顺序进行排列。例如，“你购买汽车依次看重的是 A. 价格 B. 性能 C. 外观 D. 产地”

2）部分排序是指只将选择的部分结果按要求进行排序。例如，“您购买商品最看重的三项内容是 A. 质量　B. 价格　C. 品牌　D. 促销　E. 产地　F. 售后服务　G. 性价比”

（2）不排序时直接将符合的答案全部选出。例如，“您使用过的牙膏品牌包括 A. 中华　B. 美加净　C. 洁银　D. 黑妹　E. 佳洁士　F. 两面针　G. 竹盐　H. 其他”

3. 比较法

常用配对成对比较法，即在多种可能的选择之间进行简单的两两比较。例如，“请比较两种饮料哪一种好喝，并在好喝品牌前打‘+’号 A. 健力宝和百事可乐　B. 百事可乐和可口可乐　C. 健力宝和可口可乐　D. 都一样。（没有喝过可以打上“-”号）”

4. 李克特量表法

李克特量表法适用于测定被调研者对某种观点的态度。方法是拟定若干个不同态度量度答案，要求被调研者在各级态度量度中进行选择。例如，针对“大学教育是素质教育而不是技能培训。”的态度设成 3 级：非常同意；同意；非常不同意。或设成更细的 5 级：非常同意；同意；一般；不同意；非常不同意。

5. 语意差别法

语意差别法又称为 SD 法、奥斯古德量表法、数值尺度法。适用于测定被调研者对某对象的评价。答案设计成两个相反的态度，并在相反的词之间列上程度，由被调研者选择他愿意的方向或程度，中间可设 5 或 7 个等级。例如针对“广百商场的形象”的答案非常差⟶非常好。中间设成 5—4—3—2—1 或 +2—+1—0—-1—-2，一共 5 个程度等级。再如针对“民生银行的信誉”的答案有信誉⟶无信誉，中间设成 7—6—5—4—3—2—1 或 +3 +2—+1—0 —-1—-2—-3，一共 7 个程度等级。

这里还要注意两点，①答案设计的形式有多种，可以设计在态度评价的旁边，也可以内置在态度评价中；②如果在一份问卷内有一连串此类问题，最好不要分开选择，可集中进行简化处理。

例：工商银行

服务热情7—6—5—4—3—2—1 服务冷淡

位置适当7—6—5—4—3—2—1 位置偏僻

时间长　7—6—5—4—3—2—1 时间短

项目多　7—6—5—4—3—2—1 项目少

改进形式。斯塔普尔量表，是由SD改进的一种形式，只设单个形容词，直接用数字反映成10个等级。

例如：工商银行

服务热情 1 2 3 4 5 6 7 8 9 10

位置适当 1 2 3 4 5 6 7 8 9 10

时间长 1 2 3 4 5 6 7 8 9 10

项目多 1 2 3 4 5 6 7 8 9 10

同时要注意在调研过程中说明数量等级的意义。

6. 配合法

在题目中要求把调研对象与提示文句连接起来，以测定被调研者对所述问题的认识。

例如，请您画线连接下面的商品和特征。

太太口服液　　1. 美容

美媛春　　2. 养胃

太阳神　　3. 营养

7. 项目核对法

列出调研客体的特征，请被调研者进行评判。

例如，请选择下面所列汽车的特征（见表3-1）

表 3-1

	重要	一般	不重要
外形美观			
耗油量小			
价格便宜			
品牌影响			
内饰配置			

8. 数值分配法

数值分配法也称打分法，由被调研者用0~10或10~100的数值对被调研对象打分。例如：请您对奇瑞汽车品牌的形象打分。

3.6.2 开放式题目答案的设计

1. 题目的一些补充说明

前面对封闭式和开放式题目的设计做了较充分的说明，这里对开放式题目设计做三点补充说明。①开放式题目不宜过多；②一般设计在问卷的最后部分；③形式包括完全开放和适度控制开放。

2. 开放式题目设计形式

（1）完全开放。由被调研者自由回答。

（2）适度控制开放。可以采取投射法设计答案，包括词语联想、完成法、结构法、表现法。

实施任务6 结合具体项目设计市场调研问卷题目的答案

1. 任务组织

（1）学习小组各成员结合所选定的调研专题，提出调研问卷题目答案的设计方案，然后小组内进行讨论，拟定小组最后的问卷的题目答案设计方案，然后参与老师组织的讨论。

（2）老师组织小组之间进行交流，对各小组的题目答案设计方案进行讨论；老师负责说明和决策。

（3）学习小组将完善的问卷题目答案设计方案提交老师进行评定。

2. 任务要求

（1）每位同学都要积极参与，提出问卷的题目答案设计方案。

（2）结合题目运用多种问卷的答案设计方式。

（3）必须用电子文件和纸质文件的形式上交老师

（4）必须在同学中进行模拟调研，检查问卷答案设计的可行性。

任务7 设计市场调研问卷的作业情况记录及结尾部分

3.7.1 问卷的作业情况记录设计

问卷的作业情况记录设计包括两个方面：一是问卷有关责任人记录，一般设在封面，主要包括审核责任人、汇总责任人、调研责任人；另一方面是调研员调研过程记录，一般设在问卷的最后部分。

对于访问式问卷，作业情况可设计有关调研过程的问题，以便研究者了解被调研者对调研的态度，以及对问卷中问题的理解程度，如设题好坏、耗时、合作、理解情况等，一般由调研者判断填写完成。必要和可能时可以列明被调研者的联系方式。

3.7.2　问卷结尾部分的设计

问卷结尾部分主要包括作业证明记载部分以及整个问卷调研完成后的谢语部分。作业证明记载部分主要是明确调研完成的责任人；可能的情况下得到的被调研者的联系方式；感谢语部分主要通过真诚的谢语表达对被调研者的谢意，这是一份完整的问卷不可或缺的部分。

实施任务7　结合具体项目设计市场调研问卷的作业情况记录及结尾部分

1. 任务组织

（1）学习小组各成员结合所选定的调研专题提出自己的调研问卷作业情况记录及结尾部分的设计方案，然后小组内讨论，拟定出小组最后的设计方案，然后参与老师组织的讨论。

（2）老师组织小组之间进行交流，对各小组的设计方案进行讨论；老师负责说明和决策

（3）学习小组将完善的设计方案提交老师进行评定。

2. 任务要求

（1）每位同学都要积极参与，提出自己的问卷作业情况记录及结尾部分的设计方案。

（2）注意设计内容的完整性。

（3）必须用电子文件和纸质文件的形式将结果上交老师。

项目 4
运用市场调研方法开展调研

学习目标

知识目标

掌握市场调研基本方法的类别和特点，以及运用的要点

能力目标

1. 结合市场调研项目、分析并选择调研方法
2. 结合实际的市场调研项目运用具体的调研方法

项目介绍

按照基本的流程，一般在设计好问卷以后就要结合具体的调研方法开展实际的市场调研活动。由于不同的实际调研项目方案设计的调研要求和特点不同，所以调研采用的方法就有所不同。要有效地搜集资料，就必须选择合适的方法。本项目将具体学习两大类共四种具体方法，包括间接调研和实地调研两大类方法；具体有二手资料调研法、访问法、观察法、实验法四种。为了掌握这些方法，本项目将分解为 4 项任务帮助读者认识相关知识，掌握相关能力。

任务 1　确定是否直接采用间接的市场调研法

4.1.1　认识市场调研的基本方法

市场调研的基本方法包括两大类：一类是直接调研法，另一类是间接调研法，区别在于是否到实际现场进行调研。直接调研法具体包括询问法、观察法、实验法三种方法。

间接资料是指从各种文献档案中搜集的资料，也称第二手资料。间接调研法是调研人员从各种文献、档案材料中搜集相关市场信息资料的方法。

市场调研人员通过搜集间接资料，可以使企业迅速了解有关市场的基本情况，把握市场机会；也可以帮助市场调研人员对市场情况有初步的认识，为进一步的直接调研奠定基础。实际上，市场的环境不断变化，企业从宏观环境到微观

环境认识市场，但许多环境是企业或调研公司无法调研的，比如政治法律环境、行业环境等，都需要借助公共资源。所以，间接调研法是调研中不可或缺的方法。有的调研甚至直接利用间接调研就可以完成。

4.1.2 市场调研间接资料的来源

间接资料的来源无非两类：企业内部资料和企业外部资料。

1. 企业内部资料来源

（1）企业职能管理部门提供的资料，例如会计、统计、计划部门的统计数字、报表、原始凭证、会计账目、分析总结报告等。

（2）企业经营机构提供的资料，例如进货统计、销售报告、库存动态记录、合同签订执行情况、广告宣传效果、消费者意见反映等。

（3）其他各类记录，如来自企业领导决策层的各种规划方案、企业自己做的专门审计报告，以及以前的市场调研报告等。

2. 企业外部资料来源

（1）政府机构及经济管理部门的有关方针、政策、法令、经济公报、统计公报等。

（2）行业协会发表和保存的有关行业销售情况、经营特点、发展趋势等的信息资料。

（3）各种信息咨询机构，如国家经济信息中心、国家统计信息中心提供的各类统计资料。随着计算机技术应用的普及，数据库联网服务已成为一种必然趋势，市场调研人员可以通过已有的计算机数据库进行查询。

（4）其他各种大众传播媒介，如电视、广播、报纸、杂志及文献资料。

（5）各种类型的图书馆是文献资料集中的地方，市场调研人员可以充分利用图书馆，获得关于某个特定调研主题的信息资料。

4.1.3 间接调研法的实施与评价

1. 间接调研法的实施步骤

（1）分析和准备阶段。包括分析和研究课题，明确查找要求和范围，编制计划。

（2）搜索阶段。搜索有关文献，从中选择重要和确实可用的资料，搜集鉴别，阅读摘录。

（3）加工阶段。要从大量文献中摄取有用的情报资料，必须对其可靠性进行鉴别。对于不完全可靠或有待于进一步明确的资料，不予采用；对有用的资料进行梳理。分析研究后起草报告。

2. 间接调研法的优缺点

（1）间接调研法的优点。

1）具有间接性和历史性的特点，即研究者可以对不能亲自接触的研究对象进行研究。

2）所得资料较客观。

3）节省时间、人力，费用低。

4）容易核对。

5）适合做纵贯分析。

（2）间接调研法的缺点。

1）可能与客观事件有距离，间接资料中往往带有作者的思想倾向，另外，资料短缺时无法弥补。

2）搜集的资料只能是调研对象的历史状况，而不是当前状况。

【小思考】 如果要开办一个环保餐具厂，应该搜集哪些“文案资料”？从哪些途径获得这些资料？

实施任务1 结合实际项目确定是否直接采用间接的市场调研法

1. 任务组织

（1）学习小组各成员结合所选定的调研专题拟定市场调研法，然后小组内讨论，再拟定小组最后的方案，然后参与老师组织的讨论。

（2）老师组织小组之间交流，对各小组的方案进行讨论；老师负责说明和决策。

（3）各学习小组将完善的方案提交老师进行评定。

2. 任务要求

（1）每位同学都要积极参与，提出自己的市场调研方法设计方案。

（2）注意先从两大类方法中选择一类。

（3）注意多采用间接调研法取得资料。本任务主要还须分析说明能否直接采用间接调研法完成整个调研项目。

（4）必须用电子文件和纸质文件的形式将选定的基本方案上交老师。

任务2 运用访问法进行市场调研

4.2.1 对访问法的基本认识

访问法是通过访问被调研者了解市场情况的方法，这是调研的基本手段，在市场调研中最为常用。采用询问法进行调研时，调研者可以直接向被调研者提问，以其口头回答作为调研的原始材料，也可以事先设计问卷，利用问卷的方式访问被调研者。

采用此法的一般原则是：所提问题确属必要、被访问者有能力回答、询问时间不宜太长，同时须注意询问时的语气、措辞、态度、气氛等方面的问题。

4.2.2 常用的访问调研方法

1. 面谈访问法

通过面对面的访问进行调研，是一种最为常用的方法，在街道、小区、公共场所等地，通过与被调研对象的面对面的访问得到调研资料。运用这种方法要注意以下两点要求。

（1）事先做好调研准备。明确调研的具体要求，研究和理解调研中的每一个问题。准备文件，如介绍信、名片、工作证、实物样品、图表、技术资料，以便在适当的时候向对方展示。事先准备一些小礼品，这一点很重要，有研究显示礼品（又称为刺激物）对访问的效果和问卷的回收率影响很大。

（2）注意访问的技巧。询问时态度要诚恳、自然，要注意倾听对方的谈话，对方在讲话时不要轻易打断或插话，若必须插话，应先征得对方同意，如“请允许我打断一下”、“我能否插一句”等。

问话的语气、措辞、方式均要适合被访者的身份和知识水平，问话的水平过高或过低都会招致不安或错误的答案。

访问应严格按照调研表上的问题顺序提问，问题的顺序与访谈能否顺利进行以及整体答案的准确性均有重要的关系。

被调研者可能会要求解释有关问题，这时应注意切勿加上自己的理解，以免影响被调研者。如果被调研者一开始就拒绝访问或在调研没结束时便想终止，这时调研人员应向他说明这次访问的目的，并强调所搜集的资料的重要性。如仍然无效，应礼貌道谢并结束访问。

2. 电话访问

电话访问，即由调研人员根据事先确定的抽样原则抽取样本，通过电话访问被调研者，以收取信息资料的方法。其优点是速度快、省时间、费用低；缺点是回收率较低。因无调研员在场，被调研者可能误解问题的意义；另外，由于通话时间不宜过长，因而不易搜集到深层次的信息。电话访问多采用双项选择法，即从两个选项中选择其一，如回答是或否。

3. 邮寄调研

邮寄调研，是将设计好的调研表寄给被调研者，由其填好后寄回。这种方法的优点是调研的区域广泛，凡邮政所能达到的地区皆可列入调研的范围；被调研者有充分的时间回答；调研的成本较低；抽样误差低；可以避免面对面访问中调研人员的偏见影响。缺点是回收率较低，回收的时间较长，被调研者有时还会误解问题的意义。

4. 留置问卷调研

调研人员将问卷当面交给被调研人，说明回答方法后，将问卷留置被调研者家中，请其自行填写，再由访员定期收回。此法是面对面访问调研和邮寄调研这两种方法的折中，因此其优点及缺点也介于两种调研法之间。

5. 互联网调研

互联网调研，是通过计算机和互联网完成问卷设计、样本抽取、样本调研和数据处理等整个调研过程的调研方法。这种方法的优点是便利、快捷，可提高调研效率；可即时修正操作上的错误，被调研者回答有误时能及时沟通；调研成本低；问卷（电子邮件）回收率高。互联网调研的缺点是调研范围受到限制（农村互联网用户较少）。

6. 小组讨论

小组讨论在国外称为焦点小组访谈。焦点小组一般由 8 ~ 12 个经精心挑选的人员组成。焦点小组访谈是指在一名主持人的指引下，焦点小组的成员对某一个主题或观念进行深入的讨论，目的在于了解和理解人们心中的想法及其原因。

小组讨论是资料搜集中一种比较独特的方法，被调研者在主持人的引导下进行深入的讨论，是一种主持人与被调研者之间，被调研者与被调研者之间互动的过程，调研人员从中可以获取很多有价值的信息资料。这种方法在国外十分流行。

小组讨论是一种特殊的访问法。相比而言，它所搜集的信息不是个体的资料，而是群体的资料，这一点为小组讨论带来很多困难，正确地组织实施小组讨论对其最终效果具有重要意义。小组讨论通常有以下几个环节。

（1）制订计划。小组讨论同时面对若干被调研对象，这些对象不是分散的，必须将其作为一个整体来对待，因此，事先要对这个群体进行合理地选择。在讨论过程中，主持人要成为讨论的控制者，必须对讨论的问题有充分的把握。所以，小组讨论一般要求主持人事先制订比较详细的计划，其中一个重要内容就是编制讨论指南。讨论指南通常应包含讨论三个阶段的内容：第一阶段是建立友好关系，解释小组中的规则，并提出讨论的客体；第二阶段是由主持人激发深入讨论；第三阶段是总结主要的结论。

（2）选择参加者。小组讨论的人数一般在8～12人。选择参加者时要注意他们的特征必须与调研项目的目标有关，要把握共性和个性的统一。在问题的根本特征上，要求小组成员必须具有共性，而在问题的特征上，要求小组成员具有个性。尤其要注意避免那些职业性受访者参与到小组中来。

（3）选择主持人。有专家认为，拥有合格的参与者和一个优秀的主持人是小组讨论成功的关键因素。国外对一名合格的主持人的要求很高，认为其需要具备两方面的技能：一是必须能恰当地组织一个小组，二是必须具备良好的商务技巧。作为一名优秀的主持人，还必须具有一系列良好的性格特征与组织技巧。包括对他人的正确认识，客观、全面地看待问题，具有广泛的兴趣，具备良好的倾听技巧、观察技巧、口头和书面交流技巧，既有原则性，又有灵活性，善于交际和沟通，给人以友善和亲和力等。关于优秀的主持人，认真挑选是一个途径，更主要的是要做好对原有人员的培训工作，以不断提高他们的素质。

（4）选择或布置环境。小组讨论通常在一个测试室中进行。这个测试室一般是一间会议室风格的房间，其中一面墙上装有一大面单向镜面，单向镜面后是观察室，在不引人注目的地方装有录音或录像设备，用来纪录整个讨论过程。讨论室要精心布置，应通风、室温要适当，不能引起参加者的不适。

（5）讨论过程控制。小组讨论效果的好坏，与讨论过程中主持人是否对其进行有效控制直接相关。由于这种讨论是一个主持人面对多个参与者，讨论往往会偏离主题，这时，主持人需要采取恰当的方法，在不影响参与者发言积极性的同时将讨论引入正轨。

（6）分析结果。小组讨论结束后，需要马上听取主持人的汇报总结，做好即时分析。在此基础上，根据录音、录像、纪录等进行进一步的分析，以得到正确的结论。需要指出的是，小组讨论结果的分析与其他资料搜集方法有很大的区别。一般的资料分析方法大多采用数理统计、列表分析、模型推导等。在小组讨论中，结果涉及的是有关整个小组的状况而不是个人的资料，因而它采用的方法主要是归纳推理和综合判断等。

【小思考】学校附近一家文具店的老板想了解到他店里购买东西的顾客对店的印象如何。同时还想了解顾客对竞争文具店的印象如何？你将推荐哪种访问调研方法？为什么？

实施任务2 结合具体项目运用访问法进行市场调研

1. 任务组织

(1) 学习小组各成员结合所选定的调研专题拟定是否采用询问法，然后小组内进行讨论，拟定小组最后的实施方案，参与老师组织的讨论。

(2) 老师组织小组之间进行交流，对各小组的实施方案进行讨论；老师负责说明和决策。

(3) 各学习小组将完善的市场调研方法提交老师进行评定。

2. 任务要求

(1) 每位同学都要积极参与，提出自己的方案。

(2) 注意询问法的具体方法有很多，应列举采用某一方法的理由。

(3) 必须用电子文件和纸质文件的形式将运用方案上交老师。

任务3 运用观察法进行市场调研

4.3.1 对观察法的基本认识

观察法是由调研者直接或利用仪器观察、记录被调研对象的行为、活动、反应、感受或现场事物，以获取资料的一种方法。其具体的做法有调研人员在现场的直接观察法，比如通过视觉观察行为等；利用各种仪器对被调研对象的行为进行测录的行为记录法；还有通过一定的途径，观察事物发生变化后的痕迹，搜集有关信息的痕迹观察法等。

4.3.2 观察法的类型

观察法的观察方式一般有两种，即直接观察和间接观察，也就相应形成了两种具体的观察法。

1. 直接观察法

直接观察法是指调研者置身于被调研者中间开展调研，记录事情的真相及前景，获得更全面的市场资料和信息。在进行直接观察时要注意，一般不要令被调研者识破身份。另外，要始终保持客观的态度，避免主观思想影响调研结果。直接观察法具体包括如下内容。

（1）顾客观察法。顾客观察法是指观察者作为一个旁观者，冷静地观察顾客身上发生的各种情况。这种观察方式要求观察者选择一个适当的位置，不会引起被观察者的注意，以免破坏观察的自然状态。顾客观察法经常要求配备各种记数仪器，如录音摄像器材、记数仪器、记数表格等，以减轻调研者记录的负担，提高资料的可信度，如记录顾客的客流量、顾客购物的偏好、顾客对商品价格的反映、顾客购物的路径、顾客留意商品时间的长短、顾客产生冲动购物的次数、顾客付款是否方便等方面的调研数据。为了使调研更加深入，有时还辅以访问法。

（2）环境观察法。环境观察法有时也称为“伪装购物法”或“神秘购物法”，即以普通顾客的身份对调研对象的所有环境因素进行观察以获取调研资料的方法。观察者参与到现场的活动之中，身临其境地进行观察，如充当顾客观察售货员的行为，过程中应保证注意到现场发生的各种情况，并且能够在观察后记录下来。这种方法是让接受过专门训练的“神秘顾客”作为普通的消费者进入调研环境，其任务一般是观察购物环境和了解服务质量，如产品颜色、产品布局、货架摆放、通道的宽窄、装饰等因素，以分析是否符合此调研对象的实际需求和达到上级有关部门的要求。

“神秘顾客”作为普通消费者进入调研的市场环境，通过“普通消费者”的消费行为了解并详细记录下购物或接受服务时发生的一切情况，然后填写一份调研表。这种方法对于以服务为主的现代企业来说，是一种实施监督控制及贯彻服务标准的有效方法。

2. 间接观察法

间接观察法就是通过对现场遗留下来的实物或痕迹进行观察以了解或推断过去的市场行为。由于种种原因，很多场合并不适合或不需要调研人员亲临现场，则可采取机器观察的间接观察法，即根据调研的要求、目的，在调研场所设置摄像机、红外线探测器、IC 卡智能机等设备自动采集有关信息。这种方法有操作简便、节约人工、使用时间长的优点；但有应用范围小，一次性投入大的缺陷。如国外流行的食品橱窗观察法，调研人员通过查看顾客的食品橱窗，记下顾客所购买的食品品牌、数量和品种，来搜集家庭食品的购买和消费资料，这种方法对一些家庭日常用品的消费调研非常重要。

4.3.3 对观察法的评价

1. 观察法的优点

首先，观察法可以避免询问法中因问题设置结构产生的误差因素。其次，调研人员不会受到与被观察者的意愿和回答问题的能力等方面的困扰。最后，通过观察可以更快、更准确地搜集某些类型的数据。比如利用扫描仪观察要比要求人们列举他们食品袋里的每样东西有效得多。如果想知道孩子们喜欢哪种玩具，目标儿童引到一个很大的玩具室，通过单向镜观察孩子们选择了哪些玩具，这样就能了解孩子们的偏好了。

2. 观察法的缺点

观察法的主要缺点是通常只有行为和物理特征才能被观察到，调研人员了解不到人们的动机、态度、想法和情感。同时，只有公开的行为才能被观察到，一些私下的行为，都超出了调研者的观察范围。另一个缺点是，被观察到的当前行为并不能代表未来的行为。此如消费者在衡量了几个可供选择的品牌以后选择购买某一品牌的产品，但将来这一选择可能会发生变化。

如果需要观察的行为不是经常发生，那么观察调研会很耗时间，而且成本很高。例如，如果超市中的一个观察员观察人们购买某种不常用物品的行为，那么他可能会等上很长时间。

4.3.4 观察法的实施步骤

1. 制订观察提纲

计划确定后，就要围绕计划，设计观察提纲，这个提纲一般包括：观察目标、观察对象、主要观察内容、观察时间、观察地点、观察方法、观察原因等内容。另外，为便于使用，观察提纲可制成观察表、卡片等。

2. 确定具体观察目标与观察对象

确定观察目标即明确观察目的、确定观察对象，包括观察范围、数量、内容、对象、观察时间、次数、方式、手段以及采用的工具等。

3. 进入观察环境

保持被观察者的自然状态，避免其受到干扰。接触观察对象，与其建立适当的关系，但应以不改变观察对象的正常活动为前提。

4. 认真做好观察记录

记录的方式可以是多样的，尽可能地利用设备进行观察，如做一些摄像、录音等。记录方法有利用音像设备、填写预测登记卡、做笔记等。

5. 分类整理、登记、存放观察记录

观察后所得的资料一般是零乱、分散的，在观察后应及时进行整理，按预定的计划对资料进行分类、归档，对缺漏和错误的记录及时进行修正与追补。

6. 分析并撰写观察报告

从观察资料中分析得出有市场价值的现象和定性判断，指引市场营销；同时，要以调研报告的形式总结观察过程与结论。

4.3.5 观察法的应用范围

1. 商店顾客情况调研

通过观察顾客的数量、构成及其在店内的流动规律及购买行为，为企业合理安排营业时间、改善服务方式提供参考。

2. 消费需求观察

市场上很多商品的消费和使用是可观察的，如服装、鞋帽、装饰品等，通过观察这些产品的销售和使用情况，为企业做好产品决策提供参考。

3. 商店布局与陈列观察

通过观察营业现场的布局、商品的陈列、货架的摆放，橱窗和广告的内容等，了解和判断企业的经营管理水平，并及时提出改进建议。

4. 商品库存观察

通过对库存场所的查看、库存商品的盘点，以及进货出货的商品种类、频率的记录，了解商品的分类结构和储存条件，计算库存成本，有利于企业确定合理的采购政策和库存结构。

5. 商店选址观察

通过观察店铺附近行人和车辆的流量、流向，观察周围同业店铺的经营情况，为新店铺的选址提供决策参考。

6. 广告观察

通过观察广告的投放数量、张贴位置、顾客对广告的注意度，以及顾客对广告媒体的反馈和反应等，了解广告的吸引力和投放效果，为企业的广告定位和促销决策提供依据。

【训练】选择学校附近的一家商店，观察其日均客流量及顾客购买行为特点。

实施任务3　结合具体项目运用观察法进行市场调研

1. 任务组织

（1）学习小组各成员结合所选定的调研专题拟定观察法的实施方案，小组内讨论后拟定小组最后的实施方案，参与老师组织的讨论。

（2）老师组织小组之间进行交流，对各小组的实施方案进行讨论；老师负责说明和决策。

（3）各学习小组将完善的观察法设计方案提交老师进行评定。

2. 任务要求

（1）每位同学都要积极参与，提出自己的方案。

（2）注意观察法的具体方法很多；把握好观察法的实施步骤和应用范围。

（3）必须用电子文件和纸质文件的形式将完善的方案上交老师。

任务4　运用实验法进行市场调研

4.4.1　对实验法的基本认识

实验法是指通过实验对比，搜集市场信息资料的方法。实验调研法属于因果关系研究，在市场调研中，调研者经常通过改变某些因素测试其对其他因素的影响。如通过改变产品的品质、价格、包装、广告数量、商品陈列等，了解其对企业产品销售量、市场份额的影响。

4.4.2　实验法的实施程序

实验法运用的全过程可分为准备—实施—总结三个基本阶段。

1. 实验的准备阶段

（1）界定问题，形成假设。在假设的陈述中，要清楚地表明自变量和因变量的关系。实验应该有理论指导，假设陈述两种变量间所期望的因果关系。

（2）选择实验组和控制组。主要目的是通过条件有变化的实验组与条件维持不变的控制组进行比照，看条件变化产生的影响。

（3）选择适当的测量工具和统计方法，从而明确地评价因变量的指标。在测定实验组变化时，由于测量工具和统计方法的不同会产生不同的结果，所以要在实验前加以明确。

（4）选择实验设计类型，确定控制无关因素的措施，以最大限度地提高实验的效果。

2. 实验的实施阶段

按照实验设计实施实验，观测由此产生的结果，并记录实验过程中获得的数据。

3. 实验的总结阶段

对实验中取得的数据进行处理分析，从而对研究假设进行检验，最后得出科学结论。

4.4.3 实验法的主要方法

1. 实验单位前后对比实验

实验单位前后对比实验这是最简便的一种实验调研方法，即通过对实验单位在实验前后的情况进行对比分析，了解实验变量的影响效果。

例如：某食品生产企业为了扩大销售，计划改进食品的外包装。由对新设计的产品包装没有把握，因此决定采用实验单位前后对比实验的方法进行调研，步骤如下。

首先选定实验对象，即将该企业A、B两种规格的食品作为实验单位，其次要对其实验前一段时间（如一个月内）的销售额进行统计，然后对改变了外包装的食品销售情况进行统计（一个月内），具体如表4-1所示。

表4-1　A、B包装实验前后销售额对比表　（单位：万元）

实验单位	实验前销售额 Y_1	实验后销售额 Y_2	变动
A	1 000	1 200	+200
B	1 500	2 000	+500
合计	2 500	3 200	+700

$$\text{实验变量效果} = \text{实验后} - \text{实验前} = Y_2 - Y_1$$

从表4-1中可以看出，该企业设计的新型外包装使食品销售额增加了3 700万元，其中A实验单位增加了200万元，B实验单位增加了500万元。如果经分析无其他因素的影响，企业便可做出改变食品外包装的决策。

实验单位前后对比实验，经常用于调研改变产品品质、包装、价格、广告等对企业销售额和利润的影响。

2. 实验单位与非实验单位对比实验

实验单位与非实验单位对比实验即将非实验单位的数据与实验单位的实验结

果进行比较的一种实验调研法。采用这种实验方法的好处是：非实验单位与实验单位在同一时间内进行对比，这样可以排除由于时间不一致而引起的外部因素的影响，如市场环境改变、消费心理变化对实验效果的影响，从而提高实验调研的准确性。采取实验单位与非实验单位对比实验调研，须进行事后测量，如用 Y_2 代表实验单位事后测量值，用 X_2 代表非实验单位事后测量值，则计算公式为

$$实验变量效果 = Y_2 - X_2$$

例如：某连锁企业欲了解店内广告促销的效果，决定在下属店铺进行实验单位与非实验单位对比实验。选取 A、B、C 商店作为实验单位，D、E、F 商店为非实验单位，实验时间为 1 个月，实验结果如表 4-2 所示。

表 4-2 实验单位与非实验单位销售额对比表 （单位：万元）

实验单位		非实验单位	
商店	销售额 Y_2	商店	销售额 X_2
A	1 000	D	900
B	800	E	650
C	850	F	700
合计	2 650	合计	2 250

通过表 4-2 可以看出，采用店内广告促销的商店销售额比未做店内广告促销的商店销售额增加了 400 万元，因此可以认为店内广告促销宣传对提高连锁店的销售业绩是有效的。

应用实验单位与非实验单位对比实验进行市场调研时，要注意实验单位与非实验单位之间应具有可比性，即要求两者之间的主客观条件基本相同或相似，如业态类型、商店规模、商圈范围、目标顾客构成、商店管理水平等，只有这样，才能保证对比实验的效果可信。当然，绝对的相同是不可能的，调研者应该在分析和评价实验效果时，考虑到这些条件差别对实验结果的影响，在此基础上再制订营销措施和营业推广方案。

3. 实验单位与非实验单位前后对比实验

实验单位与非实验单位前后对比实验即指实验单位前后变动数据与非实验单位前后变动数据进行比较的一种实验调研方法。这种实验方法是前两种实验方法的结合，实际上是一种双重对比的实验法，它吸收了前两种方法的优点，也弥补了前两种方法的一些不足。

假设实验单位在实验前一定时期内的测量值为 Y_1，实验后测量值为 Y_2，非实验单位在实验前后相同时期的测量值分别为 X_1 和 X_2，则实验效果为

$$(Y_2 - Y_1) - (X_2 - X_1)$$

例如：某家电企业欲了解产品促销对销售额的影响，选择A、B两个商店作为实验单位和非实验单位，实验期一个月。其实验前和实验后的测量结果如表4-3。

表4-3　实验单位与非实验单位实验前后销售额对比表　（单位：万元）

	实验前销售额	实验后销售额	变动	实验效果
实验单位	Y_1	Y_2		
	800	1 000	200	150
非实验单位	X_1	X_2		
	700	750	50	

实验结果 $=(Y_2-Y_1)-(X_2-X_1)=(1\,000-800)-(750-700)=150$（万元）

根据实验结果可以判断，企业采用促销的措施可较大幅度地提高产品销售额。

4.4.4　实验法的优缺点

1. 实验调研法的优点

在市场研究中，运用实验法的主要原因是它能够揭示市场因素之间的因果关系，而其他的调研法难以研究因果关系，具体而言实验调研法的优点如下。

（1）结果的客观性和实用性。实验调研法是一种真实环境或模拟真实环境下的具体调研方法，故其结果一般而言是客观的，而且其结果具有较高的推广实用性。

（2）方法的主动性和可控性。调研人员可以主动地引导市场因素的变化，并通过控制其变化来研究该因素对市场产生的影响；而不是被动、消极地等待某种现象的发生，这使调研的结果更精确。

（3）实验的结论具有较强的说服力。调研人员可以按照调研需要合理地设计试验，有效地控制试验环境，反复进行试验，使调研的结果具有较强的说服性。

（4）可以探索在环境中不明确的市场关系。在实验调研中，通过尽可能排除外来因素的影响，可以有效地研究事物之间的因果关系，认识事物的本质及其发展规律。

2. 实验调研法的缺点

（1）影响市场变化的因素错综复杂，实验法仅限于对现实市场经济变量之间关系的分析，而无法研究过去和未来的情况，有一定局限性，而且自变量不可能像自然科学那样准确无误。

（2）实验的市场条件不可能与其他市场条件完全相同，所以实验后的市场效果和措施，在其他市场不一定可行。

（3）实验法时间长、费用高。难以满足在市场调研中短时间内得出结论的要求；且实验过程难度较大，费用也相对较高。

（4）实验法保密性差。在市场经济条件下，如果研究计划泄露，竞争对手有可能破坏实验，使实验得到错误的结果。

4.4.5 实验法的应用范围

实验法的应用范围非常广泛，应用范围具体包括以下几方面：

1. 产品价格实验

了解消费者能否接受产品价格、接受的程度、价格的弹性等方面。价格是市场营销最为敏感的因素，价格实验可以为企业制定价格策略服务。

2. 掌握必要的市场信息

掌握市场信息涉及产品质量、品种、规格、花色、款式、包装等方面的实验，可以为制定营销策略服务。

3. 市场饱和度实验

当某类产品出现滞销时，为了查明市场需求是否饱和，可向市场投放一种改进后的同类产品，观察销售量的变化，测试市场是否仍有潜力。

4. 广告效果试验

通过某产品广告前和广告后销售量的比较，分析广告对销售量的影响。

5. 促销效果实验

通过某产品促销前和促销后销售量的比较，分析促销策略对销售量的影响。

【小思考】 某种商品畅销，可能是价格、包装改变或是促销手段改变的原因，究竟哪种因素的影响最大，请思考如何设计实验才能尽快找到这个因变量。

实施任务4 结合具体项目运用实验法进行市场调研

1. 任务组织

（1）学习小组各成员结合所选定的调研专题拟定实验法的实施方案，然后小组内进行讨论，拟定出小组最后的方案，参与老师组织的讨论。

（2）老师组织小组之间进行交流，对各小组的方案进行讨论；老师负责说明和决策。

（3）各学习小组将完善的方案提交老师进行评定。

2. 任务要求

（1）每位同学都要积极参与，提出自己的实施方案。

（2）应注意实验法适用的条件；在采用实验法时应注意重点采用实验单位与非实验单位前后对比实验法，并对采用该法进行详细的说明。

（3）必须用电子文件和纸质文件的形式将完善的方案上交老师。

学习指导

1. 学习建议

本章主要介绍了市场调研的四种方法，间接资料调研法、询问调研法、观察调研法、实验调研法。学生要牢固掌握各种方法的优缺点并加以运用，并联系实际问题，选用合适的方法进行市场调研，锻炼运用市场调研解决实际问题的能力。

2. 学习重点与难点

重点：间接资料调研法、询问调研法、观察调研法、实验调研法

难点：实验调研法

3. 核心概念

间接资料调研法 询问调研法 观察调研法 实验调研法

课后思考与练习

1. 选择题

（1）下列关于间接资料调研法的优点说法不正确的有（　　）。

A. 节省时间　　B. 方便　　C. 时效性强　　D. 节省人力

（2）下列关于面对面调研法优点说法不正确的是（　　）。

A. 富于伸缩性　　B. 具有激励效果

C. 可获得较多资料　　D. 费用低、时间短

（3）下列关于观察法的优点说法不正确的是（　　）。

A. 节省时间

B. 准确性较高

C. 可以避免调研结果受调研人员的影响

D. 能较好控制被调研对象

（4）下列哪些是电话调研法的优点（　　）。

A. 时间长　　B. 速度快　　C. 费用高　　D. 回答深入

2. 简答题

（1）简述间接资料调研法的局限性。

(2) 简述询问调研的方法。

(3) 简述实验法的应用范围

3. 训练题

在学校里和学生会合作，选用适当的调研方法了解学生对学校课余生活的看法。

【案例分析】

广州市天河区粤垦路经过多年的发展，已经成为天河较重要的商业旺地。2012年年初，已经有100多家店铺，这里上演了很多商业故事。其中，在广东农工商职业技术学院正门对面，曾有两家面包屋同场经营，一家店叫做“皇冠·玛丽奥”，另一家叫做“百事达”，前者积极地改良品种和环境，后者则采用价格策略，即捆绑销售降低价格，试分析两者竞争策略的好与坏。并结合本案例，对学校周边的面色店进行观察调研。

项目5
处理市场调研资料

学习目标

知识目标

掌握处理市场调研资料的程序及各环节的处理要点；掌握资料分组方法、汇总方法、表达方式

技能目标

1. 运用所有市场调研资料的处理程序，对资料进行分组、汇总、表达
2. 结合具体的市场调研项目运用正确的调研资料处理方式

项目介绍

市场调研资料在资料收集阶段比较凌乱，所调研的市场现象往往是不清晰的，有时还存在没有价值的资料，这就要求相关人士对资料进行专门的处理，以便于资料的存储、分析和利用。本项目主要是学习资料处理的基本过程，具体包括资料审核、编辑、整理汇总、转换四个阶段。本项目的学习目的是掌握资料的有序化处理。通过处理将资料转换为比较有序的表格、图形，以便日后进行资料分析时得到更好地利用。本项目学习的重点和难点在于资料的整理，包括分组整理汇总和编码转换建立数据库。本项目培养学生处理市场调研资料的能力，适应多个职业相关岗位能力的要求，所以应结合实际项目多做练习并掌握。

任务1　拟定市场调研资料的处理程序

5.1.1　市场调研资料处理的意义

市场调研资料有的符合要求而有效，也有许多资料由于诸多的原因不符合要求或不具有价值，如严重缺项的资料或不真实的资料均不具有价值。所以在收回原始资料以后，必须对其进行处理，即去伪存真、拾漏补缺、摒弃无用。也就是说，调研资料的处理是将原始的资料转换为可供人们进行分析的有效资料，即将资料进行检查审验并进行必要的加工的过程。

5.1.2　市场调研资料处理的基本过程

按照一般的问题处理思路，首先必须对资料进行验收，在验收过程中对发现的问题必须规定一致可行的处理方法，然后再对资料进行编辑修改，之后还必须经过恰当的分类整理使之有序并转换为直观的表达形式。

随着计算机技术的广泛应用，人们告别了人工处理调研资料的时代，但资料仍需经过编码存储在计算机中，使之成为可供计算机直接处理的资料，以便使用各种统计分析软件进行分析。综合地说，调研资料处理的基本过程可以主要概括为四个方面，即资料验收、编辑、分类整理汇总与转换。

【练习】 为什么要对调研的资料进行处理?

【训练】 结合所在班级，对大学生的就业观进行调研，并加以检查和简单的归类。

实施任务1　结合实际项目拟定市场调研资料的处理程序

1. 任务组织

（1）学习小组各成员结合所选定的调研专题拟定调研资料处理程序的方案，然后小组内进行讨论，拟定出小组最后的方案，参与老师组织的讨论。

（2）老师组织小组之间进行交流，对各小组的方案进行讨论；老师负责说明和决策。

（3）各学习小组将完善的方案提交老师进行评定。

2. 任务要求

（1）每位同学都要积极参与，提出自己的方案。

（2）应注意按照一般的问题处理思路，首先必须对资料进行验收，在验收过程中对发现的问题规定一致可行的处理方法；然后再对资料进行编辑修改；经过编辑的资料还必须经过恰当的分类整理使之有序；并且转换为直观的表达形式。

（3）必须用电子文件和纸质文件的形式将小组的最后方案上交老师。

任务2　对市场调研资料进行审核

5.2.1　市场调研资料审核的意义

在资料搜集的过程中和搜集后，首先要做的工作就是对所调研的资料进行审核、检查和验收。导致调研资料出现问题的原因很多，包括问卷问题、调研方法、被调研者的配合态度等，但审核验收人员的任务不是追究造成问题的原因，而是发现和处理严重问题。这里要注意，审核是对所调研的资料进行大方向的检查，决定其是否能用，而非逐个问题的细化检查。细化检查可以通过资料编辑的过程处理完成。

5.2.2 市场调研资料审核的方式

调研资料的审核可以采用手工审核与自动审核两种方式。手工审核的方式是调研者，特别是检查人员对每一份资料进行手工检查；自动审核的方式是借助计算机等工具进行检查。

5.2.3 调研资料审核工作的开展方式

保证资料的有效性是整个调研工作顺利完成的基础，否则调研将失去意义或无法顺利完成。调研的组织者应通过各种方式促成和达成资料的真实有效性，而不能仅仅依赖调研完成后的审核。所以，资料审核工作开展方式有很多种。具体包括：①在对个人的现场调研时，认真筛选合适的对象；②在小组的现场调研时，组员之间相互审核，以保证资料的有用性；③对于由被调研者填写的问卷，事后认真做专门审核。

5.2.4 审核验收人员应检查的主要内容

验收人员应审核资料的一些主要方面，规定其应达到的完整程度，具体包括：①被调研者是否符合要求，即是否属于规定的抽样范围；②资料是否完整清楚；③资料是否真实可靠；④资料中的关键问题是否已作回答；⑤资料是否存在明显的错误或疏漏；⑥调研人员的工作是否认真负责，工作质量是否较高；⑦所搜集的有效资料的份数是否达到比例要求。

5.2.5 资料审核中不能接受的问卷资料

审核中的一些问题较严重的问卷资料不能作为有效可用的资料，一般应作废处理。具体的情况包括：①严重不全的问卷资料，包括问卷出现缺页、整体上回答不全、某几个部分不全、只答开头等情况；②被调研者没按要求完成的资料，如没有按照要求逐日填写的问卷；③答案几乎没有变化的问卷，如在态度测量表中5级量表全选3；④问卷的内容在截止日期之后；⑤不是调研的对象单位，如不符合要求的对象的资料是无价值的。

5.2.6 审核验收人员对不同资料的处理方法

审核验收人员应对不同情况的资料作不同的处理。具体来说包括：①接受正确和基本正确的资料，虽然可能有些资料不完全理想，但只要不涉及关键问题，就是可以接受的，况且还可以补救；②对于问题较多的资料应作废；③对于问题较少的资料应尽量补救。

实施任务2 结合具体项目对市场调研资料进行审核

1. 任务组织

（1）学习小组各成员结合所选定的调研专题拟定调研资料审核的处理方案，然后小组内进行讨论，拟定小组最后的方案，参与老师组织的讨论。

（2）老师组织小组之间进行交流，对各小组的审核处理方案进行讨论；老师负责说明和决策。

（3）各学习小组将完善的方案提交老师进行评定。

2. 任务要求

（1）每位同学都要积极参与，提出自己的实施方案。

（2）应注意资料审核检查的一些主要方面，规定应达到的完整程度。

（3）检查验收人员应对不同情况的资料作不同的处理。

（4）小组必须用电子文件和纸质文件的形式将最终结果上交老师。

小知识>>

调研资料审核的方法

1. 样本代表性水平评估

（1）在调研完成后可进行样本代表性评估，目的是在总体上评价调研资料的价值。

（2）方法：将样本指标与过去已掌握的总体同一指标进行对照，看其相符程度。一般来说，只要所调研的现象没有发生质的变化，两者应基本一致。通常比率在95%～105%就初步认为样本指标具有价值。例如，某地的一次抽样调研中，通过样本计算出当地的平均年龄39岁；平均每户人口数为4.1人。而根据当地的人口普查资料，当地的人口平均年龄38岁，平均每户人口数为4.3人。计算后得出年龄的比率为39/38×100%＝102.63%；人口的比率为4.1/4.3×100%＝95.35%，认为样本代表性水平很好。

2. 选择性审核

在资料审核的过程中，可以采用选择性审核。

(1) 选择性审核的指导思想。因时间和费用的关系，不能过分强调完美的审核；在审核中应发现关键问题而不是所有问题，应采取相应的措施处理关键问题。

(2) 审核的主要方法。

1) 自上而下法。对于一个给定的估计域，按照加权后的数据对估计结果影响的大小，将数值自上到下列表，并逐一检查；当下一个影响最大的数据值对域估计的影响不是很显著时，就停止向下的检查和验证。

例如，从 $N=100$ 个小企业中抽取 $n=5$ 个来估计平均员工数。若总体估计为600人，平均每个企业 =600/100 =6 人，比预计总体平均 3 人高。可以检查每一样本记录对估计的贡献。参考表 5-1，应仔细检查样本 1 和 2，其余不必仔细检查。因为只有偏大的记录才会造成估计偏大。

表 5-1

样本	员工人数	赋予权数	乘积	贡献率（%）
1	13	20	260	43.33
2	8	20	160	26.67
3	3	20	60	10
4	3	20	60	10
5	3	20	60	10
合计	30		600	100

2) 聚集法。主要是集中针对某些可疑的记录，重点检查该记录是否存在问题。

3) 画图法。将数据画出分布图，评价资料的分布是否符合常规。

4) 问卷打分法。按所答问卷上可疑数据项的多少和对应变量的相对重要性给每个被调研者打分，只对对调研有较大影响的高分记录作检查。

【练习】 审核验收人员应检查的主要内容是什么？

【训练】 结合各小组设计的问卷进行小范围的调研并加以审核验收。

任务3 对市场调研资料进行编辑

5.3.1 市场调研资料编辑的意义

资料的编辑是对资料进行细化检查的过程，目的是检查发现资料中是否存在具体的错误和疏漏，具体来说是对资料中每一个问题的答案进行认真的检查。包括答案是否符合要求、是否真实或是否有疏漏等，目的是要筛选出真实有价值的资料。

5.3.2 市场调研资料编辑的方法

资料的编辑可以采用多种方法，主要包括以下三种。

（1）经验判断法。检查验收人员凭借丰富的调研经验，判断资料是否真实可靠。例如，在家计调研中发现有个别家庭的收入是4 000多元，而家庭的日常开支合计近3 800元，可以凭经验判断这份资料不真实；再如某小型商场的年利润达到了1 000多万元，这个资料就值得怀疑。

（2）逻辑检查法。根据事物发展的内在关系判断资料的真实性。如未生育的女性回答月消费儿童奶粉300多元，这个资料就值得怀疑。

（3）计算检查法。通过计算资料内部的一些数据而发现问题。例如，计算后发现某被调研对象填写的月总开支和消费的具体项目明显不符，说明该资料可能有问题。

5.3.3 资料检查编辑人员要解决的主要问题

资料检查编辑人员在资料的编辑过程中应发现和解决的主要问题包括：①有无出现错误的回答，如调研青年人消费观念的问卷上年龄填写为72岁；②是否有疏漏的回答，如未填写学历；③是否有前后不一致的回答，如前面填写的是未婚，而后面填写有小孩读书开支；④是否出现答非所问的情况，如问卷设问是“您对广州市天河城的印象”，回答是“我经常逛天河城”；⑤是否出现不确切或不充分的回答，如每周逛天河城2~4次等。

5.3.4 调研资料编辑中发现问题的处理

对于在资料编辑中发现的问题，要针对不同的情况进行不同的处理。①对于错答的，应将该回答作废处理；②对于答漏的，应使用统一的符号标记遗漏的回答，如用“0”或“-”或“999”表示；③对于在全部问卷中多次错答或多次答漏的某个问题，应将该问题作废处理；④对于整份资料质量都比较差的问卷，应将整份资料作废处理。

5.3.5 问卷作废的条件

问卷作废是在不得已的情况下才做的处理。比如，问卷中不满意答案的比例很大，关键变量的答案缺失。还要注意当不满意问卷占总体比例小于10%或样本容量很大，而样本容量可能变小时，应对客户加以说明。

对缺失数据的处理

1. 缺失前提

缺失一般是指某项目的变量没有相应回答，如问卷中的家庭人口数量没有相关答案。开展一次调研时，如果关键的变量出现数据缺失，就会影响该次调研的质量。具体来说作缺失处理的前提要求包括：①不满意的问卷占全部问卷的比例比较小；②问卷中不满意的答案的比例很小，即其他方面的回答还不错；③有不满意答案的变量不是关键变量。

2. 产生缺失的原因

产生数据缺失的原因有很多。如果全部问卷均出现某项缺失，可能是问卷设计不当；当然，还有被调研者的配合不当问题。具体来说包括：①被调研者不知道答案，如问广州市有多少家大型超市，被调研者很难回答；②被调研者拒绝回答，如问被调研者的年龄，这样的设问会造成许多被调研者不愿意回答；③被调研者答非所问，如问其对外资企业的企业形象怎么看，其回答外资企业的待遇比较好；④调研人员疏忽没有认真地填写或询问时技巧不够等；⑤问题无法回答，如问被调研者某年去过天河城几次或者其企业利润是多少等问题。

5.3.6 资料编辑中要注意的几个要求

在资料的编辑过程中要做到如下几点：①去粗存精，要注意从众多的资料中得到有价值的资料，剔除与调研目的无关的或没有参考价值的资料；②去伪存真，要注意剔除虚假及错误的资料，保证资料的真实有效；③不要改变资料的原象和原始数据，资料应是调研分析的原始依据；④不要轻易否定资料，注意发现其中蕴含的有用价值；⑤切忌杜撰资料。

实施任务3 结合具体项目对市场调研资料进行编辑

1. 任务组织

（1）学习小组各成员结合所选定的调研专题拟定调研资料编辑处理的方案，然后小组内进行讨论，拟定小组最后方案，参与老师组织的讨论。

（2）老师组织小组之间进行交流，对各小组的方案进行讨论；老师负责说明和决策。

（3）各学习小组将完善的方案提交老师进行评定。

2. 任务要求

（1）每位同学都要积极参与，提出自己的方案。

（2）应注意合理运用编辑方法，重点说明采用的编辑方法及理由。

（3）应注意资料编辑人员应发现和解决的主要问题。

（4）必须用电子文件和纸质文件的形式将最后的结果上交老师。

任务4　进行市场调研资料的分类整理汇总

在前面已经学习过，整份问卷是由封闭式问题和开放式问题构成的。封闭式问题其答案已经进行了分类（这里一般也作为分组组别）；但开放式问题的答案多种多样，需要进行分类整理（可以事前确定类别及其编码，超出范围的一律作“其他”项）。有时为了分析的需要，也要对原来设计的分类进行重新分类整理。同时，还应把资料按归属汇总到各类中。另外，为了更清晰地表达资料，可以利用图表表示。

5.4.1　调研资料分类整理的意义

市场调研得到的原始资料大多杂乱无章，难以发现其中隐含的现象和规律，也难以阅读和利用。所以，应对资料进行分类整理。调研资料分类整理是在市场调研结果分析的基础上，将无序的资料转化为有序的资料，以更为直观的形式表达出来的过程。

5.4.2　调研资料的分类整理方法

1. 对定量资料进行分类（组）和汇总

（1）直接汇总。在很多情况下，问卷中的答案设计本身就已经对答案进行了分类，只需汇总即可。

小案例>>

“请您指出您的月收入在哪个范围?”

小于2 000元

2 000~2 500元

2 500~3 000元

3 000~3 500元

3 500元以上

假设 $N=500$ 人，分布为 50 人、100 人、200 人、100 人、50 人。可以编制成表格（单栏表）反映调研结果，如表 5-2 所示。

表 5-2 500 人月收入分组分布表

分组（元）	频数（人）	频率（%）
小于 2 000	50	10
2 000 ~ 2 500	100	20
2 500 ~ 3 000	200	40
3 000 ~ 3 500	100	20
3 500 以上	50	10

【分析提示】 按调研对象的收入水平将其归入不同的组别。

（2）分组后汇总。

1）基本要义。问卷中的答案还没有分类，需要按一定的标志进行分组后再汇总。下面结合一个例子来说明。

某次进行某地青年的身高调研，调研后 100 人身高分布为 1 680mm、1 700mm、1 710mm、1 730mm、1 750mm、1 760mm、1 770mm、1 780mm、1 840mm、1 979mm 几个水平，假设每一水平身高分布 10 个人（实际上 100 人的身高参差不齐），需要进行分组整理。经分组整理后，得出表 5-3 所示数据。

表 5-3 100 人身高分组分布表

分组（mm）	频数（人）	频率（%）
1 680 ~ 1 740	40	40
1 740 ~ 1 800	30	30
1 800 ~ 1 860	20	20
1 860 ~ 1 920	0	0
1 920 ~ 1 980	10	10
合计	100	100

【分析提示】 资料经过分组整理后，可以很清晰地得出当地青年身高在 1 680 ~ 1 860mm 的人占了大多数。

2）分组整理的方法。主要通过 5 个步骤来完成：①确定全距；②确定组数；③计算组距；④确定组限（一般原则是最好能使组中值为整数，从第一组起加上组距即可）；⑤计算各组的频数频率。

下面结合小案例来说明。第 1 步：确定全距。先将所得的资料按顺序进行排列，如 1 680、1 700、1 710、1 730、1 750、1 760、1 770、1 780、1 840、1 979，然后再用资料中的最大值减去最小值计算全距，$R=1\,979-1\,680=299$。第 2 步：

确定组数。组数不宜过多也不宜过少，根据经验，分为5～8组为好，本例分为5组。第3步：计算组距。组距=全距/组数，此例为299/5 =59.8，结果有小数时为了方便统计计算分析，应取为整数，此例可以取60。第4步：确定组限。组限是指每一组的最小值和最大值，又可以称为下限和上限。这里用最简单的方法从最小值1 680设定第一组的下限，由于组距为60，第一组的上限应为1 740；第二组的下限可设定为1 740，上限为1 800；其他组以此类推。第5步：计算各组的频数频率。频数是指各组的个体数；频率是指各组所占总体的比例。

3）分组整理时应注意的几个问题。

a. 分组整理的关键在于分组标志的选择。分组标志的选择会直接影响资料信息的有效反映，具体应注意：①分组标志应根据研究的目的和统计分析的要求设定；②分组组数和组距要合理，两者相互影响，前面已经提到，可先确定组数再确定组距。同时要注意，组数太多，个体样本分散，难以发现其中隐含的现象；组数太少，资料特点可能会被掩盖。例如根据小案例，表5-4所示的分组情况只有3组，这样会掩盖资料的分布规律。

表5-4 调研资料的分布表

分组（mm）	频数（人）	频率（%）
1 680～1 800	80	80
1 800～1 920	10	10
1 920～2 040	10	10
合计	100	100

b. 计算出的组距必须往上取。否则，有些数据无法归类；组距不要取得过大（分组的组数相应太少），否则会掩盖资料的实质意义。结合上例来说明，要注意不能取小于或等于59.8，假如按59来取，最后会造成最大值1979无法归组；也不能取得过大，假设按120来取则会得到表5-4所示的分组情况。

c. 关于组限的几个问题。①组限的确定方式有两种，一个是封闭组限，既有下限又有上限；另一个是开口组限，即只有下限没有上限，或者反过来。如果资料的变量分布较散，则利用开口组限有利于减少组数；在资料分布集中时，可多采用封闭组限的方式；②组限的取值尽量能使到组中值为整数，这样有利于统计计算。组中值对于封闭组，可以取该组的上下限之和除以2。对于开口组，则要分情况：有上限无下限的组，可以采用该组的上限减去相邻组距的一半计算；有下限无上限的组，可以采用该组的下限加上相邻组距的一半计算，如表5-5所示。

表 5-5　100 人月收入分组表

分组（元）	频数（人）	频率（%）
<2 000	10	10
2 000 ~ 3 000	10	10
3 000 ~ 4 000	80	80
4 000 ~ 5 000	10	10
>5 000	10	10
合计	100	100

其中，第 1 组的组中值等于 $2\ 000-(3\ 000-2\ 000)/2=1500$；第 5 组的组中值等于 $5000+(5000-4000)/2=5500$。

d. 计算频数的问题。计算频数时在统计上有一个重要的规定：上限不在本组内，即当某一变量刚好与某一组的上限重合，在计算频数时应计到下一组。结合表 5-5，如果某被调研者的收入刚好是 4 000 元，则应计到 4 000 ~ 5 000 元这组而不是 3 000 ~ 4 000 元这组。

e. 分组中还有等距和不等距分组，具体可以参照统计知识进行学习。

2. 对定性资料进行分组整理和汇总

（1）分组的标志。定性资料的分组整理比较简单，只要根据研究目的和分析需要确定分组标志，就可进行分组整理和汇总。例如，某地企业按规模的分布如表 5-6 所示。

表 5-6　企业规模分布表

企业规模	频数（家）	频率（%）
大	60	20
中	100	33.33
小	140	46.67
合计	300	100

（2）分组时应注意的问题。

1）在分组前，看是否有相应的回答存在。例如，对某地劳动力主要职业的调研，如果当地的人没有从事高科技的，在分组时就不必设置这一组别。

2）分出的组别之间互斥，每个样本只能归为一个组。如职业分组中设置一组是服务员，另一组是售货员，如果某个样本的从业人员是商场营业员，这样归为哪个组都行，就会造成混淆。

3）分出的组别应能包容所有可能的回答。为了减少组别，常用“其他”项包含所有没有专门列出的组别。

4）必要时进行复合分组。所谓复合分组，就是采用两种或两种以上的标志进行分组。这样的分组可以进行比较深入的分析。但这并不是说标志越多越好，因为标志太多会造成表格过于复杂。下面通过一个例子说明，如表5-7所示。

表5-7　某地不同性别从业人员的教育情况

教育情况	性别	频数	频率
初中及以下	男	30	3
	女	30	3
高中及中专	男	100	10
	女	170	17
大专	男	160	16
	女	200	20
本科	男	100	10
	女	40	4
研究生及以上	男	110	11
	女	60	6
合计	共10组	1 000	100

5.4.3　资料汇总的方法

资料汇总的方法主要有手工汇总与计算机汇总两种。手工汇总法又可以分为划记法、过录法、折叠法、分单法和卡片法等。

5.4.4　调研资料的表达

为了更简明地表达资料，可以将资料较换为表格和图示的形式。资料的表格化在前文已涉及，在此将继续加以说明。

1. 资料的表格化

资料的表格化就是以表格的形式反映资料，制成的表格形式有很多，主要包括单栏表和多栏表。

(1) 单栏表的编制，就是从单一变量的角度反映资料。在前文已重点介绍。下面结合例子再次深化认识，例如200名顾客对某商品评价的评分分布，如表5-8所示。

表5-8　200名顾客评分分布表

评分（分）	频数（人）	频率（%）
1 ~ 6	20	10
6 ~ 7	30	15
7 ~ 8	100	50
8 ~ 9	30	15
9 ~ 10	20	10
合计	200	100

（2）多栏表的编制。多栏表从多个变量的角度反映资料。进一步可以根据反映的变量的数量分为反映两个变量的二维列联表和反映两个以上变量的高维列联表（又称为交叉制表）。

1）二维列联表。这种表是最常编制的表举例进行说明，调研不同收入的男女的人数分布，如表5-9所示。

表5-9 不同收入男女的人数分布表

收入（元）	性别	频数（人）	频率（%）
3 000 以下	男	130	13
	女	130	13
3 000～5 000	男	330	33
	女	170	17
5 000 以上	男	140	14
	女	100	10
合计		1 000	100

2）高维列联表。这种表最多编制为三维列联表，再多就显得过于复杂了。项目2中的配额分配表就属于三维列联表，可参见表2-6。

下面再举一例，不同收入和不同性别消费者对商品评分的分布，如表5-10所示。

表5-10 不同收入和性别的消费者评分分布表

收入（元）	性别＼评分（分）	1～5	6～7	7～8	8～9	9～10	合计
3000 以下	男	10	20	50	10	10	100
	女	5	25	60	5	5	100
3000～4000	男	10	20	20	30	20	100
	女	4	16	30	25	25	100
4000～5000	男	5	5	30	30	30	100
	女	10	20	10	35	25	100
5000～6000	男	5	15	30	40	10	100
	女	5	10	40	30	15	100
6000 以上	男	5	15	20	50	10	100
	女	5	5	30	40	20	100
合计		64	151	320	295	170	1 000

2. 资料的图示化

资料的图示化是指用图示的方式将资料直观反映出来。常用的图主要有折线图、直方图、饼形图等。

（1）折线图。利用坐标体系，将资料进行描点，再把点连接起来反映变化趋势。例如，某年份东部、西部和北部3个地区剩余劳动力的人数。如图5-1所示。

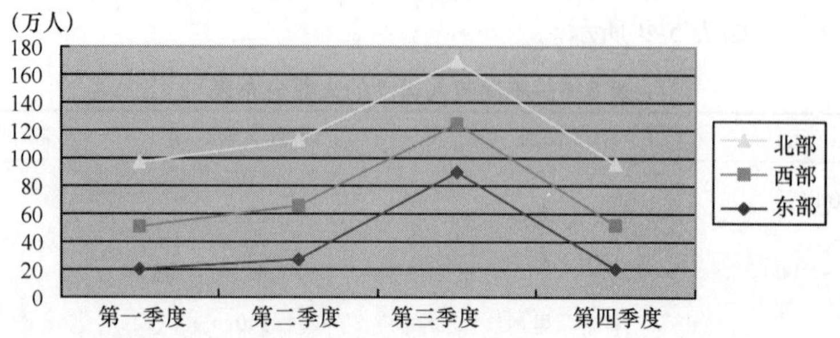

图5-1 东部、西部和北部3个地区剩余劳动力人口出生情况折线图

（2）柱形图（直方图）。横轴以组中值为中心，纵轴表示某变量值，绘制出柱形图。例如，图5-2各柱型分别表示东、西、北部3个地区某年4个季度人口出生的人数的情况。

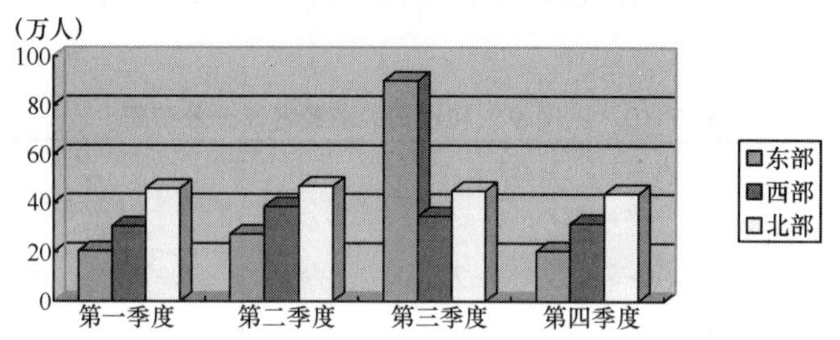

图5-2 东部、西部和北部3个地区剩余劳动力人口出生情况柱形图

（3）饼形图。将某一现象的结构情况绘制成完整的饼形图，饼形图内部反映具体的构成情况。例如，图5-3反映的是某企业某年4个季度的产值构成情况。

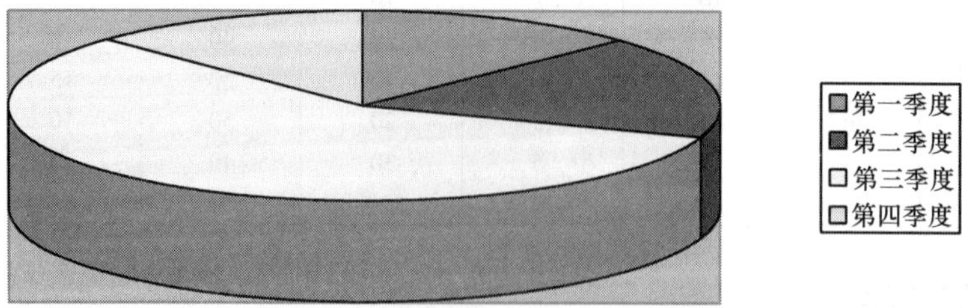

图5-3 某企业某年4个季度的产值构成情况

图示化时应注意的问题包括：①不是每一份资料都需要制图，比较重要的资料最好制图反映；②标示必须清晰，使人一目了然；③必要时可作适当注释；④可用不同颜色区分不同的类别。

实施任务4 结合具体项目对市场调研资料进行分组整理

1. 任务组织

（1）学习小组各成员结合所选定的调研专题对资料进行分组整理，然后小组内进行讨论，拟定小组最后的整理方案，参与老师组织的讨论。

（2）老师组织小组之间进行交流，对各小组的方案进行讨论；老师负责说明和决策。

（3）学习小组将完善的方案提交老师进行评定。

2. 任务要求

（1）每位同学都要积极参与，提出自己的方案。

（2）列表说明已分组资料的整理和汇总。

任务5 对市场调研资料进行编码

5.5.1 资料编码的意义

资料编码就是指将资料转化为统一的、计算机可识别的符号或数字，主要是将问卷中的信息数字化。例如，对某商品的态度评价有：好，一般，差3种，可以分别用3、2、1表示。

5.5.2 资料编码的方式

资料编码开展的方式主要有事前编码和事后编码两种。

1. 事前编码

问卷设计时就为每一题的每一答案分配一个代码，通常是一个数字。例如，调研时被调研者的性别，男性用1表示；女性用2表示。再如，广州市天河城是最好的购物中心的答案：同意，可以，不同意；用2代表同意，1代表可以，0代表不同意。

2. 事后编码

问卷完成后为某个没有事先编码的答案分配一个编码。主要针对封闭式问答题的“其他”项以及开放式问题。这里要说明的是编码的过程主要在问卷设计时就已完成，事后编码更多是起到完善和补充的作用。

5.5.3 编码过程

编码工作无论是事前还是事后进行，基本过程是一致的，主要包括如下几点：

1. 对问题进行编码

问卷中的问题本身就有序号，可用该序号作为问题的代码。也可以为了统计处理上的方便，直接用英文单词或字母来命名问题，如性别问题，可用 sex 命名；年龄问题，可用 age 命名；收入问题，可用 income 命名。有些调研为了方便归类，把问卷的题目分为不同大类并进行编码。如消费调研中 A 代表基本情况类题目；B 代表行为；C 代表动机态度。

2. 对答案进行编码

（1）封闭式答案的编码。具体又分为以下两种情况

1）单选答案的编码。可直接用答案的选项号进行编码例如某题答案为 1 有；2 没有。可用 1 或 2 代表答案进行编码。

2）多选答案的编码。又可以细分为两种情况。一是全选并排序下，可以直接用选中答案的号码作为编码。另一个是部分选。此时无论排序或不排序都可以直接用所选的代码代表。例如，用 1 代表所选，0 代表没选。例如，您常在哪里购物？1. 超市；2. 购物中心；3. 商品街；4. 就近的小商店。假设某人的答案是超市、商品街、就近的小商店。则编码是 134。又例如，您常在哪里购买运动品？1. 大超市；2. 购物中心；3. 就近街市；4. 百货商店；5. 专门店。某答是 135（无序）；某答是 514（有序），直接用所选就可以了。

（2）开放式答案的编码。先将意思相近的答案归为一类，然后给分类定一个编码，但要注意不要分太多的类别。另外，对于属数字型开放题，可直接用回答的数字作为代码。如估计的经济增长率为 12%，就用 12% 作为代码，并且要求在编码过程中尽量使用原有的数据作为编码。

（3）对没有答案和无需回答的问题的编码。对于没有答案的问卷，即漏答或无答案的问卷，可用“9”或“99”或“999”作为代码。对于无需回答的问卷，可用“8”或“98”或“998”作为代码。

（4）编制编码对照表。编制编码对照表的目的是说明每一编码代表的意思，使资料的处理者和使用者能明白。编码对照表又称为编码手册，清晰地解析所得

资料的数据库中每一代码所代表的含义。下面结合一个例子来说明整个编码的过程。

例如，某公司开展消费者购买行为的调研，$n=500$，部分题目及答案编码的情况如下。

（1）被访对象性别（访员记录）：1. 男　　2. 女

（2）请问您的年龄是（　　）周岁？

A. <18　　B. 18～30　　C. 30～45　　D. 45～55　　E. >55

（3）请问您的最高学历是？

1. 小学及以下　2. 初中　　3. 高中（含中专）

4. 大学专科　　5. 大学本科　　6. 研究生或以上

（4）请问您个人的平均月收入大约是（　　）？

A. 2 000元以下　　B. 2 000～3 000元

C. 3 000～4 000元　　D. >4 000元

（5）您购买日常生活用品经常到（　　）购买（限选2项）。

A. 百货商场　　B. 小超市　　C. 大超市　　D. 购物中心　　E. 街市

（6）您购买化妆品经常到（　　）购买（限选2项）。

A. 百货商场　　B. 小超市　　C. 大超市　　D. 购物中心

E. 街市　　F. 专卖店

（7）您选择购买化妆品时主要考虑（　　）。

A. 品牌　　B. 功效　　C. 价格　　D. 性价比

（8）“好企业生产好产品”，请您根据对这句话的认同程度圈选一个答案（　　）。

5. 非常同意　　4. 同意　　3. 无所谓　　2. 不同意　　1. 非常不同意

（9）“产品销售不是靠广告而是靠口碑”，请您根据对这句话的认同程度圈选一个答案（　　）。

5. 非常同意　　4. 同意　　3. 无所谓　　2. 不同意　　1. 非常不同意

编码设计的步骤如下。

（1）问卷编号。一共有500份问卷，应占3位数，每份问卷设定一个号码，可设定为001～500。

（2）问卷的大类题目变量。题目1～4属基本情况类题目，编号A；同理B代表消费行为；C代表动机态度；D代表态度意见。9道题目的变量名依次为A(1)，A(2)，A(3)，A(4)，B(5)，B(6)，C(7)，D(8)，D(9)。

（3）问题（1）占1位数，编码1代表男性；2代表女性。问题（2）占1位数，用实际填写的符号作为编码。问题（3）占1位数，用实际填写的符号作为编码。问题（4）占1位数，用实际填写的符号作为编码。问题（5）占2位数，用实际填写的符号作为编码。问题（6）占2位数，用实际填写的符号作为编码。问题（7）占1位数。用实际填写的符号作为编码。问题（8）占1位数。问题（9）占1位数，编码同上。

假设001号问卷的资料：性别为男性；年龄为18～30岁；教育程度为大学专科；收入为2 000～3 000元；常到街市和小超市购买日常生活用品；常到街市和小超市购买化妆品；购买化妆品时看功效；非常同意“好企业生产好产品”；不同意“产品销售不是靠广告而是靠口碑”。

002号问卷的资料：性别为女性；年龄18～30岁；教育程度为大学本科；收入为3 000～5 000元；经常到百货商场和大超市购买日常生活用品；常到百货商场和购物中心购买化妆品；购买化妆品时看性价比；不同意“好企业生产好产品”；同意“产品销售不是靠广告而是靠口碑”。

具体如表5-11和表5-12所示。

001　1　B　4　A　BE　BE A　5　2

002　2　C　5　C　AC　AD D　2　4

003　2　E　2　D　CD　AB A　3　3

004　1　C　3　B　BC　DA D　4　2

…

500　1　E　4　A　DD　EB D　5　5

表5-11　编码资料表

问卷编号	性别	年龄	学历	收入	购买生活用品的地点	购买化妆品的地点	购买动机	态度1	态度2
第1列	第2列	第3列	第4列	第5列	第6列	第7列	第8列	第9列	第10列
001	1	B	4	A	BE	BE	A	5	2
002	2	C	5	C	AC	AD	D	2	4
003	2	E	2	D	CD	AB	A	3	3
004	1	C	3	B	BC	DA	D	4	2
…									⋮
500	1	E	4	A	DD	EB	D	5	5

表 5-12　消费行为调研编码说明表

问题序号及内容	数据所在列	编码及说明
问卷编号	第 1 列	按份数 001 ~ 500
1. 性别	第 2 列	1. 男性　2. 女性
2. 年龄	第 3 列	A. 18 岁以下 B. 18 ~ 30 岁 C. 30 ~ 45 岁 D. 45 ~ 55 岁 E. 55 岁以上
3. 学历	第 4 列	1. 小学及以下　2. 初中　3. 高中（含中专）　4. 大学专科　5. 大学本科　6. 研究生及以上
4. 收入	第 5 列	A. 2000 元以下　B. 2 000 ~ 3 000 元　C. 3 000 ~ 5 000 元　D. 5 000 元以上
5. 购买生活用品的地点	第 6 列	A. 百货商场　B. 小超市　C. 大超市　D. 购物中心　E. 街市
6. 购买化妆品的地点	第 7 列	A. 品牌　B. 功效　C. 价格　D. 性价比
7. 购买动机	第 8 列	A. 百货商场　B. 小超市　C. 大超市　D. 购物中心　E. 街市
8. 态度 1	第 9 列	5. 非常同意　4. 同意　3. 无所谓　2. 不同意　1. 非常不同意
9. 态度 2	第 10 列	5. 非常同意　4. 同意　3. 无所谓　2. 不同意　1. 非常不同意

【练习】1. 调研资料分组应注意什么？

2. 为什么要进行资料的表格化和图示化？

【训练】结合所在学院，对老师的运动时间进行问卷调研并作简单的整理。

实施任务5　结合具体项目对市场调研资料进行分组编码

1. 任务组织

（1）学习小组各成员结合所选定的调研专题设计编码方案，然后小组内进行讨论，拟定小组最后的方案，参与老师组织的讨论。

（2）老师组织小组之间进行交流，对各小组的方案进行讨论；老师负责说明和决策。

（3）各学习小组将完善的方案提交老师进行评定。

2. 任务要求

（1）每位同学都要积极参与，提出自己的调研资料编码实施方案。

（2）应对题目的编码进行专门的说明。

（3）应对答案的编码进行专门的说明。

（4）应编制编码说明表。

任务6 对市场调研资料进行转换

5.6.1 资料转换的意义

资料转换就是将经过编码的资料输入并存储到计算机的过程。资料的转换的目的主要是可以利用计算机进行资料的处理，从而极大地提高资料分析的质量和效率。而多种方便的统计分析软件，使调研人员不必掌握复杂的计算机知识就能进行资料分析。

5.6.2 调研资料录入的方式

可以利用计算机卡片、光电扫描仪、计算机键盘进行，但最常见的还是计算机键盘直接输入的方式，这项工作具体由录入员完成。这里还要说明的是，资料输入计算机之前，应先将编码的问卷资料过录到资料卡片上，然后再根据资料卡片输入计算机中。

5.6.3 数据库的组建

将调研的资料按照编码输入由一定格式形式的表格中，就组建完成数据库。数据库的结构由题目变量—答案变量的形式构成。问卷的每一个题目、每一个答案都用一个独立变量代表，每个变量在数据库占中据固定的位置，即每个变量的取值对应一个编码（见表5-13）。输入时每份问卷按数据库中指定的位置输入相应变量的取值，一行数字就是一份问卷，所有问卷依次输入完毕就形成一个数据库，并取好文件名作为存取资料的依据。这样，就在计算机中形成了一份可直接供统计分析软件处理的资料文件。

表5-13 zl. dal

xb	zy	nl	pj
1	2	3	10
2	6	2	8
…	…	…	…

文件中的每一列数据称为一个变量，每一列都有一个变量名，它们是存取处理某列数据的依据，文件中的每行数据称为一个记录，即样本、案例资料，某行或某列中的一个数据称为一个变量。

（资料来源：中国就业培训指导中心. 高级营销员［M］. 北京：中央广播电视大学出版社.）

【分析】 资料已经全部转换为代码，可以将资料以代码形式储存。

5.6.4 数据录入

数据录入的质量水平直接决定了调研的成果，所以，必须高度重视资料的录入工作，并借助一定的途径提高资料的录入质量。提高数据录入质量的途径主要有如下几个。

（1）由专业录入人员负责录入。

（2）双录入。重复录入两次，并借助计算机对两次录入进行对照，检查是否有问题。

（3）可编制程序对数据进行审查，包括有效性审查，如规定编码为0，1，2，出现6则说明超出范围值，计算机发出警告；以及逻辑性审查，例如，生育问题一般男性不作回答，如出现男性回答则说明有问题。

（4）采用平衡检测法，主要针对数值类的报表和统计表，即把这些表中的某组数值相加作为平衡项，如录入的平衡项的数值与计算机的平衡项一致，则计算机接受，否则，计算机拒绝并发出警告。

5.6.5 数据库的检查

由于资料比较多，在资料输入时难免出现差错，所以必须对数据库进行必要的检查。主要的检查内容和要求有如下几个方面。

（1）检查样本单位是否全部录入完毕，有无遗漏。

（2）逐个问题进行检查，看有无超出有效范围的值。

(3) 进行一定比例的全面检查。通常要求不少于 30 个样本，比例为 1% 左右。

(4) 对有相关关系的答案进行配对检查。例如，如果正确的编码 1 代表男性，2 代表女性，而数据中将男性录为“2”，简单检查是无法发现的，但是配合其女性配偶的编码，则可以发现错误。总之，数据库资料必须确保正确，才能为正确的分析提供依据。

实施任务 6 结合具体项目对市场调研资料进行转换

1. 任务组织

(1) 学习小组各成员结合所选定的调研专题设计资料转换方案，然后小组内进行讨论，拟定小组最后方案，参与老师组织的讨论。

(2) 老师组织小组之间进行交流，对各小组的转换方案进行讨论；老师负责说明和决策。

(3) 各学习小组将完善的转换方案提交老师进行评定。

2. 任务要求

(1) 每位同学都要积极参与，提出自己的调研资料转换实施方案。

(2) 组建完成数据库，对数据库的栏目进行说明。

(3) 应对数据库的检查情况进行说明。

学习指导

1. 学习建议

本章内容是市场调研的核心内容。在学习中要注意领会几个核心问题，包括资料的处理的过程和资料的主要整理方法。资料处理的过程主要包括审核、编辑、编码（含分类整理）与转换：审核主要是尽量保障资料的可用性；编辑主要是对资料进行细化的检查，尽量保障资料的有效性；编码与转换都是为了资料的计算机处理。其中，整理还能包括将资料用表格和图像来表示。本章介绍的技能是高职学生从事相关岗位的必备技能，所以，应该在实际调研的问卷整理中牢牢掌握。

2. 学习重点与难点

重点：掌握好资料处理的主要过程、资料编码、资料整理的主要方法。

难点：资料编辑的要求。

3. 核心概念

资料处理 资料审核 资料编辑 资料整理 资料编码 资料转换

课后思考与练习

1. 选择题

(1) 市场调研的资料录入一般采用（ ）。

A. 图像 B. 文字 C. 编码 D. 图表

(2) 调研资料的细致检查过程是通过（ ）完成的。

A. 审核 B. 编辑 C. 编码 D. 整理

(3) 资料整理的目的是使得资料更加（ ）。

A. 有序 B. 清晰 C. 完整 D. 全面

(4) 资料的编码主要采用（ ）代表资料。

A. 字母 B. 特别代码 C. 计算机编码 D. 数字

(5) 调研资料的转换是将（ ）存入计算机。

A. 问卷 B. 问卷资料 C. 资料编码 D. 资料数据

2. 判断题

(1) 出现不完整的问卷一般可以作废。( )

(2) 开放式问题的答案一般是事后编码。( )

(3) 资料分类整理应该做到类别合适。( )

(4) 资料编码一般的问题可以在问卷设计之前完成。( )

(5) 可以通过整理调研问卷发现问题。( )

3. 简答题

(1) 请说明问卷处理的基本程序。

(2) 请说明问卷编码的基本要求。

(3) 请说明资料编辑应注意的问题。

案例分析

进行一项消费者对某种商品评价的调研，要求被调研者回答性别、年龄、职业等问题，并对商品综合评价进行打分。编码设计为：①数字1代表男性；2代表女性；②分别用数字1~8代表消费者的职业，依次为工人、农民、军人、机关干部、学生、公司职员、教师和其他；③分别用数字1~4代表消费者的不同年龄段：18岁以下、19~30岁、31~45岁、46岁以上。确立编码原则后，就可以将资料逐份编码进行处理，并获得一定格式的编码资料，如表5-14所示。

表 5-14

性别	职业	年龄	评价
第1列	第2列	第3列	第4列
1	2	3	10
2	6	2	8
…	…	…	…

为进一步清楚了解资料的分类内容及编码的含义，应制作一份编码说明书，如表5-15所示。

表5-15 消费者对某种商品评价的调研编码说明

问题序号及内容	数据所在列	编码及说明
1. 性别	第1列	1. 男性 2. 女性
2. 职业	第2列	1. 工人 2. 农民 3. 军人 4. 机关干部 5. 学生 6. 公司职员 7. 教师 8. 其他
3. 年龄	第3列	1. 18岁以下 2. 19-30岁 3. 31～45岁 4. 46岁以上
4. 评价	第4列	10分制

资料来源：中国就业培训技术指导中心. 高级营销员［M］. 北京：中央广播电视大学出版社.

【分析】

编码主要是用数字代表所调研问题及结果。为了使资料利用清晰，还应编制必要的说明。市场调研问卷的编码和转换工作除了遵循基本的程序和要求外，在实际的操作过程中有许多方面可以创新和变通，以提高计算机的使用效率和提高资料的使用便利。

项目6

分析市场调研资料

学习目标

知识目标

1. 掌握定量分析、定性分析的含义和方法
2. 能够运用正确的方法分析不同的市场调研项目资料

能力目标

1. 结合具体调研资料设计处理程序
2. 结合具体调研资料进行定量分析和定性分析

项目介绍

获得市场调研资料并不是市场调研的目的，市场调研的目的是通过市场调研资料认识和把握市场。市场调研得到的原始资料经过系统处理后，须利用科学的方法进行分析、去伪存真、加工，从而揭示出资料的内涵、规律和趋势。本项目学习的主要目的是掌握市场调研资料的定量分析和定性分析。

任务1　选择市场调研资料的分析方法

6.1.1　正确认识和运用市场调研分析

必须按照一定的原则对市场调研的资料进行分析。

1. 针对性

调研所得的资料可以从多个角度、多种方法、多项指标来进行分析。所以，调研资料如何分析要紧紧围绕所要探求和解决的问题来开展。例如，在消费者购买行为的调查中，可以分析收入与支出的关系、收入与购买商品结构的关系、收入与购买地点的关系、收入与购买品牌的关系、收入与消费观念的关系、收入与购买次数的关系、收入与购买方式的关系、收入与售货服务要求的关系等。仅从收入出发就可以进行十几个方面的分析，而且分析的指标还不同。所以，必须根据调研的目的和要求，有目的地选择分析的内容。

2. 完整性

市场现象是由多个因素共同决定的。在分析时要反映资料的总体特征，而不仅仅就某个局部分析。如消费购买行为的调查分析，可以分析 5W1H 及影响因素、相互关系等。只有完整的分析才能得出全面的结论。

3. 客观性

资料的分析必须以客观事实和调查资料为依据，绝对不能杜撰，否则分析的结论不仅没有价值，还会误导决策。

4. 变动性

市场是变动的，所以市场现象也是在不断变动的，所以要通过分析得出市场现象的变动趋势。例如，当今的消费热集中旅游热、体育文化消费热、美容美发热等就是很好的说明。

6.1.2　对市场调研资料分析方法的认识

市场调研资料的分析方法包括两大类，一类是定性分析法，另一类是定量分析法。

定性分析是搜集各种资料，利用调研者的经验对市场进行质的认识和判断。如市场发展的现状及趋势等。

定量分析是搜集量化资料，利用数理统计方法分析揭示市场的现状和发展。具体有包括指标分析、趋势分析、差异分析、结构分析等。

6.1.3　对定性分析方法的基本认识

1. 市场调研资料定性分析的含义

定性分析是市场调研资料分析的基础，常用于对市场态势、发展的性质和方向进行质的描述。例如，通过分析调研资料得出广东东莞市的居民家庭购买汽车的热情不断上涨的结论。

2. 对定性分析的几点深入认识

可以从如下几个方面加深对定性分析的认识。

（1）常用于确定市场的发展态势。例如，通过分析得出现代人在消费观念上更加注重生活的品位。

（2）主要针对模糊的、不能量化的现象。例如，对某商品的改进意见，包括商品的外观、使用价值等，这些变化很难量化说明，只能进行质的描述。

（3）更多的是靠经验和专业知识进行判断。例如“天津人购车欲望强烈”等。

（4）市场调研和分析的前提和基础。如对市场情况的描述，“预计汽车市场比上年有较大幅度的增长”，具体增长幅度，可以通过进一步的量化分析得出。

（5）定性分析除了主要运用一些背景资料外，还应结合必要的数据资料。

广东省批发零售行业发展迅速，零售总额增速连创新高。与此同时，行业内部竞争日益激烈，经营主体经营效益在一定程度上受到冲击。结合2004年第一次经济普查的有关资料，对广东省批发零售企业总体赢利状况作简要分析（见表6-1）。

表6-1 批发零售业法人单位赢利情况

	法人单位数（个）	亏损企业数（个）	主营业务收入（亿元）	主营业务成本（亿元）	三项费用合计（亿元）	利润总额（亿元）
国有及国有控股企业	7 400	2 499	4 279.69	3 976.57	233.91	98.35
内资企业	92 201	33 530	12 201.47	11 289.25	785.44	171.92
港澳台投资企业	532	242	293.44	254.45	37.96	9.87
外商投资企业	496	199	495.40	448.53	49.04	7.35
总计	93 229	33 971	12 990.31	11 992.24	872.43	189.14

外商、港澳台投资企业表现不俗：1 028家外商、港澳台投资批发零售企业利润总额17.22亿元，平均每个企业利润总额167.45万元，是内资企业平均水平的9倍。资料一目了然，定性分析得出了具有指导意义的观点，从而揭示了资料内含的现象和规律趋势。

3. 定性分析的特点

定性分析主要具有如下几个方面的特点。

（1）多靠经验和专业知识判断，易受研究者、被研究者以及背景的影响。专家具有某方面的专长，同时也具有某些方面的不足，可能会出现判断的失误。同时，被调研者也可能提供不完全的资料造成专家判断上的失误。

（2）注重对调研对象整体发展的分析，即把握调研对象质的发展。将调研对象作为整体，分析整体内部各子系统之间的关系，最终得出整体的状况和发展趋势。例如，通过分析某地消费的可支配收入水平、消费观念的变化、汽车的价格、现有汽车的养护费用、未来汽车消费的预期变化等因素，最终得出当地已形成汽车消费市场的整体评价。

（3）针对模糊的、不能量化的现象。定性分析所用资料的数据不太充分，往往是一些文字资料，带有很大程度的模糊和不完全确定性。例如，消费观念变化的文字资料、对某商品改进意见、国家经济政策影响等。这些资料往往是性质上的描述，不具有完全的确定性。

（4）定性分析的方法是对搜集的资料进行归纳逻辑分析。例如，调研 100 家企业，其中 90 家企业的广告投入与销售量增长有关，10 家企业在广告上投入甚少，而销路难于打开，从而可以归纳分析说明所有企业的销售都受广告投入的影响。

6.1.3　对定量分析方法的认识

除了定性分析以外，还可以结合调研所得的数据资料进行定量分析，以揭示事物内在的数量关系、规律和发展趋势。定量分析比定性分析更加明确直接，定量分析又常称为统计分析。

1. 定量分析的含义

定量分析是对调研得到的数据资料进行量化计算分析，以揭示事物内在的数量关系、规律和发展趋势的一种资料分析方法。例如，可以通过调研 1～6 月的商品销售资料，计算出平均水平后反映销售的一般水平。

2. 定量分析的作用

（1）通过分析可以得出清晰精确的量化描述。例如，某地调研得出收入水平与支出水平的关系。$Y=600+20\%x$。其中 Y 代表支出水平，x 代表收入水平。从中分析得出，当地人的基本生活平均费用为 600 元，随收入增加开支的平均比例是 20%，即当收入为 2 000 元时，将多拿出 400 元用于消费；收入为 3 000 元时，将多拿出 600 元用于消费。

（2）通过分析可以对市场的未来变化做出科学预测。例如，某地调研得到 2007～2011 年的收入水平资料（见表 6-2）。可以通过定量分析的方法预测未来的收入水平变化。

表 6-2　某地 2007～2011 年的收入水平资料表

年份	2007	2008	2009	2010	2011
总收入（万元）	5.00	6.00	7.00	8.00	10.00

分析时可以建立数学模型进行分析预测，模型的建立具体可以参考补充资料的内容。预测收入水平变化的模型为 $Y=7.2+1.2x$，则可以据此预测 2012 年的总收入水平。在结合其他的一些资料可以预测出未来 2012 年的水平将上升到

10.8 万元。

（3）通过调研资料可以推论总体发展的水平。市场调研主要采用抽样调研技术，在采用随机抽样调研的方式下，可以利用定量分析的方法，对总体的状况进行推论。

3. 定量分析的类型

定量分析可以有多种类型，具体可以按照统计分析的性质、调研数据的统计分析内容、研究的目的与要求、分析的深入程度进行分类。

对研究的目的与要求的分析包括：①对一个变量取值的归纳整理及对其分布形态的研究，包括频数、众数、中位数、均值、标准差的计算；②对两个变量的相关性分析，包括卡方分析、单因素方差分析、简单相关系数和一元线性回归分析等；③对多个变量间相关性的分析，包括多元线性回归、判别分析、聚类分析和因子分析等。

根据定量分析的深入程度，可以分为描述性定量分析和解析性定量分析。描述性定量分析主要是对数据进行频数频率、集中趋势、离散程度、相对程度等方面的分析。解析性定量分析主要是对数据本身所包含的隐性事物本质及其规律进行深入研究的方法汇总，主要是指多元统计分析方法。具体包括：①数据结构的简化处理，包括主成分分析、因子分析等方法；②数据的归类或分组，包括聚类分析、判别分析等；③变量之间的相依性分析，包括回归分析、相关分析、多元统计量的分布理论和假设检验等。

结合高职教育的特点，后文主要介绍描述性定量分析和解析性定量分析中的相关分析和回归分析。

实施任务1　结合具体项目设计市场调研资料的分析方法

1. 任务组织

（1）学习小组各成员结合所选定的调研专题拟定调研资料分析方法，然后小组内进行讨论，拟定小组最后的方案，参与老师组织的讨论。

（2）老师组织小组之间进行交流，对各小组的方案进行讨论；老师负责说明和决策。

（3）各学习小组将完善好的调研资料的分析方法设计方案提交老师进行评定。

2. 任务要求

（1）每位同学都要积极参与，提出自己的方案，并说明选择的理由。

（2）应注意对定性分析方法与定量分析方法的特点进行认识。

（3）必须用电子文件和纸质文件的形式将最后结果上交老师。

任务2 运用定性分析法

定性分析主要包括有对比法、演绎法、归纳法、比较分析法、结构分析法。

6.2.1 对比法

对比法就是将调研的现象与同类或相近的现象进行对比，找出相同点和不同点，从而得出调研对象的现状和发展趋势。例如，甲乙丙三地2012年第1季度的物价指数比较（见表6-3）。

表6-3 2012年第1季度甲乙丙三地物价指数比较

地方	甲	乙	丙
物价指数	3.6%	3.8%	3.9%

从资料可以反映物价指数三地同一时期的不同的情况。

6.2.2 演绎法

演绎法具有很强的逻辑推理性，即把市场现象分解成不同的影响因素，再将其联结成对整体的综合认识。例如，随着人们收入水平提高、观念变化等因素的分析得出旅游业、休闲业、美容美发业迅猛发展的整体评价。

6.2.3 归纳法

归纳法具体又分为完全归纳法、不完全归纳法两类。

1. 完全归纳法

根据调研对象中的每一单元具有或不具有某种共同属性，概括归纳出整体具有的本质属性。例如通过对广州市居民的普查，如果都认为广州是一个开放的城市，则可以概括得出这一结论。

2. 不完全归纳法

具体又可以分为三种方法。

（1）通过部分单元具有（或不具有）某种共同属性，而且又没有反例，从而推及调研全体具有（或不具有）某种共同属性。例如：调研的100名东莞人都表现出购车欲望，没有反例，从而得出东莞人都计划买车的结论。

（2）科学归纳法。通过部分与某属性之间的必然联系推论总体具有某种属性。例如，调研100家企业，其中的80家企业都表示企业形象与销售具有很大的关系，从而说明所有企业的销售都受企业形象的影响。

（3）简单枚举法。根据调研所掌握的某类对象具有的特征，归纳出该类问题整体所具有的该种特征，多靠经验来进行归纳。例如，通过判断抽样重点调研10家大型企业的经营状况都为良好，没有反例，从而归纳得出当前大型企业的经营状况良好的结论。

6.2.4　比较分析法

比较分析法就是将同一市场现象进行前后比较对照分析。例如，某地近几年物价指数比较（见表6-4）。

表6-4　某地2009～2011年物价指数

年份	2009	2010	2011
物价指数	5.1%	5.2%	5.5%

资料可以反映出物价指数的升降情况。结合国家以及当地的政策和经济发展趋势，可以分析得出2012年的物价发展趋势。

6.2.5　结构分析法

结构分析法就是对总体内部所包含的众多状况进行分析，包括内部各部分的主次关系等方面。下面结合一个例子说明，调研某地企业按所有制类型的分布情况，如表6-5所示。

表6-5　某地企业按所有制类型分布表

企业类型	企业分布（家）	比例（%）
全民所有制企业	100	25
集体所有制企业	100	25
私营企业	180	45
外商投资企业（外商独资企业、中外合资企业、中外合作经营企业）	20	5
合计	400	100

从资料可以看到，当地的企业主要是全民和集体所有制的企业，外资企业所

占比重不大。

实施任务 2　结合具体项目运用定性分析法

1. 任务组织

（1）学习小组各成员结合所选定的调研专题拟定调研资料的定性分析法，然后小组内进行讨论，拟定小组最后的方案，参与老师组织的讨论。

（2）老师组织小组之间进行交流，对各小组的方案进行讨论；老师负责说明和决策。

（3）各学习小组将完善的方案提交老师进行评定。

2. 任务要求

（1）每位同学都要积极参与，提出自己的方案，并说明选择的具体理由。

（2）注意定性研究的主要方法有多种，主要包括有对比法、演绎法、归纳法、比较分析法、结构分析法，应加以综合的运用。

（3）必须用电子文件和纸质文件的形式将方案上交老师。

任务 3　运用定量分析法

6.3.1　调研数据的统计分析

1. 单变量频数、频率分布分析

单变量主要是从一个变量的角度来进行分析，能对资料全貌有初步的了解，也是最常用的资料描述手段。

某调研公司对目前广州市居民对空气质量的评价进行调研，利用李克特量表技术进行调研。统计市民对于“广州市的空气质量已经达到优秀等级了”这句话的态度，具体评价结果如表 6-6 所示。

表 6-6　广州市居民对空气质量的评价表

态度	人数	比例（%）
同意	70	70
一般	15	15
不同意	15	15
合计	100	100

【分析提示】结论为广州市民大多认为空气质量非常好。本例通过李克特量

表调研“居民对广州空气质量的评价”这单一个变量的人数（频数）和比例（频率）的分布。

具体来说，变量又可以分为定性变量和定量变量。上例就是定性变量。定量变量又可以分为离散型变量和连续型变量。

（1）离散变量就是指不能无限分割的变量。例如，某地农村家庭人口的分布（见表6-7）。

表6-7 某地农村家庭人口情况分布表

分组	人数	比例（%）
1	10	5
2	10	5
3	10	5
4	50	25
5	60	30
5 以上	60	30
合计	200	100

（2）连续变量就是指能无限分割的变量。对于此类变量，最好采用组距分组的方式。例如，100 人的收入分布如表 6-8 所示。

表6-8 100 人的收入分布表

分组（元）	人数	比例（%）
2 000 以下	10	10
2 000 ~ 3 000	10	10
3 000 ~ 4 000	10	10
4 000 ~ 5 000	10	10
5 000 以上	60	60
合计	100	100

2. 多变量（交叉）频数、频率分析

多变量（交叉）频数、频率分析是指分析具有两个或两个以上的属性的变量的分布情况。这种方法对每个问题的单独分析不够深入，但可就每个问题作不同因素组合的分析。

例如，调研不同年龄和不同性别的 100 名被调研者汽车拥有情况，如表 6-9 所示。

表 6-9 100 名被调研者的汽车拥有情况表

年龄＼汽车拥有情况＼性别	男		女	
	有	无	有	无
20 岁以下	5	5	6	4
20～30 岁	10	0	3	7
30～40 岁	10	0	5	5
40～50 岁	3	7	6	4
50 岁以上	2	8	4	6
合计	30	20	24	26

多变量（交叉）频数、频率分析也不能采用过多的变量，这样会使分析过于复杂，所以多针对两个变量因素的分析。而两个变量因素的分析多采用横列表法。横列表法主要是把要分析的资料分成纵横两个方面，形成二维的数据进行分析。横列表法成功使用的关键在于分析者选择关键因素以及根据这些因素组成横列表的能力。

【小思考】横列表法的使用特点是什么？

答：取决于分析者对横列表中关键因素的选择。

3. 累积频数分析

有时调研分析还要得出达到某一水平线的分布情况，那么就可以采用累积频数分析的方式，包含累积频数分析含以上累计（累积）和以下累计（累积）两种方式。以下累计指从本组向比本组低的组别累计；以上累计指从本组向比本组高的组别累计。例如，某地 1 000 户家庭按收入的分布如见表 6-10 所示。

表 6-10 某地 1 000 户家庭按收入的累计分布

分组（元）	频数（户）	以上累计（户）	以下累计（户）
4 000 以下	50	1 000	50
4 000～6 000	150	950	200
6 000～8 000	600	800	800
8 000～10 000	100	200	900
10 000 以上	100	100	1 000
合计	1 000	—	—

对资料中的累计次数的含义，可以这样来认识。例如，“以上累计”中 950 户，是指 4 000 元以上的家庭户数；再如，“以下累计”中的 800 户，是指家庭

收入8 000元以下家庭的户数。在认识资料时要注意清楚。

4. 集中趋势分析

集中趋势反映的是一组数据向某一中心值靠拢的倾向程度。对集中趋势的描述就是指寻找数据一般水平的中心值或代表值。一般在中心附近的变量数较多，远离中心的变量数较少。

资料分析中常要用代表中间水平的指标来反映资料的一般水平，通常采用平均指标反映。平均指标是将总体各单位某一数量标志值的差异进行抽象化，从而反映总体的一般水平。反映集中共性的指标主要有以下几项。

（1）算术平均值。利用算术平均值表示资料的集中趋势是一种习惯的常用指标。具体可以结合不同的资料进行计算。

1）对于未分组的简单资料。可以用简单平均数或者加权平均数进行计算。

a. 利用简单平均数计算，直接将资料变量进行加总后除以资料个数。实际上也可以看做一种特殊的加权平均数，权数为1。具体结合表6-11说明。

表6-11　某商品1～8月的销售资料表

月份	1	2	3	4	5	6	7	8
销售额（万元）	10	12	12	14	15	15	16	16

$$\begin{aligned}平均数 &= (10\times1+12\times1+12\times1+14\times1+15\times1+15\times1+16\times1+16\times1)/8\\ &=13.75(万元)\end{aligned}$$

b. 加权平均数的计算。加权平均数可以作为利用资料进行预测的预测值。计算的关键在于权数的赋予。权数的意义在于调研者对相关因素的重视程度。权数的几点说明：①凭经验采用；②可比较、选择后采用；③一般距预测期越近，赋予越大。

具体来说：①当历史资料变动趋势小时，可用等差数列为权数（1、2、3…）；②当历史资料变动趋势较大时，可用等比数列为权数（1、2、4、8、16…）；③当历史资料波动时，可对不同变动幅度给予不同的权数，并使权数之和为1；④当历史资料呈现明显的倾向趋势时，即使赋予较大差距的权数，但预测值仍会出现滞后，误差会比较大，不宜采用此法。例如：某商品6个月的销售额分别为：10、12、15、16、18、19（万元），根据资料的上升变动趋势，据经验赋予权数为1、2、3、4、5、6；则加权计算的平均数为

$$(10\times1+12\times2+15\times3+16\times4+18\times5+19\times6)/21=16.52(万元)$$

从预测值来说则偏小了，因为5月份已达18万元。主要是资料有一定的上

升趋势。选用其他权数时，如 1、2、4、8、16、32 下，计算出的加权平均数为 17.75 万元，则相对比较理想了。

2）对于已分组资料。常用组中值进行加权计算。组中值是每一组的近似中间值。具体组中值的计算可以分封闭组和开口组来进行计算。封闭组的组中值 =（本组上限 + 本组下限）/2；开口组的组中值 =（本组上限 − 相邻组距）/2，或者 =（本组下限 + 相邻组距）/2。这些内容在上一项目资料处理中的资料分类整理中已做了说明，可以参照复习。下面再具体结合表 6-12 和表 6-13 来说明。

表 6-12 1 000 人收入分组表

分组（元）	人数	比例（%）
5 000 以下	100	10
5 000 ~ 6 000	300	30
6 000 ~ 7 000	300	30
7 000 ~ 8 000	200	20
8 000 以上	100	10
合计	1 000	100

5 000 ~ 6 000 元组的组中值 =（5 000 + 6 000）/2 = 5 500（元）；8 000 元以上组的组中值 = 8 000 +（8 000 − 7 000）/2 = 8 500（元）。以此类推，可以得到各组的组中值。

表 6-13 1 000 人收入分组的组中值计算表

分组（元）	组中值（元）	人数	组中值 × 人数（元）
5 000 以下	4 500	100	450 000
5 000 ~ 6 000	5 500	300	1 650 000
6 000 ~ 7 000	6 500	300	1 950 000
7 000 ~ 8 000	7 500	200	1 500 000
8 000 以上	8 500	100	850 000
合计		1 000	6 400 000

平均值 = 6 400 000/1 000 = 6 400（元）

（2）众数。众数是指调研资料变量值中出现次数（或频率）最多的变量值。当数列端值影响很大时，用平均数表示集中趋势就会失去原有的代表意义。例如，5 位消费者对某商品的评价的分数分布为，1 分、2 分、10 分、10 分、10 分，平均分为 6.6 分；而利用众数来表示集中趋势意义更大。本例的众数就是 10，众数的出现次数越多，集中趋势越显著；相反，代表性就较差，因此，只有某变量出现的次数明显较多时，才能用众数作为总体的代表值。

①对于单项数列，可以直接判断确定。例如，某地市场当天销售的苹果见表6-14所示。

表6-14 某地市场当天苹果销售量

销售价格（元）	2.0	2.5	3.0	3.2	3.5
销售量（公斤）	300	200	2 000	300	200
销售比重（%）	10	6.7	66.7	10	6.6
价格众数			3.0		

②对于组距式数列，则要利用公式进行计算后确定。公式为：

众数(M_0) = 众数所在组的下限 + (众数所在组频数 - 上一组频数)/(2倍的本组频数 - 上下两组频数之和) × 众数所在组的组距

结合某地1 000户家庭的收入（见表6-10）计算众数。很明显，众数应在6 000 ~ 8 000元组中。结合资料

$$M_0 = 6\,000 + (600 - 150)/(2 \times 600 - 150 - 100) \times 2\,000 = 6\,947.37(\text{元})$$

对于众数，再做几点说明：一般来说，一组数据中，出现次数最多的数就叫这组数据的众数。一组数据可以有多个众数，也可以没有众数。例如：1、2、3、3、4 的众数是3。如果有两个或两个以上个数出现次数都是最多的，那么这几个数都是这组数据的众数。例如：1、2、2、3、3、4 的众数是2 和3。还有，如果所有数据出现的次数都一样，那么这组数据没有众数。例如：1、2、3、4、5 没有众数。用众数代表一组数据，可靠性较差，不过，众数不受极端数据的影响，并且求法简便。在一组数据中，如果个别数据有很大的变动，选择众数表示这组数据的集中趋势则会比较理想。

（3）中位数。中位数是指变量数列按顺序排列，数列的中间位置所对应的变量数值。例如，将7位学生的身高从矮到高排列，1.64、1.72、1.83、1.85、1.90、1.91、1.92(m)，则1.85m就是该数列的中位数。由此可见，中位数属于位置数，只受所处的位置的左右，而不受数列的两端值的影响，具体计算方法如下。

1）未分组的资料。例如，所调研的10个人的身高分布为：1.68、1.70、1.71、1.73、1.75、1.76、1.77、1.77、1.78、1.79(m)。求中位数。解的时候，先求中位数所在的位置，$P_m = (\sum f + 1)/2$，即 $n/2 + 0.5$；即一半加半位。此例计算为 $9/2 + 0.5 = 5$，对应为1.75 注意，例中有两个1.77，应少算一个；假如上例去掉最后一项1.79；则 $P_m = (\sum f + 1)/2 = (8 + 1)/2 = 4.5$；对应

为1.74 [(1.73+1.74) /2]。

2) 对于已分组资料要通过公式进行计算。由于分组的资料常计算有累计次数，可以通过利用累计次数计算中位数。利用以下累计确定中位数，称为下限法；反之，称为上限法。

这里要提醒注意，对于已分组资料，中间位置的计算与未分组时不同，即 $P_m = \sum f/2$。下面采用下限法的计算公式计算中位数。

中位数 = 中位数所在组的下限 + (总频数一半 - 中位数所在组的上一组的累计频数) / 中位数所在组的次数 × 中位数所在组的组距。

结合某地1 000户家庭的收入计算中位数（见表6-10）。

中位数 = 6 000 + (1 000/2 - 200)/600 × 2 000 = 7 000(元)

中位数是一种位置代表数；中位数受观察数目的影响，而不像平均数那样受每一数值大小的影响。当数列端值影响很大时，一般平均数就会失去原有的代表意义，而应考虑利用中位数或众数。中位数与数据的排列位置有关，某些数据的变动对它没有影响；它是一组数据中间位置上的代表值，不受数据极端值的影响。因此某些数据的变动对它的中位数影响不大。当一组数据中的个别数据变动较大时，可用中位数来描述其集中趋势。

5. 离散程度

(1) 意义。在资料的分析中，常要分析资料数量特征的差异性，变异度指标就用来说明总体各单位标志值之间的差异。通过变异度指标可以分析总体平均值的代表性和总体内个体之间的波动情况。例如，有两家商场一年四季的商品销售情况，甲商场分别为78万元、82万元、81万元、79万元；乙商场分别为60万元、100万元、70万元、90万元。从平均水平来说，两家商场是一致的都是80万元，但从经营的波动性来说，明显乙商场比甲商场要大得多。具体可以通过计算标准差等指标反映。同时，也说明80万元作为甲商场的一般水平代表较适宜，而作为乙商场则不理想了。

(2) 主要指标计算。

1) 极差，又称为全距，主要是指变量数列中最大值与最小值之差。极差只说明最大变量与最小变量之间相差程度，中间变量分布不明确，所以较少采用。

2) 标准差，是指总体内各单位个体的变量值与这些变量值的平均值的离差平方的平均值的平方根值。

对于未分组资料。例如，调研某5位职工的收入情况，分别为6 000元、7 000元、8 000元、9 000元、10 000元，计算标准差反映5位职工的收入波动情况。下面列表进行计算（见表6-15）。

表6-15 5位职工的收入波动情况

工资收入（千元）	平均值（千元）	离差	离差平方
6		-2	4
7		-1	1
8	8	0	0
9		1	1
10		2	4
合计	—	—	10

$$标准差=\sqrt{10/(5-1)}=1.5811（千元）$$

对于已经分组的资料。可以利用组中值进行计算。下面具体结合表6-16说明。

表6-16 利用组中值计算标准差

分组（千元）(1)	频数（户）(2)	组中值(3)	工资总额（千元）(4)	离差（5）	离差平方(6)	(2)×(6)
4以下	50	3	150	-4.1	16.81	840
4~6	150	5	750	-2.1	4.41	661.5
6~8	600	7	4 200	-0.1	0.01	6
8~10	100	9	900	1.9	3.61	361
10以上	100	11	1 100	3.9	15.21	1 521
合计	1 000		7 100		40.05	3 389.5

$$其中平均值=7\ 100/1\ 000=7.1（千元）$$

$$标准差=\sqrt{3\ 389.5/1\ 000}=1.84106（千元）$$

（3）标准差系数。对于标准差可以从一个角度反映偏差的情况。但是，究竟标准差多大才是大，无法从标准差的大小直接衡量，可以通过标准差系数来反映。标准差系数=标准差/均值，并在15%以内为偏差小，超过15%则大。上例中，1.84106/7.1×100%=25.93%，由此可见，偏差比较大。

6. 相对程度分析

主要包括以下几个方面的分析。

（1）结构分析。主要反映所分析对象的内部各部分的构成情况。下面结合表6-17说明。

表6-17 某企业职工的年龄构成表

年龄	人数	比例（%）
23岁以下	100	20
23～45岁	300	60
45岁以上	100	20
合计	500	100

（2）比较分析。是指不同总体的同类现象指标之间的比较。例如，大成公司和金威公司都是大型电器专营商，2010年度的季度营业额（万元）的比较如表6-18所示。

表6-18 2010年大成公司与金威公司季度营业额比较

季度	大成公司（万元）	金威公司（万元）
1	100	200
2	400	500
3	500	600
4	100	200
合计	1 100	1 500

从逐季和全年度的比较都可以得出，金威公司的经营状况要比大成公司好。

（3）强度分析。主要是分析有关联但不能进行直接比较的指标。例如，大型企业广成公司与中型企业金锣公司的投资收益的比较，很明显，两家公司由于经营规模不同，直接比较经营额或者利润额都是不恰当的（见表6-19）。

表6-19 2011年广成公司与金锣公司的比较

企业名称	企业类型	投资额（万元）	利润额（万元）
广成公司	大型企业	10 000	1 000
金锣公司	中型企业	2 000	320

可以通过两家公司的投资收益率进行比较（见表6-20）。

表6-20 2011年度广成公司与金锣公司的投资收益率比较

指标	广成公司	金锣公司
投资收益率	10%	16%

从两家公司的投资收益率比较中可以看出，金锣公司的投资收益更好，而从经营的总销售额或利润额，金锣公司的利润额却比广成公司要小得多。

7. 相关性统计分析

事物的发展不是独立的，相互之间具有相互联系。例如，人们的收入水平提高了，各种消遣娱乐的支出就增加了。根据变量之间的相依性强弱可以把经济现象之间的关系分为两种关系，函数关系和相关关系两种。

（1）函数关系，是指因素之间存在确定性关系。例如，利润 = 收入 - 支出，商品销售额 = 商品销售量 × 商品价格。再具体举例来说，假设某商品每万元商品平均需要库房 $200m^3$，2 011 年的销售额为 300 万元，根据以往的销售分析得出，每年商品销售额按 10% 的比例递增增长，求 2013 年需要的库房体积。求解的时候，可以按复利终值的计算法先求出预计的 2013 年的销售额，再按照每万元商品平均需要库房的体积计算所需。2012 年预计的商品销售额 = 300 ×（1 + 10%）= 363（m^3）。预计 2013 年所需要的库房体积 = 363 × 200 = 72 600（m^3）。

（2）相关关系，是指因素之间存在不完全确定的关系。这种关系又常称为统计关系。例如，某地的年商品零售额与人口之间的关系，这些因素之间的关系是不完全确定的，具体可以结合表 6-21 说明。

表 6-21 某地年商品零售额与人口数的关系表

零售额（百万元）	人口数量（千人）
6.0	10
7.0	11
7.2	11
7.3	14
7.4	14
7.5	15
8.0	16

很显然，商品的零售额与人口之间存在一定的关系，但是，两者之间的关系不明确。具体可以通过计算相关系数来说明两者之间存在的关系强弱。

相关系数可以按 $r = \sum(x-\bar{x})(y-\bar{y}) / \sqrt{\sum(x-\bar{x})^2}\sqrt{\sum(y-\bar{y})^2}$ 计算。公式中，r 的取值范围为 $-1 \leqslant r \leqslant 1$。当 $r = +1$ 时，两变量具有完全的正相关性，即 y 将随着 x 的增大而增大；当 $r = -1$ 时，两变量具有完全的负相关；当 $r = 0$ 时，两变量没有相关性，说明两个变量根本不能用线性关系的公式描述；$r > 0$ 为正相关；越靠近 1 越为正相关，正相关性越强；$r < 0$ 为负相关；越靠近 -1 负相关性越强。当因素之间存在很强的非线性关系时，相关系数的绝对值并不确定，或是很大或是很靠近 0。例子具体的计算如表 6-22 所示。

表 6-22 相关关系计算表

X (1)	x－x(2)	Y (3)	y－y(4)	(2)×(4)	$(x-\bar{x})^2(5)$	$(y-\bar{y})^2(6)$
10	－3	6	－1.2	3.6	9	1.44
11	－2	7	－0.2	0.4	4	0.04
11	－2	7.2	0	0	4	0
14	1	7.3	0.1	0.1	1	0.01
14	1	7.4	0.2	0.2	1	0.04
15	2	7.5	0.3	0.6	4	0.09
16	3	8	0.8	2.4	9	0.64
合计	—	—	—	7.3	32	2.26

相关系数计算 $r = 7.3/(\sqrt{32} \times \sqrt{2.26}) = 7.3/(5.6568 \times 1.5033) = 0.8584$。从相关系数可以得出当地的人口与消费存在很强的相关性。

8. 回归分析

市场现象之间存在着多种关系，回归分析用于研究一个或多个自变量与一个因变量之间的关系，建立能加以表达的回归方程，描述自变量与因变量（被解释变量）之间关系。回归分析包括线性回归分析和曲线回归分析。具体的内容将在下一个项目中学习。

小案例>>

滴滴公司生产的滴滴洗手液经过一年的广告投放，销售额节节攀升。具体资料见表 6-23。

表 6-23 广告投入与销售额的关系 （金额单位：百万元）

销售额	广告	销售额	广告
60	1	280	5
100	2	320	6
160	3	400	7
200	4	500	8

建立回归方程表示广告费与销售额之间的关系。销售额随着广告费的投入增长，两者具有直线相关性。可以先通过计算相关系数进行判断（见表 6-24）。

表 6-24 相关系数计算表

X (1)	$x-\bar{x}$ (2)	Y (3)	$y-\bar{y}$ (4)	(2)×(4)	$(x-\bar{x})^2(5)$	$(y-\bar{y})^2(6)$
1	－3.5	60	－192.5	673.75	12.25	37 056.25
2	－2.5	100	－152.5	381.25	6.25	23 256.25

（续）

X (1)	$x-\bar{x}$ (2)	Y (3)	$y-\bar{y}$ (4)	(2) × (4)	$(x-\bar{x})^2$ (5)	$(y-\bar{y})^2$ (6)
3	-1.5	160	-92.5	138.75	2.25	8 556.25
4	-0.5	200	-52.5	26.25	0.25	2 756.25
5	0.5	280	27.5	13.75	0.25	756.25
6	1.5	320	67.5	101.25	2.25	4 556.25
7	2.5	400	147.5	368.75	6.25	21 756.25
8	3.5	500	247.5	866.25	12.25	61 256.25
合计	—	—	—	2 570	42	159 950

求得 $r=0.99156$，说明滴滴洗手液的销售额与广告费的投入具有强烈的正相关性。可再以通过最小二乘法求出 a，b 参数，见表6-25。

表6-25 回归参数计算表

销售额 y	广告费 x	x^2	xy
60	1	1	60
100	2	4	200
160	3	9	480
200	4	16	800
280	5	25	1 400
320	6	36	1 920
400	7	49	2 800
500	8	64	4 000
$\sum y=2\ 020$	$\sum x=36$	$\sum x^2=204$	$\sum xy=11\ 660$

计算得出 $b=61.1905$；$a=-22.8573$，则回归方程为

$$y=a+bx;\ y=-22.8573+61.1905x。$$

【练习】 搜集某商场近期经营的资料，进行集中分析、离散分析和其他方面的分析。

实施任务3 结合具体项目运用定量分析法

1. 任务组织

（1）学习小组各成员结合所选定的调研专题拟定调研资料分析所选定的定量分析法具体方法的方案，然后小组内进行讨论，拟定小组最后的方案，参与老师组织的讨论。

（2）老师组织小组之间进行交流，对各小组的定量分析方案进行讨论；老师负责说明和决策。

（3）各学习小组将完善的定量分析方案提交老师进行评定。

2. 任务要求

（1）每位同学都要积极参与，提出自己的定量分析方案，并说明选择的具体的理由。

（2）注意应对调研资料进行必要的预处理。

（3）定量分析应从多个方面综合进行。

（4）必须用电子文件和纸质文件的形式将最终结果上交老师。

小知识>>

在进行分析时，由于资料存在无回答、数据缺失等问题，必须先进行必要的处理，然后再进行具体的各种分析。调研数据统计分析的预处理具体如下。

1. 无回答的处理

无回答有两种情况，一种是全部无回答，又称为单元无回答；另一种是部分无回答，又称为项目无回答。无回答的被调研者与回答的被调研者具有不同的特征，因此如果对无回答不予纠正，将会引起调研估计上的偏差，所以，要具体情况具体处理。

（1）单元无回答。单元无回答是指被调研单元没有提供任何信息。产生单元无回答的原因可能是：抽样框资料不完整、没有访问到对象、拒绝访问或者由于某些原因所抽中的对象无法参加调研。

对单元无回答最简单处理是抛弃，但在没有其他资料补充的情况下，要注意只是按原来的调研所得简单地推论总体，会对总值估计造成一定的影响。例如，调研的总体 $N=300$，采用简单随机抽样，$n=50$，但是结果只有 40 个人提供了所需要的信息，有 10 个人所有的数据资料都缺失。如果不考虑无回答的 10 个人，抽选概率 $p=n/N=50/300=1/5$；总体对样本的倍数，或称为设计权数，$Wd=N/n=300/50=6$。再假设 40 个人回答的总收入 =40 000 元，则估计的总收入 = 40 000 ×6 =240 000 元；而假设无回答的 10 个人的收入一共是 10 000 元，则估算时少算了 10 000×6 =60 000 元；即本来总体总量估计应为 300 000。这样，总体的总量就会少估算 60 000 元。这一误差可以称为无回答偏差。

对于无回答偏差，可以通过求无回答的调整权数进行调整处理。具体的方法是①先求无回答的调整系数，可以按公式计算：无回答的调整系数 = 原样本单位数 ÷ 给出回答的样本单位数；②再求无回答的调整权数 = 无回答的调整系数 × 原来设计权数（Wd）。要注意，此法的实质是加大有回答资料使用的倍数。下面具体再结合前面的例子来进行说明。上例的调整办法：原样本单位数为 $n=50$，有回答的样本单位数 $n=40$，无回答的调整系数 =50/40 =1.25；无回答的调整权数，Wd = 设计权数 × 无回答的调整系数 = 6 × 1.25 = 7.5。即计算时不按 6 而按 7.5 计算，实质是：调整后的新权数 = 原设计权数 × 无回答的调整因子 = 300/50 × 50/40 = 300/40 = 7.5，即按实际有回答的来估计。则此时总体的估计 = 40 000 × 7.5 = 300 000（元）。就比较合理准确了。至于不同子总体的，一般应使用不同无回答的调整系数和无回答的调整权数或用加权的办法进行调整处理。

（2）项目无回答。项目无回答是指问卷中某些问题的回答空缺。

项目无回答可能由于：被调研者拒绝回答、无法回答、忘记回答，调研者调研技巧不当等原因。在这里要先说明的是在资料分析时要视具体情况处理，不能简单删除处理。

2. 缺失数据的处理

调研资料中会出现缺失数据，缺失数据的处理方法很多，下面介绍几种主要方法。

（1）用一个样本统计量代替。就是计算出一个可以替代的量来代替缺失的数值，具体可以采用以下方法计算得出。

1）平均数插补法。适用于资料的变量变化均衡的情况。例如，某商品整个年度的销售资料如表 6-26 所示。

表 6-26 某商品某年度各月销售表

月份	1	2	3	4	5	6	7	8	9	10	11	12
销售额（万元）	102	105	105	109	107	108	104	105	110	105	—	107

资料中出现 11 月资料缺失，由于整个资料反映的销售情况比较均衡，所以，可以用现有的 11 个月的资料计算出平均值作为 11 月的值，计算结果均值为 106，则可以用 106 万元作为 11 月的值。

2）前期水平加平均增长量代替。适用于资料的变量是逐期增长的情况，例如，某商品 1 ~9 月的销售资料如表 6-27 所示。

表 6-27 某商品 1 ~9 月的销售资料表

月份	1	2	3	4	5	6	7	8	9
销售额（万元）	48.1	51.4	54.8	57.9	61.1	64.2	67.5	—	73.8

计算逐期增长量，如 2 月的逐期增长量为：2 月 − 1 月 = 51.4 − 48.1 = 3.3（万元）；然后计算平均每年增长量，等于(73.8 − 48.1)/8 = 3.2(万元)；则 8 月的销售量为：67.5 + 3.2 = 70.7（万元）。

3）上期乘以平均发展速度。适用于资料变量的环比发展速度（逐期增长率）相似的资料见表6-28。

表6-28　某商品1~7月的销售资料表

月份	1	2	3	4	5	6	7
销售额（万元）	435	457	480	503	—	529	583

环比发展速度是指本期资料与前期资料发展水平之比。当资料的环比发展速度大体一致时，就可以计算平均发展速度 $=\sqrt[6]{583/435}=1.05$（几何平均数），则5月的值 $=503\times1.05=528.15$（万元）。

4）比例推算法。适用于资料的内在比例关系比较稳定的情况。例如，调研三个区，甲、乙两区的家庭户数和人口数资料见表，而丙区只有家庭数而无人口数（见表6-29）。则可以通过比例推算法来求解。

表6-29　甲、乙、丙3区的家庭户数和人口资料表

区	甲	乙	丙
家庭户数	250	390	420
人口数	750	1 204	—

由于家庭户数与家庭人口数的内在比例较稳定，可以将甲和乙两区计算平均的家庭户数与家庭人口数内在比例：$(250+390)/(750+1\ 204)=1:3.0531$，则可以推算得出丙区的人口数量 $=420\times3.0531=1\ 282.302$

5）用统计模型（如回归模型）计算出替代值。如经常采用的利用线性模型进行计算推算。下面举一例说明。例如，某企业1~8月的销售总体呈线性变化，但其中7月的销售资料缺失，可以利用模型进行推断（见表6-30）。

表6-30　某企业1~8月的销售资料表

月份	1	2	3	4	5	6	7	8
销售额（万元）	163	181	184	186	210	207	—	210

总体观察可以看出，1~6月的资料呈直线变化，可以利用最小二乘法求出 a、b 参数值，$a=(\sum y-b\sum t)/n$；$b=(n\sum ty-\sum t\sum y)/[n\sum t^2-(\sum t)^2]$。

求出 $a=157.5999$；$b=8.8286$；则 $y=157.5999+8.8286t$，$y_7=157.5999+8.8286\times7=219.4001$

补充资料

a、b 参数的简化计算见表6-31。

表6-31　a、b参数的简化计算表

月份	1	2	3	4	5	6	合计
销售额 y	163	181	184	186	210	207	1 131
时间 t	-5	-3	-1	1	3	5	0
$\sum ty$	-815	-543	-184	186	630	1 035	309

$$a = \sum y/n = 1\ 131/6 = 188.5；b = \sum ty/\sum t^2 = 309/70 = 4.4\ 143$$

（2）个案删除。当做少一份，即删除问卷中某问题变量，但不是删除整份问卷。

（3）配对删除。将高度相关的两个变量两两配对，如收入与支出，采用有完整答案的问卷。

学习指导

1. 学习建议

通过分析市场调研资料得出调研的结论，是市场调研报告的核心内容。在学习中应重点掌握资料分析的主要方法，包括详细掌握每一种分析方法的应用方法，特别是要通过练习熟练掌握定量分析方法中的指标计算。

2. 学习重点与难点

定性分析和定量分析的具体方法。

3. 核心概念

定性分析　定量分析　回归分析　相关分析　统计分析

课后思考与练习

1. 选择题

（1）市场调研资料分析的目的是为了（　　）资料。

A. 分析　　B. 整理　　C. 研究　　D. 报告

（2）市场调研资料的分析过程就是（　　）资料的过程。

A. 总结　　B. 设计　　C. 定性　　D. 定量

（3）市场调研资料分析应多结合（　　）分析过程。

A. 定性　　B. 定量　　C. 计算　　D. 归纳

(4) 市场调研资料的回归分析是建立（　　）进行分析。

A. 数学模型　　B. 定性　　C. 方程　　D. 确定关系

(5) 函数关系是一种变量之间的（　　）关系。

A. 变动　　B. 不定　　C. 确定　　D. 数学

2. 判断题

(1) 调研分析是对资料的深入挖掘。(　　)

(2) 市场分析是为资料的运用服务的。(　　)

(3) 调研分析的定性分析比定量分析要深入。(　　)

(4) 调研分析的定性分析是对资料的表象分析。(　　)

(5) 众数就是平均数。(　　)

(6) 中位数是所有变量进行排列后的中间位置数。(　　)

3. 简答题

(1) 为什么说市场调研分析是企业必要的活动？

(2) 市场调研分析的主要方面包括哪些？

案例分析

某企业营业推广费用与利润之间的关系见表6-32，通过表6-33和表6-34，利用相关分析和回归分析建立方程。

表6-32　某企业营业推广费用投入与利润关系表

年份	营业推广费用 x/10万元	利润 y/10万元
2004	2	1
2005	3	2
2006	3	2
2007	4	3
2008	5	4
2009	6	4
2010	8	5
2011	9	6
合计	40	27

【分析】 先计算相关关系，然后建立回归方程。

表6-33　相关系数计算表

X (1)	$x-\bar{x}$ (2)	Y (3)	$y-\bar{y}$ (4)	(2) × (4)	$(x-\bar{x})^2$ (5)	$(y-\bar{y})^2$ (6)
20	-30	1	-4	120	900	16
30	-20	2	-3	60	400	9
30	-20	3	-2	40	400	4
40	-10	4	-1	10	100	1
50	0	6	1	0	0	1
60	10	7	2	20	100	4
80	20	8	3	60	400	9
90	40	9	4	160	1 600	16
平均50		平均5				
合计				470	3 900	60

$r=470/\sqrt{3\,900}\times\sqrt{60}=470/62.45\times7.75=0.9\,711$。从相关系数可见，该企业的营业推广费用与利润直线相关性很强。可以建立直线回归方程进行表达。求回归参数

表6-34　回归参数计算表

年份	x	y	xy	x^2	y^2
2004	2	1	2	4	1
2005	3	2	6	9	4
2006	3	2	6	9	4
2007	4	3	12	16	9
2008	5	4	20	25	16
2009	6	4	24	36	16
2010	8	5	40	64	25
2011	9	6	54	81	36
合计	40	27	164	244	111

$$
\begin{aligned}
b &= (n\sum xy-\sum x\sum y)/[n\sum x^2-(\sum x)^2] \\
&= (8\times164-40\times27)/(8\times244-40^2) \\
&= 0.6\,591
\end{aligned}
$$

$$
\begin{aligned}
a &= \sum y/n-b\sum x/n=27/8-0.6\,591\times40/8 \\
&= 3.375-50=0.0\,784
\end{aligned}
$$

所以回归方程为：$y=0.0\,784+0.6\,591x$

项目 7
市场预测

学习目标

知识目标

掌握市场预测的意义、原则、定量预测法、定性预测法

能力目标

1. 能够详细地分析说明所运用的定性预测法和定量预测法
2. 能够结合具体的市场调研项目正确运用定量预测法和定性预测法

项目介绍

企业在市场的海洋中航行的目标是驶向遥远的彼岸，而要在惊涛骇浪中乘风破浪，就必须把握前进的风向、海浪等海情的变化，及时做好相应的准备才能一帆风顺。所以，预测未来企业可能面对的市场环境变化是企业应该具备的重要能力。市场是多变的，所以预测市场是对企业的基本要求和基本活动。作为企业必不可少的市场预测活动，需要在市场调研资料的基础上开展，所以市场调研与预测是不可分割的统一活动。本项目主要学习市场预测的基本知识，并在此基础上掌握和运用预测市场的两大类方法，即定性预测法和定量预测法。两大类方法又各自包含了多种具体方法，应结合预测市场现象的特点合理运用。

小知识>>

北京大宝化妆品有限公司（简称“大宝公司”）1985 年诞生至今，生产了“大宝”系列化妆品，适应了不同时期、不同层次的消费需求，已陆续形成护肤、洗发、美容修饰、香水、特殊用途共五大类 100 多个品种。大宝公司通过市场调研成功地预测出男性化妆品的巨大市场，中高收入的年轻男士将构成男性护肤用品市场的主力军。通过不断的市场开拓，大宝公司成为男性市场开发最成功的企业之一，男性使用人数占到了市场近一半的比例。大宝因此成为化妆品消费市场的主导品牌之一，通过大宝公司的发展，我们可以认识到市场预测的重要性。

任务1 正确选择市场预测的方法

7.1.1 市场预测的意义

市场预测是在市场调研的基础上对市场未来可能发展变化的量和质的估计，是为企业开展有效的决策服务的一项重要活动。

7.1.2 市场预测方法的种类

市场预测的方法有很多，主要侧重两方面的预测方法，即定性预测法和定量预测法。定性预测法是指对市场未来发展方向和发展性质的变化进行预测，例如，通过调研得出近几年汽车消费不断增长，从而结合其他资料判断预测未来的汽车消费将继续增长；定量预测法是结合市场调研所得的数量资料，利用数理统计的方法建立数学模型，从数量上预测市场的发展变化。

7.1.3 对定性预测法的认识

定性预测不建立数学模型，而是借助预测者的主观判断力判断事物未来发展变化的趋势。例如，可以结合社会观念、社会经济和社会文化发展等因素的发展变化，做出收入水平和消费观念等方面变化的预测，定性预测适合预测模糊的、无法计量的市场现象。

在实际市场预测中，由于影响市场发展的因素很多而难以把握类似企业经营环境分析、产品经营战略分析这样的预测，都很难采用定量预测的方法。定性预测要求预测者必须具备丰富的知识和经验，才能得出较准确的预测结果。

定性预测方法简单易行，在预测者选择适当的情况下能得出较为满意的结果，而且在许多情况下，定性预测是不可或缺的。同时要注意，定性预测主要是一种主观的估计，不像定量预测那样利用客观的数据作为依据进行预测，因此误差往往难以避免；另外，定性预测难以用清晰的数字说明问题，所以，较难令客户感到满意。为此，在采用定性预测时要尽可能地结合数据进行说明，这样才更加理想。事实上，一般的市场预测都采用定性预测和定量预测相结合的方式进行。此外，定性预测还运用在产品刚步入市场或市场刚刚培育的阶段，尤其当资料不充分而难以采用定量分析法进行预测时，就必须使用定性预测法。

7.1.4 对定量预测法的认识

定量预测法主要通过以往统计的某一市场资料，分析后建立相应的数学模型，利用其中的规律进行预测。例如，从某资料可以分析得出某商品的销售呈直线上升趋势，可以建立直线方程表达其规律和趋势，并利用该趋势延伸进行预测。

定量预测法以数量作为预测的基础，所以，要求掌握充分的历史资料；影响预测对象发展变化的因素相对稳定；能在预测对象的某一指标与其他相关指标的联系中找出规律性，然后以此作为依据建立数学模型。在实际工作中，由于市场现象错综复杂，不可能把所有变动因素都纳入数学模型；加上有些数据难以取得或成本过高，定量预测法的运用存在一定的局限性。

7.1.5 市场预测方法的选择

在实际的市场预测实践中，对于同一市场对象，往往可以采用不同的预测方法。每一种预测方法都有自己的特点和适用范围。而预测方法与预测对象的匹配，是提高预测精度的重要途径。选择预测方法一般应考虑以下因素。

1. 市场预测的期限长短

每种预测方法均有其最适宜的预测期限和预测范围，当其最适宜的期限和范围与预测要求相匹配时，才能得到比较理想的预测精度。短期预测适合采用经验判断法、时间序列分析法等；长期预测则比较适宜采用专家意见法、特尔菲法、时间序列分析法、回归分析法等。

2. 预测市场现象的情况

资料充分、数据准确时，适宜采用定量预测法；相反，则适宜采用定性预测法。不同的数据资料模式，适合采用不同的定量预测方法。一般平均法和一次指数平滑法只能处理波动少的数据资料；较高阶的平滑法、移动平均法、趋势预测法可以处理具有趋势性的数据资料；回归分析法可以处理大多数数据资料。定性预测法有比较广泛的适用性，实际上一般的预测都需要进行定性预测。

3. 预测范围的大小

预测范围比较大时一般采用特尔菲法、投入产出法等；范围小时一般采用经验判断法和指数平滑法。

4. 预测目标的要求

预测方法与预测要求密切相关。一般来说，定性的预测只能对所预测现象的方向性和程度性的方面进行估计。例如，同样是对男士化妆品市场进行预测，定性预测可以预测出男士化妆品的市场潜力巨大；而定量预测可以预测企业商品某一期间的销售量。所以，当预测的目标是作具体量的估计时应用定量预测法，相反，则适宜采用定性预测法。另外，委托人对预测的精确要求不同时，则具体采用的定量预测法也有所不同。再有，预测费用也是选择预测方法的影响因素，一般来说，定量预测比定性预测的费用要高。还有，预测精度和预测费用也与预测方法的选择直接相关。所以，应作各方面的权衡后再进行具体预测方法的选择。

7.1.6 市场预测的基本原理

市场是多种复杂因素共同作用的结果，有时作用力足够大的偶发因素也能促使市场发生变化，人们通过长期的认识积累了丰富的经验和知识，可以逐步了解市场变化规律；然后，凭借各种先进的科学手段，根据市场发展历史和现状，推演市场发展的趋势，做出相应的估计和推测。具体而言，市场预测是由以下四方面原理作指导的。

1. 惯性原理

任何事物的发展在时间上都具有连续性，表现为特有的过去、现在和未来这样一个过程。过去的行为不仅影响到现在，还会影响到未来，所以，可以从事物的历史和现状推演事物的未来。市场发展也有这样一个过程，在时间上也表现为一定的连续性。尽管市场瞬息万变，但这种发展变化在长期的过程中也存在一些规律性（如竞争规律、价值规律等），可以被人们所认识的惯性原理是时间序列分析法的主要依据。

2. 因果原理

任何事物都不可能孤立存在，都是与周围的各种事物相互制约、相互促进的，例如收入与支出之间、销售与利润之间的密切关系。一个事物的发展变化必然影响到其他有关事物的发展变化，例如，随着社会观念的变化，人们的行为也在发生变化。因与果的关系可以表现为一因多果或一果多因的现象，但总体来说有因必有果，这是一般规律。因此，从已知某一事物的变化规律推演与之相关的其他事物的发展变化趋势、是合理的，投入产出分析法就是对因果原理的最好运用。例如：购买汽车的因果联系，正是收入水平、消费观念、汽车市场成熟等方面的原因，促使汽车消费火热。

3. 类推原理

许多事物之间客观存在结构、模式、性质、发展趋势等方面的相似之处。根据这种相似性，人们可以在已知某一事物的发展变化情况的基础上，通过类推的方法推演出相似事物未来可能的发展趋势。例如，彩色电视机的发展与黑白电视机的发展就有类似之处，我们可以利用黑白电视机的发展规律类推彩色电视机的发展规律。类推原理在领先指标法中得到了很好的运用。

4. 概率原理

任何事物的发展都有一个得到认识的过程。人们在充分认识事物之前，只知道其中有些因素是确定的，但还有些因素是不确定的，即存在着偶然性因素。市场的发展过程存在必然性和偶然性，而且在偶然性中隐藏着必然性。

【练习】 如何理解市场预测的概率原理?

【训练】 结合具体的市场现象进行定性预测。

7.1.7 市场预测的基本原则

市场预测必须遵循一定的原则，主要包括以下六个方面。

1. 客观性原则

市场预测以根据市场调研得到的客观资料作为基础，对市场进行客观的研究、分析和估计，虽然是一种估计，但是不能随意进行，而是需要通过人的主观活动完成。

2. 全面性原则

影响市场活动的因素除经济活动本身外，还有政治、社会、科学技术的方面的因素，这些因素的作用使市场呈现纷繁复杂的局面。预测人员应具备广博的知识和经验，能从各个角度归纳和概括市场的变化，避免出现以偏赅全的现象。当然，全面性也是相对的，无边无际的市场预测既不可能也无必要。

3. 及时性原则

信息无处不在，无时不有，任何信息对经营者来说，既是机会又是风险。为了帮助企业经营者不失时机地做出决策，要求市场预测应快速提供必要的信息。信息越及时，不可预料的因素就越少，预测的误差就越小。

4. 科学性原则

预测所采用资料须经过去伪存真、去粗取精的筛选过程，才能反映预测对象的客观规律。运用资料时，应遵循近期资料影响大、远期资料影响小的规则。预测模型也应精心挑选，必要时还须先进行小范围实验，找出最能代表事物本质的模型，以减少预测误差。

5. 持续性原则

市场的变化是连续的，不可能停留在某一个时点上，相应地，市场预测也须持续进行。实际工作中，一旦市场预测有了初步结果，就应当将预测结果与实际情况作比较，及时纠正预测误差，使市场预测保持较高的动态准确性。

6. 经济性原则

有些预测项目由于所需时间长，预测的因素又较多，往往需要投入大量的人力、物力和财力，这就要求预测工作必须量力而行，讲求经济效益。如果耗费过大，效益不高，市场预测就没有意义；如果企业自己预测所需成本太高时，可委托专业机构或咨询公司进行预测。

【练习】 如何理解市场预测的及时性原则。

【训练】 结合市场预测的基本原则进行具体的定性预测。

7.1.8 市场预测的程序

有序的市场预测组织是提高市场预测工作效率和质量的重要保证。完整的预测工作一般包含以下五个基本步骤。

1. 确定预测目标

预测目标是开展市场预测的重要指引。预测的目标不同，预测内容、所采用的方法、需要的资料数据也会不同。预测时先有大的目标，而大的目标必须拆分为小的目标，这是因为市场本身是由多种因素影响决定的。例如，预测广东奶制品市场的前景。这是一个行业的预测，一方面可以将目标细分为液态奶、奶粉；另一方面，可以结合广东的地域市场分区域预测。由此可见，在这一阶段应确定预测目标，并将大的预测目标分解为清晰的小目标。

2. 选择预测方法

市场预测的方法很多，但并不是每个方法都适合所有问题。预测方法的选择将直接影响预测的精确性和可靠性。根据预测的目的、费用、时间、设备和人员等条件选择合适的方法，是预测成功的关键。定性预测不需要建立模型；定量预测必须建立模型，而且形式很多，对同一个预测目标，一般应同时采用两种以上的预测方法建立模型，以便比较和鉴别预测结果。要注意定量预测模型应该在满足预测要求的前提下尽量简单、方便和实用。

3. 搜集资料

搜集有关的资料是进行市场预测重要的基础工作，如果某些预测方法所需的资料无法搜集或成本过高，则无法应用此预测方法。在搜集影响预测对象的资料的过程中，应注意资料的真实性和可靠性，剔除偶然性因素造成的不正常情况。

4. 分析和调整预测结果

市场预测只是一种估计和推测，必然与市场的实际情况存在偏差。所以，还要结合市场的变化对预测的结果进行进一步的分析，特别是采用定量预测法时，所建立的预测模型是根据过去或主要的市场的因素建立的，因此，要与过去同期实际观察值、时间序列资料的变化相比较，计算预测误差，估计预测值的可信度。

5. 编写预测报告

市场预测报告是市场预测结果的反映。预测报告与调研报告的格式相当，预测报告的表述应尽可能利用统计图表及数据，做到形象直观、准确可靠。实际上，预测与调研在开展市场调研活动中往往是一体的，因此报告也是一体的。

【练习】市场预测有哪些基本程序?

【训练】结合具体的市场现象调研结果练习预测报告基本写作。

7.1.9 市场预测主要涉及的内容

市场预测涉及的内容非常广泛。对于不同的市场现象或不同的预测目标，市场预测的侧重点都有所不同。企业进行的市场预测主要包括宏观市场营销环境变化预测、市场供给预测、市场需求预测、市场竞争策略及环境变化的预测。

1. 宏观市场营销环境变化预测

企业生存在特定的宏观市场营销环境之中，宏观市场营销环境是动态变化的，既制约企业又为企业的发展提供机遇，所以，企业必须认识和预见它的变化，从而使其为企业的决策服务。宏观市场营销环境包括多方面的内容，如政治、经济、文化、法律、技术、自然等方面，企业必须适应它，才能生存和发展。

2. 市场供给预测

市场供给的状况直接影响市场的竞争关系和市场的占有率，所以市场预测时应对市场的生产能力、品牌数量、主要的竞争对手的产品供给情况、市场中各种产品的特点变化等方面进行预测。另外，随着我国进口产品越来越多，还要加强对进口产品供给情况的预测。

3. 市场需求预测

市场需求是指特定客户在特定的时空下对某一商品的需要量。市场需求包括生产资料的需求和消费资料的需求，可以主要从消费资料角度进行认识。消费需求非常复杂，受到宏观和微观因素的影响，特别是消费心理和消费习惯的影响。消费需求预测的内容，主要包括以下几个方面。

（1）商品需求总量预测。商品需求总量是市场上有货币支付能力的商品需要量。

（2）消费需求构成预测。消费需求构成可以分为消费品需求构成和生产资料需求构成两大类。消费品需求构成受消费品购买力水平的制约。随着人们收入水平的增长，用于生活必需品的支出越来越少，而投向文化、体育、旅游、教育等其他方面的支出越来越多。

（3）消费者购买行为动机变化的预测。随着消费收入水平的提高和消费观念的变化，消费者购买行为动机发生了比较大的变化，而这一变化直接决定了消费变化，所以，必须及时认识和把握这一变化，更好地满足消费者。

4. 市场竞争策略及环境变化的预测

企业要赢得市场，就必须参与市场竞争。在参与市场竞争的过程中，企业必须把握好市场竞争环境，包括竞争对手的各种营销组合策略变化，自身运用的营销组合策略的效果等方面，才能有效地决策竞争策略。具体来说，营销组合策略包括产品策略、价格策略、销售渠道策略、促销策略等。

（1）产品策略变化预测，包括实体产品和延伸产品、产品组合策略等方面变化的预测。

（2）价格策略变化预测，包括竞争对手产品价格策略的变化、自身价格策略的市场效果等方面的预测。

（3）销售渠道策略变化预测，包括对旧销售渠道的效果评价、新销售渠道模式的评价等。

（4）促销策略变化预测。许多企业都在运用各种促销策略促进商品销售，而且方式方法不断更新，及时预见促销策略的变化及其效果对企业营销意义重大。

【练习】 市场预测有哪些基本程序?

【训练】 结合具体的市场现象调研结果进行促销方式变化预测。

实施任务1 结合具体项目设计市场预测方法

1. 任务组织

（1）学习小组各成员结合所选定的调研专题拟订市场预测方法的运用方案，然后小组内进行讨论，拟订小组最后的方案，参与老师组织的讨论。

（2）老师组织小组之间进行交流，对各小组的方案进行讨论；老师负责说明和决策。

（3）各小组将完善的方案提交老师进行评定。

2. 任务要求

（1）每位同学都要积极参与，提出自己的方案，并说明选择的理由和依据。

（2）应注意定性预测法与定量预测法的特点，并对所选定方法进行分析比较。

（3）注意方法的综合运用。

（4）必须用电子文件和纸质文件的形式将结果上交老师。

任务2 运用定性预测法

7.2.1 经验判断预测法

经验判断预测法主要利用预测者的经验判断并预测市场的未来变化。例如，根据经验可以判断得出当物价持续上涨时，消费者倾向于选择更多地消费。

1. 经验判断预测法的特点

经验判断预测法以定性判断为主，不用建立数学模型进行推算。

小知识>>

根据调研发现，很多消费者在购买家具时选择倾向发生了较大的变化，购买时要求家具与整体风格相匹配。根据经验判断预测法可以预测这一变化符合当前消费需求变化的总体要求，成为家具市场的主流趋势。

2. 适用性

适用于市场现象比较模糊，难于区分主要因素或难以采用数学方程进行表达的情况。预测时可以结合专家的经验做出估计。下面介绍一些主要的方法。

3. 主要的经验判断预测法

（1）专家个人判断法。借助个别专家的知识、经验进行判断预测。在采用这种方法时要注意客观看待专家的判断，不能一味相信。

（2）集体判断法，又称为集合意见法，是定性预测的重要内容，能集中多数人的智慧，克服个人的主观片面性。具体的方法包括以下几种。

1）专家会议法。选择合适的专家召开集体调研会议，并由与会专家共同做出判断。采用该法时注意确保所有专家充分发表意见，避免某个权威专家或某部分专家主导会议，从而导致预测结果不全面。

2）头脑风暴法。这种方法也是选择合适的专家召开会议，由与会专家做出预测，并对预测方案进行评价，从而进一步完善方案。这种方法的特点是鼓励创新、集思广益。

3）反头脑风暴法。与头脑风暴法相反，专家们专门针对未能达成一致的预测进行评判，找出其存在的不足和矛盾之处。这两种方法运用得当，可以起到互补作用。

4）德尔菲法。德尔菲法是为了避免专家会议法的不足而采用的预测方法。这种方法的应用始于美国兰德公司，在国外颇为流行。这一方法的特点是，各专家不通过会议形式交换意见和进行讨论，而是在互相保密的情况下，用书面形式独立地回答预测者提出的问题，并反复多次修改各自的意见，最后由预测者综合确定市场预测的结论。这种方法的主要特点表现为多向性、反复性、收敛性、匿名性。优点主要体现在专家没有顾忌，可以充分表达自己的意见，并参考其他专家的意见调整自己的意见；缺点主要体现在专家的意见比较多，汇总比较困难。

德尔菲法预测步骤一般包括四个阶段。第一阶段，准备阶段。准备阶段要完成的工作主要是专家的选择，在选择专家时要注意，专家各有研究的专长和经验所长，专家的结构要合理；还要注意数量的控制，一般 8 ~ 13 人合适。准备阶段还要注意相关资料和工作人员等方面的准备。第二阶段，专家进行初步预测。组织者先将准备好的资料交到专家的手中，专家结合资料进行第一次预测，并将预测结果交还给组织者。第三阶段，修正预测。组织者第二次的预测结果交给专家，专家接到资料以后修正自己的预测，然后将预测再次交回组织者。第四阶段，确定最后的预测值。组织者最后将专家修改后的结果进行归总，得出最后的预测值。如果组织者觉得结果不够稳定，还可以再次重复，一般经过三个回合，已经能够得出专家确定性的预测了。

对专家的预测进行归总涉及定性和定量归总。针对定性的结果，归总组织者主要是采用归纳法。对定量的结果，则可用算术平均数、中位数、上下四分位数的方法处理。下面举例说明，假设一共有 11 位专家参与了金威公司的销售预测，经过三个回合后，11 位专家对该公司的销售预测值如表 7-1 所示。

表 7-1 11 位专家的销售预测表

专家序号	市场滞销		保守估计		市场畅销	
	销量	概率	销量	概率	销量	概率
1	100	0.2	150	0.5	300	0.3
2	80	0.3	140	0.4	200	0.3
3	130	0.1	150	0.3	250	0.6
4	110	0.1	160	0.2	270	0.7
5	120	0.2	180	0.4	280	0.4
6	90	0.3	140	0.3	310	0.4
7	100	0.2	160	0.4	320	0.4
8	80	0.4	120	0.3	260	0.3
9	120	0.2	190	0.3	290	0.5
10	100	0.2	200	0.5	300	0.3
11	100	0.2	180	0.2	280	0.6

归总时，先求出期望值，以第 10 位专家为例，$E_{10}=100\times0.2+200\times0.5+300\times0.3=210$。其他专家以此类推，然后将 11 位专家的预测值进行加权汇总。

也可以用中位数法进行归总，先将 11 位专家在市场滞销状况下的估计值按从小到大排列，分别为 80、90、100、110、120、130，排列时数据变量不要重复，然后求中位数。

中位数又称为中间位置数，中间位置可以按$(n+1)/2$确定，本例的中间位置是$(6+1)/2=3.5$。第 6 位对应没有具体的变量可以用前后两位数进行平均替代，即$(100+110)/2=105$。再求保守估计下的中位数：排列变量 120、140、150、160、180、190、200，求中间位置为$(7+1)/2=4$，对应的中位数为 160。最后求市场畅销下的中位数：排列变量 200、250、260、270、280、290、300、310、320，求中间位置为$(9+1)/2=5$，对应中位数为 280。最后进行归总，按一般的概率估计进行，设计为市场滞销 0.2、保守估计 0.5、市场畅销 0.3，这样加权计算出结果为 $105\times0.2+160\times0.5+280\times0.3=185$。

下面再通过一个例子进行说明。某企业计划成批生产一种新产品，请 9 位专家预测市场的销售情况，专家第 3 次的预测情况参见表 7-2。

表 7-2 9 位专家第 3 次预测情况表

专家序号	最低销售	最可能销售	最高销售
A	11	15	18
B	8	10	13
C	10	14	16
D	10	12	25
E	6	10	12
F	6	12	15
G	8	10	12
H	7	8	12
I	6	8	12

最低估计的中位数：排列变量为6、7、8、10、11，中间位置为(5+1)/2=3，中位数为8。再求最可能估计的中位数：8、10、12、14、15，中间位置为(5+1)/2=3，中位数为12。最后求最高的中位数：排列变量为12、13、15、16、18、25，中间位置为(6+1)/2=3.5，中位数为(15+16)/2=15.5。对各状况中位数进行加权，$\bar{x}=8\times0.2+12\times0.5+15.5\times0.3=12.25$。

德尔菲法虽然耗时较长，费用较大，但由于它具有匿名性和多向反馈的特点，能集思广益，弥补专家会议法的不足，使预测更加精确。当人们对某种要预测的市场现象掌握的资料较少而未知因素较多，希望依靠专家的经验判断做出判断时，采用此法较为适宜。

7.2.2 类推预测法

类推预测法又称为类比预测法，具体包括以下几种主要方法。

1. 相关类推预测法

相关类推预测法以相关市场因素的变化为因，预测未来之果，具体又包括以下几种方法。

(1) 通过相关产品市场的内在需求关系进行预测，又称为转导法，即通过市场现象的内在关系进行推导。例如，2011年广州童装零售额比2010年的20亿增长10%，而天河城占广州童装零售额20%，天贸南大百货公司占天河城50%，则可以据此推导出2011年天贸南大百货公司的童装零售额。天贸南大百货公司的童装零售额=20×(1+10%)×20%×50%=2.2(亿元)

小知识>>

预计2012年私家车比2011年的100万辆增长20%，某轮胎厂市场占有率为10%，求该厂轮胎的需求量。

【分析】 可以利用转导法计算，2012年该厂轮胎的需求量为

$$100(1+20\%)\times10\%\times4=48(万个)$$

(2) 通过可替代产品的需求变化进行预测。可替代产品与预测产品在需求上存在着此消彼长的关系。比如，电热水器与燃气热水器之间就存在可替代的关系，电热水器的需求增长，必然会导致燃气热水器需求的下降。所以，可以通过电热水器的市场需求变化预测燃气热水器的需求变化。

(3) 通过互补商品的需求变化进行预测。互补商品间具有同向的需求变化，一荣俱荣。例如，DVD机需求增长必然带动DVD光碟需求的增长；再如，探险爱好者的增多必然带动探险装备的销售。

（4）通过经济现象间的时间关系进行预测。经济现象之间存在相互制约和促进的关系，并在实践上表现出先后的关系。例如，工资一旦调整，紧接着消费量和储蓄量都会增长。

（5）通过相关变动的顺向或逆向关系预测。经济现象之间存在同增同减、一增一减或一减一增的关系。预测时可以利用一种现象预测另一种现象。例如，某地人口增长将会伴随消费的增长；摩托车使用量减少，则摩托车配件市场会萎缩；购买 MP5 的人增加则购买 MP4 的人减少。

2. 对比类推预测法

通过与同类的先行事物比照分析进行预测，例如，可以比照东莞市的房地产市场发展，分析惠州市房地产的市场发展情况。也可以通过与相似的先行事物对比分析进行推断，例如，通过以前广州市夏季服装普及的时间与内地普及的时间关系，类推新款夏装在内地即将普及的时间。

3. 联测法

联测法主要通过市场之间的内在关系进行预测推论。结合具体的例子进行说明，表 7-3 是 2010 年广州市 4 个区汽车拥有率的情况，为了预测 2011 年广州市 4 个区的汽车需求，专门对天河区进行了小范围调研，得出 100 户家庭有 20 户有计划在 2011 年购买汽车，已知天河区居民家庭共 20 万户，预测广州市 4 个区的汽车需求。

可以通过联测法求出 4 个区在 2011 年的汽车需求率并进行预测。比如，求白云区，可以这样计算：$18\%/16\% = 20\%/x$，解出 $x = 17.78\%$；则白云区的需求可以测算为 $17.78\% \times 300\,000 = 53\,340$（户），其他区可以类推。

表 7-3　2010 年广州市 4 个区汽车拥有率

4 个区	2010 年汽车拥有率（%）	家庭户数（万户）
天河	18	55
白云	16	80
越秀	14	40
海珠	12	30

4. 商品试销征询意见预测法

商品试销征询意见预测法主要是通过在小范围内试销商品，并向消费者调研一些对商品使用体验等问题，根据这些资料进行预测。例如，某品牌的液态牛奶准备上市新品种，它在某商场设专门堆头位试销，主要采用特价促销的方式，结合消费调研，综合后进行分析预测。

【练习】什么是反头脑风暴法?

【训练】结合具体的市场现象进行类推预测。

实施任务2 结合具体项目运用定性预测法

1. 任务组织

(1) 学习小组各成员结合所选定的调研专题拟定运用定性预测法具体方法的方案，然后小组内进行讨论，拟定小组最后的方案，参与老师组织的讨论。

(2) 老师组织小组之间进行交流，对各小组的方案进行讨论；老师负责说明和决策。

(3) 各学习小组将完善的方案提交老师进行评定。

2. 任务要求

(1) 每位同学都要积极参与，提出自己的方案，并说明选择的具体理由。

(2) 注意定性预测的方法很多，主要包括经验判断预测法、类推预测法两大类。注意各类方法又包括多种具体的方法，应一一说明所选定方法的实施方案，并注意综合运用。

(3) 必须用电子文件和纸质文件的形式将方案结果上交老师。

任务3 运用定量预测法

7.3.1 定量预测法概述

定量预测也称统计预测，它是根据已掌握的比较充分的历史统计数据，运用一定的数学方法建立数学模型，借以揭示有关变量之间的规律性联系，用于预测和推测未来发展变化情况的一类预测方法。

7.3.2 定量预测法的类别

定量预测基本上可分为两类：一类是时序预测法，它是凭借所预测的市场现象的历史数据的变化趋势，去寻找市场未来的演变规律，即把未来作为历史的延伸。具体的时序预测法包括简单平均法、加权平均法、加权移动平均法、指数平滑法等方法。

某电器专营商2005~2011年7年的空调销售情况如表7-4所示。

表7-4　某电器专营商2005~2011年7年的空调销售表

年份	2005	2006	2007	2008	2009	2010	2011
销售额（万元）	200	220	230	250	300	340	360

可以描述历史数据的变化趋势，然后借助趋势预测未来的空调销售情况。

另一类是因果分析法，它包括一元回归法和多元回归法。回归预测法是因果分析法中很重要的一种方法，它从一个指标与其他指标的历史和现实变化的相互关系中，探索它们之间的规律性联系，并建立数学模型，作为预测的依据。

某企业汽车广告投入与商品销售的情况如表7-5所示。

表7-5　某企业汽车广告费用投入与销售额之间的关系表

广告费用（万元）	300	360	400	500	510	530	600
销售额（万元）	2 000	2 200	3 000	3 500	3 600	3 700	3 730

可以利用模型描述广告费用与销售额之间的关系，然后借助模型预测投入多少广告费用可以促进商品的销售，或者要达成相应的销售需要多少广告投入。

7.3.3　定量预测法的评价

定量预测的优点：偏重于数量方面的分析，重视预测对象的变化程度，能做出数量上比较准确的描述；主要以历史统计数据和实际资料作为预测的依据，运用数学方法进行处理，受主观因素的影响较小；可以利用现代化的计算方法，进行大量的计算工作和数据处理，求出适应工程进展的最佳数据曲线。定量预测法的缺点是比较机械，不易灵活掌握，对信息资料的质量要求较高。

7.3.4　时间系列预测法

1. 时间序列预测法的含义

时间系列预测法是一种利用历史资料进行延伸预测的方法，又称历史延伸法或趋势外推法。定量预测通常需要积累和掌握历史统计数据。根据市场现象的历史资料，运用数学方法建立预测模型，以此来预测市场现象未来的发展变化趋势或具体的数量。具体可以结合表7-4的小案例进行认识。

2. 三类时间序列变动

(1) 长期趋势，是时间序列变量在较长时间内的总态势，即在长时间内连续增长或下降的变动态势，这种变动趋势可能表现为向上发展，如劳动生产率提高；也可能表现为向下发展，如物料消耗的降低；还可能表现为向上发展转为向下发展，如物价波动。长期趋势往往是市场变化情况在数量上的反映，因此它是进行定量分析和预测的重点。

(2) 季节变动，是指一再发生于每年特定时期内的周期波动，即这种变动继上一年出现后，下一年再次出现。所以简单地说，每年重复出现的循环变动，就叫季节变动。例如，每年春秋季节服装销售具有非常明显的季节变化。

(3) 循环变动。某些经济现象以数年为周期（3年、5年、10年等）来观察，具有波浪式的循环变动。虽然每次变动周期长短不一，波幅不同，但都呈现出盛衰起伏的现象。如市场经济下经济发展呈现出的周期性变化，呈现危机、复苏、高涨、萧条的变化。循环性变动有一定规律性，可以用于预测。

(4) 不规则变动，又称随机变动，其变化无规则可循。这种变动都是由偶然事件引起的，如自然灾害、政治活动、政策改变等影响经济活动的变动。不规则变动的幅度往往较大，而且无法预测。

3. 时间序列预测法的步骤

时间序列预测法一般有以下几个步骤：

第一步，搜集历史资料，加以整理，编成时间序列，并根据时间序列绘制统计图。

第二步，分析时间序列。时间序列中的每一时期的数值都是由许多不同的因素同时作用后的综合结果。时间序列分析通常将各种可能因素进行分类，传统的分类方法是按各种因素的特点或影响效果分为四大类：①长期趋势；②季节变动；③循环变动；④不规则变动。

第三步，选择预测方法，建立预测模型。求时间序列的长期趋势、季节变动和不规则变动的值，并选定近似的数学模型代表。对于数学模型中的未知参数，运用适合的技术方法求出数值。

第四步，计算预测误差，确定预测值。

4. 时间序列预测法的基本运用

时间序列预测法可用于短期、中期和长期预测。根据分析方法的不同，又可分为简单平均数法、加权平均数法、移动平均法、加权移动平均法、指数平滑法、市场寿命周期预测法等。

（1）简单平均数法。简单平均数法也称算术平均法，该法是把若干历史时期的实际销售量的平均值作为下期预测值。这个方法只适用于没有明显波动的事件的预测。如果事物呈现某种上升或下降的趋势，就不宜采用此法。

（2）加权平均数法。加权平均数法就是把各个时期的历史数据按近期和远期影响程度进行加权，求出平均值，作为下期预测值。

（3）移动平均法。移动平均法是利用移动平均数为预测值或预测的基数的一种预测方法。方法包括一次和多次移动平均法，这里只介绍最简单的一次移动平均法中直接应用移动平均数进行预测的方法。

移动平均数是利用不断向前移动的、n 个数据计算出的平均值。这里 n 的值又称为跨越期，用 N 表示。

例1：某商品1~6月销售额为100万元、120万元、140万元、150万元、180万元、210万元。可以计算出利用最早三期计算出的移动平均数：$(100+120+140)/3=120$(万元)；也可以利用最近预测期的三期资料计算出最后一个移动平均数：$(210+180+150)/3=180$(万元)；还可以计算其他期的移动平均数。最简单的预测方法是利用最后一期的移动平均数作为6月的预测值或者预测值的基数。

还可以进一步采用加权移动的方法计算移动平均数。具体可以结合项目6学习的加权平均数来进行认识。根据跨越期限内的每个变量值的远近赋予不同的权数进行计算移动平均数。

例2：某洗衣机1~6月销售额为90万元、110万元、140万元、150万元、180万元、210万元。利用加权移动平均数进行预测。

假设 $N=3$，可以设计三期资料由远至近的权数为0.1、0.3、0.6，计算最后一期的移动平均数为：$210\times0.6+180\times0.3+150\times0.1=195$(万元)，把195万元作为7月的预测值或者预测值基数。

上述几种方法虽然简便快速，但由于没有考虑整个社会经济发展的新动向和其他因素的影响，所以准确性较差，应根据新情况对预测结果作必要的修正。

（4）指数平滑法。指数平滑法即根据历史资料的上期实际数和预测值，用指数加权的方法进行预测，实际上是一种特殊的加权移动平均法。

指数平滑法的计算公式

$$\begin{aligned} Y_t &= Y_{t-1}+\alpha(S_{t-1}-Y_{t-1}) \\ &= \alpha S_{t-1}+(1-\alpha)Y_{t-1} \end{aligned}$$

式中，Y_t 为预测值；S_{t-1} 为上一期的实际值；Y_{t-1} 为上一期的预测值；α 为加权系数或平滑系数（$0 \leqslant \alpha \leqslant 1$），$\alpha$ 值越大，下一期预测值越接近本期实际值；$\alpha = 1$，下一期预测值等于本期实际值；α 值越小，下一期预测值越偏离本期实际值。

例 3： 某家具 2012 年前 4 个月销售额见表 7-6。

表 7-6 某企业 2011 年前 4 个月的销售额

月份	1	2	3	4
销售额（万元）	100	110	120	140

采用指数平滑法预测 2012 年 5 月的销售额，2012 年 1 月的预测值为 90 万元。设定 $a = 0.2$。

【解】 2 月预测值：$0.2 \times 100 + (1 - 0.2) \times 90 = 92$（万元）

3 月预测值：$0.2 \times 110 + (1 - 0.2) \times 92 = 95.6$（万元）

4 月预测值：$0.2 \times 120 + (1 - 0.2) \times 95.6 = 100.48$（万元）

5 月预测值：$0.2 \times 140 + (1 - 0.2) \times 100.48 = 104.384$（万元）

因此，2012 年 5 月的销售额的预测值为 104.384 万元。

7.3.5 回归分析预测法

1. 回归分析预测法的含义

所谓回归分析预测法，是在掌握大量观察数据的基础上，利用数理统计方法建立因变量与自变量之间的回归关系函数表达式（回归方程式）。通常线性回归分析法是最基本的分析方法。回归分析法是定量预测法的主要方法之一，由于它依据事物内部的发展规律，因此比较精确。

2. 回归分析预测法的原理

客观世界中许多事物、现象、因素都相互依赖、相互影响，它们的发展变化由多种因素决定。市场活动中的许多现象也不例外，如商品销售量与消费者的购买力、商品价格等有关。因此，在市场预测中，找出影响和决定预测对象变化的有关市场因素，将其看做原因，将预测对象看做结果，并根据市场因素的变化预测对象的变化，这就是所谓的回归分析预测法。

假设预测目标因变量为 Y，影响它变化的一个自变量为 X，因变量随自变量的增（减）方向而发生变化。一元线性回归分析就是要依据一定数量的观察样本 (X_i, Y_i)，$i = 1, 2, \cdots, n$，找出回归直线方程 $Y = a + bX$。对应于每一个 X_i，根据回归直线方程可以计算出一个因变量估计值 Y_i。

例如，产品销售量随广告费用的投入而发生变动，搜集一段时期相对应的数据，以 x 代表广告费自变量，y 代表对应的产品销售量。通过求解参数 a，b，可以建立回归方程 $y=a+bx$。并利用回归方程进行预测，在未来一定广告费用投入下可以达成的销售量，或者要到达一定的销售量需要投入的广告费用。

3. 回归分析预测法的步骤

市场变量因果关系用回归分析法进行预测，其主要步骤如下。

（1）确定预测目标和影响因素。根据决策目的的需要，明确进行预测的具体目标，分析寻找影响预测目标的相关因素，并判断选出主要的影响因素，即决定因变量和自变量。

（2）搜集整理因变量和自变量的样本资料，它反映的是预测对象事物特定时期内经济行为中的因果关系关联形态。

（3）建立回归方程预测模型。根据自变量与因变量之间因果关系关联形态，按照回归分析基本原理建立回归方程预测模型。

（4）进行相关分析、方差分析与显著性检验。回归分析是对具有因果关系的影响因素（自变量）和预测对象（因变量）进行的数理统计分析处理。只有当自变量与因变量确实存在某种关系时，拟合的回归方程才有意义。因此，自变量与因变量相关程度如何，以及判断这种相关程度的把握有多大，就成为回归分析必须解决的问题。

对于任何给定的一组因变量、自变量观察样本资料，用最小二乘法都可以计算出回归方程参数，建立回归方程式。

（5）进行预测。经过相关分析与显著检验后，利用达到某一显著水平的回归方程预测模型进行实际预测，包括计算预测值和置信区域。

4. 一元线性回归分析法的运用

回归分析法包括一元和多元的回归分析。一元回归分析法是在考虑预测对象发展变化本质基础上，分析因变量随一个自变量变化而变化的关联形态，借助回归分析建立它们因果关系的回归方程式，描述它们之间的平均变化数量关系，据此进行预测或控制。一元回归分析法包括线性与非线性回归分析法。一元线性回归是指事物发展的自变量与因变量之间是单因素间的简单线性关系，它的模型可以表示为：$y=a+bx$。a，b 参数的求解在前面第六个项目资料分析中学习过，可以按照 $a=(\sum y-b\sum x)/n$；$b=(n\sum xy-\sum x\sum y)/[n\sum x^2-(\sum x)^2]$ 求解。还可以按照平均数的求法进行求解。

$$a=(\bar{y}-b\bar{x});b=(\sum xy-\bar{x}\sum y)/(\sum x^2-\bar{x}\sum x)$$

$$Y=a+bX$$

式中，X 为自变量；Y 为因变量（要预测的变量）。

a、b 为回归系数，其计算公式是

$$b=\frac{\sum X_iY_i-\bar{X}\sum Y_i}{\sum X_i^2-\bar{X}\sum X_i}$$

$$a=\bar{Y}-b\bar{X}$$

式中，$\bar{Y}=\frac{\sum_{i=1}^{n}Y_i}{n}$；$\bar{X}=\frac{\sum_{i=1}^{n}X_i}{n}$。

其中 X_i 为自变量第 i 期的实际值，Y_i 为因变量第 i 期的实际值，$\bar{X}$、$\bar{Y}$ 分别是 X、Y 的平均数。

例如，假设某城市市场调研500户居民的收入与消费支出数据，用回归分析法建立数学模型为：

$$Y=180+0.5X$$

式中，Y 为月消费支出（元）；X 为月收入（元）。

根据上式，该城市居民月收入500元时的月消费支出额计算值为430元。

实施任务3 结合具体项目运用定量预测法

1. 任务组织

（1）学习小组各成员结合所选定的调研专题拟定运用定量预测法具体方法的方案，然后小组内进行讨论，拟定小组最后的方案，参与老师组织的讨论。

（2）老师组织小组之间进行交流，对各小组的方案进行讨论；老师负责说明和决策。

（3）各学习小组将完善的方案提交老师进行评定。

2. 任务要求

（1）每位同学都要积极参与，提出自己的方案，并说明选择的具体理由。

（2）注意定量预测方法有多种，主要包括有时间序列预测法、回归分析法两大类，各类方法又包括多种具体的方法，应具体说明所选定方法的实施方案，并注意综合运用。

（3）必须用电子文件和纸质文件的形式将结果上交老师。

学习指导

1. 学习建议

市场定性预测是针对认识比较模糊、资料不够充分的市场现象进行质的判断，另外，为了把握市场本质的发展，对市场现象也需要进行定性的判断。所以市场定性预测是市场预测的重要方法。

定量预测也称统计预测，它是根据已掌握的比较完备的历史统计数据，运用一定的数学方法进行科学的加工整理，借以揭示有关变量之间的规律性联系，用于预测和推测未来发展变化情况的一类预测方法。

2. 学习重点与难点

重点：掌握市场定性预测的原则、市场定性预测的主要方法、时间序列分析法。

难点：指数平滑法。

核心概念

定性预测　定量预测　德尔菲法　时间系列预测法
简单平均数法　加权平均数法　移动平均法　加权移动平均法
指数平滑法　回归分析法

课后思考与练习

1. 选择题

(1) 市场定性预测是对市场（　）的判断。

A. 质　B. 量　C. 质和量　D. 变化

(2) 市场定性预测（　）过程。

A. 搜集资料　B. 设计问卷　C. 为预测决策服务　D. 设计方案

(3) 市场预测活动属于企业（　）活动。

A. 营销　B. 营销管理　C. 管理　D. 日常

(4) 中位数是变量中的中间（　）数。

A. 变　B. 平均　C. 值　D. 位置

(5) 市场预测方法包括（　）预测。

A. 定性　B. 定量　C. 数量　D. 计量

(6) 市场预测的内容包括（　）。

A. 行业　　B. 企业　　C. 商品　　D. 消费变化

(7) 运用科学的数学方法建立预测模型，使市场现象的数量向未来延伸，预测市场现象未来的发展变化趋势，预计或估计市场现象未来表现数量的方法是(　　)。

A. 相关回归分析预测法　　B. 时间序列预测法

C. 定性预测法　　D. 定量预测法

(8) 市场现象变动中，间隔数年就出现一次的市场现象变动规律的是(　　)。

A. 长期趋势　　B. 季节变动　　C. 循环变动　　D. 不规则变动

(9) 在影响市场现象中，市场现象以年度、季度、月份甚至更短时间为周期，随着自然季节的变化，每年都呈现的有规律的循环变动的是(　　)。

A. 季节变动　　B. 循环变动　　C. 不规则变动　　D. 长期趋势变动

(10) 市场现象变动中，偶然因素引起的无规律变动的是(　　)。

A. 循环变动　　B. 长期趋势变动

C. 不规则变动　　D. 季节变动

(11) 市场现象变动中，时间序列观察值在较长时期内持续存在的总势态，反映市场预测对象在长时期内的变动趋势的是(　　)。

A. 不规则变动　B. 季节变动　　C. 循环变动　　D. 长期趋势变动

(12) 对时间序列进行分析研究的基础上，计算时间序列观察值的某种平均数，并以此平均数为基础确定预测模型或预测值的市场预测方法属于(　　)。

A. 移动平均市场预测法　　B. 简易平均数市场预测法

C. 指数平滑市场预测法　　D. 以上答案都不对

(13) 在时间序列环比增减量相差不大的情况下，以平均增减量为依据，建立预测模型计算预测值的方法属于(　　)。

A. 序时平均数预测法　　B. 环比增减量预测法

C. 平均增减量预测法　　D. 平均发展速度预测法

(14) 解决了预测值滞后于实际观察值的矛盾，适用于对有明显趋势变动的市场现象时间序列进行预测的方法属于(　　)。

A. 一次移动平均预测法　　B. 二次移动平均预测法

C. 加权移动平均预测法　　D. 加权平均预测法

(15) 对市场现象观察值按距预测期的远近，给予不同的权数，并求其按加权计算的移动平均值，以移动平均值为基础进行预测的方法是(　　)。

A. 一次移动平均预测法　　　B. 指数平滑市场预测法
C. 加权平均预测法　　　B. 加权移动平均预测法

(16) 指数平滑预测法，实际上是一种特殊的（　　）。
A. 一次移动平均预测法　　　B. 加权移动平均预测法
C. 二次移动平均预测法　　　D. 序时平均数预测法

(17) 时间序列市场预测法，是一类（　　）。
A. 主观概率预测法　　　B. 判断分析预测法
C. 定量预测法　　　D. 定性预测法

(18) 既适合于有趋势变动又有波动的时间序列，也适合有波动的季节变动现象的预测（　　）。
A. 平均增减量预测法　　　B. 平均发展速度预测法
C. 加权平均预测法　　　D. 移动平均预测法

(19) 在指数平滑预测法中，平滑常数 α 值在理论上是一个（　　）的值。
A. $0\leqslant\alpha\leqslant1$　　B. $0<\alpha<1$　　C. $0<\alpha\leqslant1$　　D. $0\leqslant\alpha<1$

2. 判断题

(1) 定性预测不需要利用市场现象量的资料。（　　）
(2) 德尔菲法下对专家函询越多，结果越精确。（　　）
(3) 定性预测是为了定量预测服务的。（　　）
(4) 德尔菲法邀请专家的数量越多越好。（　　）
(5) 可以说任何的市场预测都必须进行定性预测。（　　）
(6) 定量预测比定性预测准确。（　　）

3. 简答题

(1) 如何理解市场预测对任何企业都是必需的？
(2) 如何理解市场预测的全面性原则？
(3) 如何理解市场预测的持续性原则？
(4) 简单说明时间序列的概念和分类。
(5) 简述市场现象变动的四种类型及其概念。
(6) 什么是序时平均数？序时平均数预测法主要适用于哪些情况？
(7) 加权平均市场预测法中，权数是如何确定的？
(8) 什么是移动平均市场预测法？它有哪些显著特点？
(9) 指出移动平均预测法有哪些不足？
(10) 指数平滑预测法主要有哪些特点？

4. 分析运用题

（1）某企业在制订年度营销计划时，销售副总经理召集销售部和市场部经理对产品销售情况进行了预测。根据该企业以往的内部管理情况，销售副总经理个人的判断对销售计划的确定有主导作用，且销售副总经理认为销售经理比市场部经理的判断更准确，他们的意见权重分别是0.5、0.3、0.2。表7-7说明他们对市场销售判断的情况。

表　7-7　（金额单位：百万元）

	销售副总经理	销售经理	市场部经理
最高销售额	210	200	220
最可能销售额	160	180	170
最低销售额	120	150	80
意见权重	0.5	0.3	0.2

请根据案例判断选择。

1）销售副总经理预测年度市场销售可以达到（　　）百万元。

A. 167　　B. 156　　C. 171　　D. 149

2）综合销售副总经理、销售经理和市场部经理的判断，预测该企业年度市场销售可以达到（　　）百万元。

A. 167.7　　B. 165.4　　C. 170.9　　D. 172.8

请根据以上选择判断回答以下问题。

3）这种预测属于哪种类型？通过比较影响条件和因素，评价这种预测的有效性。

（2）假设不同作业小时（x）下的总成本（y）及有关数字，如表7-8所示。请根据表中有关数据预测作业小时为45小时时的总成本。

表　7-8

x	y	x^2	xy
30	500	900	15 000
50	650	2 500	32 500
20	300	400	6 000
10	300	100	3 000
60	900	3 600	54 000
50	750	2 500	37 500
40	650	1 600	26 000
60	700	3 600	42 000
30	450	900	13 000
10	350	100	35 000
40	600	1 600	24 000
20	450	400	9 000
$\sum x=420$	$\sum y=6\ 600$	$\sum x^2=18\ 200$	$\sum xy=266\ 000$

【补充阅读指南】

http://www.cqec.gov.cn 重庆市经济委员会

http://www.hao1239.com 北京成舟市场策划有限责任公司

中国当代营销网

郑方辉. 市场研究典型案例 [M]. 广州：华南理工大学出版社，2001.

龚曙明. 市场调研与预测 [M]. 北京：清华大学出版社，2005.

叶明海. 市场研究 [M]. 上海：同济大学出版社，2000.

项目8
撰写市场调研报告

学习目标

知识目标

1. 掌握市场调研报告的格式要求
2. 掌握调研报告撰写的特点和各部分的撰写要求

能力目标

1. 能够设计市场调研报告的框架
2. 能够结合具体的市场调研项目分析市场调研报告的要素
3. 能够以一定的专业理论和专业水平结合具体的市场调研项目撰写报告

项目介绍

市场调研报告是反映市场调研结果的重要途径之一。市场调研报告在资料的基础上对其进行分析，并得出有价值的结论指导企业的决策。市场调研报告是一种实用的经济应用文，是具有专门撰写要求的一种文体。在本项目的学习过程中，学生要掌握报告撰写的特点，要求和技巧。

任务1　拟定市场调研报告的格式

8.1.1　市场调研报告概述

市场调研报告是在对调研得到的资料进行处理、分析的基础上，反映市场调研成果并提出建议和意见的一种书面报告，是市场调研过程中最重要的一环，也是市场调研工作的最终成果。许多管理者并不一定参与市场调研过程，但他们需要利用调研报告做出生产经营管理的决策。

广州芳村茶叶市场调研报告

该报告一共分为九个方面。

一、芳村的基本情况

二、茶叶产业在芳村所占比重

三、芳村茶叶规模数量

四、芳村主要茶叶市场建筑规划

五、产品种类

六、主要销售模式

七、主要消费群呈现

八、货源组织

九、发展趋势及出路

资料来源：http：//wenku. baidu. com/view/d7aeaad4b14e852458fb5779. html

2012～2016年中国男士化妆品市场调研及投资前景预测报告

近年来世界范围内，男性化妆品市场呈现显著的增长。世界男用化妆品市场的年增长率已经达到50%。我国男性化妆品市场虽未呈现一派繁荣之势，但近年来已经呈现逐渐升温的迹象，涨幅也达到了5%左右。虽然增长率很小，但随着经济的发展、社会观念的转变、城镇男女比例的变化以及婚姻观念的发展。城市中越来越多的男性开始从传统的工作、家庭模式中解放出来，拥有更多的个人空间，对“自我”投入更多的关注。而男性化妆品也将不仅仅局限于起功效，更是成为一种新男性生活时尚、生活态度的代表。经济更为独立、个人空间更多的男性也必然为这个市场注入更多的资金。

中国报告网发布的《2012～2016年中国男士化妆品市场调研及投资前景预测报告》共十三章。首先介绍了中国男士化妆品行业市场发展环境、中国男士化妆品整体运行态势等，接着分析了中国男士化妆品行业市场运行的现状，然后介绍了中国男士化妆品市场竞争格局。随后，报告对中国男士化妆品做了重点企业经营状况分析，最后分析了中国男士化妆品行业发展趋势与投资预测。

本研究报告数据主要采用国家统计数据，海关总署，问卷调研数据，商务部采集数据等数据库。其中宏观经济数据主要来自国家统计局，部分行业统计数据主要来自国家统计局及市场调研数据，企业数据主要来自于国统计局规模企业统计数据库及证券交易所等，价格数据主要来自于各类市场监测数据库。

资料来源：http：//hi. baidu. com/%B1%A8%B8%E610/blog/item/3e41002dc1707cdc7c1e71bb. html

8.1.2　市场调研报告的作用

市场调研活动的目的是为了企业的生产经营管理服务，所以，必须通过一定的形式反映调研的成果。具体来说，调研报告的作用主要有以下三个方面。

1. 通过一定的文体清楚地反映调研成果

调研报告是一种实用的经济应用文，具有一定的格式、要求和写作特点。它能按照基本固定的格式组织和撰写调研结果；能按照写作特点分析、说明和反映资料；能按照撰写要求提出建议和意见。简洁明了、系统全面。

2. 可以为客户提供满意的结果

从客户委托企业进行调研的角度来说，调研报告就是企业为客户带来的产品，调研报告直接反映了调研工作的组织水平和达成的结果，也直接反映了企业的调研水准，是企业维系客户的关键一环。

3. 可以为企业的市场营销决策提供依据和帮助

调研报告的使用者往往依据调研报告加之分析判断，做出合理的市场营销决策。有时调研人员还在报告中结合市场调研资料提出了一些合理的建议、主张，可以帮助报告的使用者进行有效决策。

小案例 >>

2007 年 4 月 6 日，屈臣氏在广州、深圳两地对近 600 名女性顾客进行了抽样调研，被访者年龄 18 ~ 35 岁，30% 的被访者月收入在 4 000 元以上，近 1/3 在写字楼工作，57% 是大专以上学历。

调研报告的结果表明，白领女性在商场、连锁卖场的消费目标基本集中在美容护肤品、化妆品、保健品、礼品、饰物、服装鞋帽等商品上；成熟、气质卓越、深谙护理之道被认为是白领女性追求的目标。

资料来源 http://newscn.mmimm.com/SRD1018487/BEIFANGZHE.HTML

8.1.3 市场调研报告的种类

好的调研报告重在内容，而形式是次要的。报告必须根据问题的特点、读者的思维习惯和偏好等，合理地安排其内容和形式。

（1）从表达形式来看，调研报告可分为书面报告和口头报告两种形式。对于小型调研活动或急需调研资料进行决策时，没有必要也没有时间使用书面报告，因此口头报告是一种必要的表达形式。在实际调研中也可以将两者结合，在提交书面报告的同时辅以口头报告作为补充或解释说明。

（2）从所反映的市场调研对象来分，可以分为行业市场调研报告、企业市场调研报告、商品市场调研报告、消费市场调研报告、供求关系市场调研报告、市场营销策略调研报告等，常见的是消费市场调研报告。

8.1.4 市场调研报告的特点

与其他经济应用文体比较，市场调研报告具有自身特殊的撰写特点，主要表现在如下四个方面。

1. 客观性

市场调研报告最大的特点在于客观性。应以所调研的资料为依据，进行整理、分析后写出报告，要实事求是、以事明理，切忌杜撰，不得虚构和夸大其词。

2. 针对性

市场调研报告要求就企业关心的问题，结合资料进行分析，并撰写报告，也就是要紧紧围绕市场调研的目的反映调研的结果。

3. 实用性

市场调研报告是为企业的生产经营管理决策服务的，所以，报告必须针对所调研得到的市场现象的结果，提出合理的建议主张，为报告使用者提供帮助。

4. 简明性

市场调研报告的文体比较简单，在写作上不要求过多的描述和迷人的文采。只要求反映资料，分析并得出结论，然后提出建议和主张。所以，要注意它与其他文体的不同，特别要注意不能写成记叙文或者是议论文。

8.1.5 调研报告的格式

尽管市场调研研究报告的格式会因项目和使用者的不同而有所差异，但其基本功能或要求是不能改变的，因此，在长期的商务实践中逐渐形成了调研报告的一般格式。

一份完整的调研报告可分为三大部分：前文、正文和结尾，它们又各自包含一定的内容，如表8-1所示。

表8-1 市场调研报告的一般格式

前文	正文	结尾
1. 封面	1. 研究目的	1. 概述全文
2. 标题	2. 调研方式与方法	2. 附录
3. 目录	3. 结果分析	
4. 前言	4. 结论	
	5. 建议	

实施任务1 结合实际项目设计调研方案的格式

1. 任务组织

（1）各小组先结合所选定的调研专题进行讨论，拟定本小组调研报告的格式。

（2）老师组织小组之间进行交流，对各小组设计的格式进行讨论；老师负责说明和决策。

（3）学习小组将完善的调研报告格式设计方案提交老师进行评定。

2. 任务要求

（1）每位同学都要积极参与，发表自己的观点。

（2）调研报告的格式必须紧密结合设计要求，可以参考以下格式图 8-1。

前文
1. 封面
2. 标题
3. 目录
4. 前言
正文
1. 研究目的
2. 调研方式与方法
3. 结果分析
4. 结论
5. 建议
结尾
1. 概述全文等
2. 附录

图 8-1

（3）必须用电子文件形式和纸质文件形式将设计好报告格式的方案上交老师。

任务2 设计调研方案的各个要素

8.2.1 前文部分的设计

1. 封面

封面应当简洁明了具有一定的吸引力。封面设计的元素应当包括标题、委托单位、受托单位、责任人、时间等。可以参照图 8-2 的例子。

关于广州市天河区居民家庭汽车购买行为的调研报告

委托单位：
受托单位：
责任人：
20××年×月×日

图　8-2

2. 标题

标题是调研报告的中心。一般标题应当包括调研对象、调研客体和调研报告“文种”等因素。对于比较大范围的调研，可以采用复合标题的形式，即主标题加上副标题。主标题反映调研的大方向，副标题反映具体的调研主题内容。

小案例 >>

1. 当代广州青年婚姻观——对广州市青年择偶标准的调研报告
2. 广州市是全国最好的营商城市——对广州市商业经营环境的调研报告
3. 广州市连锁经营必须奋起直追——对广州市连锁经营状况的调研报告

3. 前言

前言是对报告中调研项目的简要说明。这部分的内容主要包括调研的基本情况、调研的主要结论、调研的建议以及调研活动前瞻等。

4. 目录

一般的调研报告都应编写目录，以便读者查阅特定内容。目录包含报告的主要元素及其相应的起止页码，如图 8-3 所示。

如果报告含有图表，那么目录中应包含图表目录，目的是为了帮助读者快速找到一些信息的形象解释。因为图和表是独立的数字编号，因此，在图表目录中，每一个图或表的名称按在其报告中出现的次序排列。

图8-3 目录的设计样式

8.2.2 正文部分的设计

正文主要包括研究目的、调研方式与方法、调研结果、结论和建议。

1. 研究目的

在报告正文的开头，调研人员首先应当简明扼要地指出本次调研活动的目的，以便阅读者准确把握调研报告的内容。

2. 调研方式与方法

要说明调研活动中样本组织的方式，以及调研资料搜集主要采用的方法。

3. 调研结果分析

调研结果分析是调研报告最为重要的部分，应通过定量分析和定性分析的方法对所调研的资料进行深入分析。

4. 调研结果

调研结果在正文中占较大篇幅，应按逻辑顺序提出紧扣调研目的的一系列调研结果，可以以叙述形式表述，但不可过分吹嘘。在讨论中可以配合一些总结性的图表，使表述更加形象化，然而详细和深入分析的图表宜放到附录中。

5. 结论和建议

结论是基于调研结果的意见，在调研报告中应通过科学的方法归纳形成符合实际的结论。

调研的目的是根据市场调研结果，提出企业的对策。所以，调研人员可以结合专业知识提出合理化的建议，建议应较为详细，并且辅以必要的论证说明。

8.2.3 结尾部分的设计

1. 结尾的撰写要点

结尾的撰写方法比较多，可以提出解决问题的方法、对策或下一步改进工作的建议；或总结全文的主要观点，进一步深化主题；或提出问题，引发人们进一步的思考；或展望前景，发出号召。同时应注意，由于调研活动存在不足，应适度指出调研活动的局限性。

2. 附录设计

技术性太强或过于详细的资料都不适宜出现在正文部分，而应编入附录，以备阅读者必要时查阅。这些资料可能只吸引某些读者，或者与调研没有直接的关系。

附录通常包括：调研方案；调研问卷和观察记录表；被访问人（机构单位）名单；较为复杂的抽样调研技术说明；一些次关键数据的计算（最关键数据的计算，如果所占篇幅不大，应该编入正文），较为复杂的统计表和参考文献等。

实施任务2 结合实际调研项目设计调研报告的各个要素

1. 任务组织

（1）学习小组各成员结合所选定的调研专题设计调研报告的各个要素，然后小组内进行讨论，拟定小组最后的方案，参与老师组织的讨论。

（2）老师组织小组之间进行交流，对各小组的调研报告要素设计进行讨论；老师负责说明和决策。

（3）各学习小组将完善的调研报告要素设计方案提交老师进行评定。

2. 任务要求

（1）每位同学都要积极参与，设计好自己的市场调研报告，并加以说明。

（2）要求进行封面设计、目录设计，采用正确的论述方式，得出调研结论，提出正确建议，并注意结尾的写作形式。

（3）必须用电子文件和纸质文件的形式将设计结果上交老师。

任务3 撰写市场调研报告

8.3.1 调研报告的基本要求

1. 主题明确、文笔简练

撰写的报告应有明确的主题，应当简明扼要、条理清晰。报告中的图表应该标明标题，对计量单位应清楚地说明，如果引用了已公布的资料，应该注明资料来源。

2. 适度运用图表

正文中穿插图表是行之有效的表现手法，图表非常直观，应尽量简洁。研究表明，图表越复杂，传递信息的效果就越差。在用图表表达数据的同时，还要注意一些细节的处理。比如：使用柱状图和条形图时，柱体之间的距离应小于柱体本身；在说明文字较多时，用条形图表示更清晰，便于读者辨认；在使用饼形图时，应在标明数据的同时，突出数据的标志过长的表格可以用附录的形式表现。

3. 内容完整

调研报告中应该陈述调研的目的、方式方法、分析结果、结论和建议。

4. 注意运用好表达形式

（1）文字。文字是传统的报告形式，是必不可少的形式。

（2）光盘。调研报告可以制作成光盘形式。

（3）网络。有些调研报告在网络上发布更快速、更省力。

8.3.2 调研报告论述的形式

市场调研报告的论述形式主要包括如下三种。

1. 先整理资料后得出结论

先整理好调研资料，然后结合市场原理进行分析，得出市场现象的结论。

2. 先提出问题然后结合资料分析得出结论

先提出所面临的问题，围绕问题举出所调研得到的资料，然后进行分析得出结论。

3. 先提出结论然后引出资料进行论证

先提出调研得到的结论，然后再用所调研得到的资料分析为什么有这样的结论。

8.3.3 调研结论与建议

结论应紧密结合调研的结果，通过演绎法和归纳法进行推理判断，调研的建议应紧扣结论，提出可行性的建议。

结论：一般消费者喜欢到电脑城购买电脑

建议：要改变消费者的购买习惯，需要一定的时间或较强的影响力。为此，我们认为应采取较强的营销策略促进消费者改变消费习惯。

1. 会员积分购买电脑优惠。

2. 通过广告策略的改变，逐步改变消费的购买习惯。

3. 扩大电脑的挑选范围。

4. 通过“薄利多销”的策略拓宽销售。

5. 加强售后服务。

8.3.4　结尾的写作形式

结尾应当作为报告的重要部分认真撰写。应呼应开头，概述本次调研的意义，强调结论，展望未来等。下面是一些写作手法。

（1）抓住结果中最有价值的部分概括深化主题和结论。

（2）概述全文，形成结论。

（3）提出看法和建议（如局限性）。

（4）展望未来说明意义。

8.3.5　附录

附录主要包括以下几个方面的资料。

（1）不便于在正文中全部反映的资料，如正文中相关资料的详细计算及说明。

（2）问卷。

（3）正文中有关情况的补充说明、扩充说明或资料。

（4）二手资料来源的索引。

（5）其他有价值的资料（会议记录、网络报告地址、PPT）。

实施任务3　结合实际调研项目撰写市场调研报告

1. 任务组织

（1）学习小组各成员结合所选定的调研专题撰写调研报告，然后小组内进行讨论，拟定小组最后的报告，参与老师组织的讨论。

（2）老师组织小组之间进行交流，对各小组的调研报告进行讨论；老师负责说明和决策。

（3）各学习小组将完善的调研报告提交老师进行评定。

2. 任务要求

（1）每位同学都要积极参与，撰写自己的市场调研报告，并加以说明。

（2）要求进行封面设计、目录设计，采用正确的论述方式，得出调研结论，提出正确建议，并注意结尾的写作形式。

（3）必须用电子文件形式和纸质文件形式将完善后的结果上交老师。

20××年广州房地产调研报告

一、调研研究的目的

了解当今及未来房地产的市场情况、互联网对房地产的介入情况，地产服务市场是否存在。

二、调研的方法

观察分析法、资料分析法。

资料来源：权威网站、报纸。

三、调研研究的主要发现

1. 广东房地产市场投资活跃，销售虽然增长，但积压也在增加

资料显示2000年1~9月，随着宏观经济环境的改善及广州市城市环境改造的进展，投资再度活跃，开发投资进入了新的增长周期。2001年1~9月，全市房地产开发完成投资达192.35亿元，同比增长32.9%，比2000年同期增幅提高20.6个百分点，为2001年以来的最高增幅（一季度为23.7%，上半年为30.5%），其中全市房地产开发综合实力30强企业完成投资49.22亿元，占全市的1/4。全市商品房施工面积3083.66万m^2，同比增长10.2%，增幅上升9.6个百分点。1~9月，全市房地产开发项目新开工面积大幅上升，达670.17万m^2，同比增长39.9%，新开工率由2000年的17.1%上升至21.7%。在全市新开工面积中，住宅为541.79万m^2，同比增长40.8%，增幅比2000年同期提高28.7个百分点，新开工率达26.1%。全市新开工的大楼盘有所增加，全市1502家房地产开发企业中，新开工面积超5万m^2的企业达40家，同比增加14家，新开工规模达394.21万m^2，占全市的58.8%，比2000年同期提高了14个百分点。由于广州市房地产开发投资持续较快增长，使商品房施工进度加快，竣工量增大，带动1~9月交楼面积同比增长50.8%，为223.78万m^2，其中住宅销售（交楼）201.8万m^2，办公楼5.68万m^2，商业营业用房12.95万m^2，其他房屋3.35万m^2。另据统计，广东全省积压商品房已达1 200万m^2，而另一方面，全省还有7 000多万m^2的商品房施工面积。按现时的上市量与消化量，全省当前积压的商品房不但难以减少，还可能进一步增多。

2. 广州商品房向外地扩散，大户型和别墅型成为主流原番禺市和花都市正式撤市改区后，广州市房地产开发投资形成新格局，市区投资基本上占绝对优

势。1～9月市区完成投资额188.01亿元，同比增长32.2%，占全市的97.7%；两县级市完成投资额4.34亿元，同比增长76.4%，占全市的2.3%。在全市十区中：番禺区和花都区开发投资出现强劲增长势头，投资总量分别居十区的第一、第二位，完成投资额分别为27.78亿元和6.63亿元，同比增长均为120%，特别是番禺区住宅投资大幅增长，完成投资额为23.41亿元，同比增长120%倍，占本区房地产开发投资的84.3%，比全市住宅投资高13.8个百分点。广州商品房从市中心向外扩散的格局已呈明显趋势。据民政部门统计，1998年年底，广州60岁以上的老年人口有80多万人，约占全市人口总量12%，这标志着广州的人口结构进一步迈向老龄化。由于计划生育和人口寿命的提高，每对夫妇很可能要照顾两对老人，新婚夫妇与老人同住的可能性较高，购买大面积套间成为必要，此外，别墅市场也渐渐升温，“一股别墅的大军正悄然兴起”。

3. 各地产商为推销楼盘各出奇招，推广费用庞大

为了推销楼盘，地产商想出各种概念作为买点，先后出现体育概念、山水概念、生态概念、地铁概念、教育概念、智能概念等，并斥巨资在电视、报纸等媒体上推销其概念。2000年10月10日～10月16日，国庆过后，楼市经过两个星期强劲的推盘声势之后，开始恢复低调并进行休整。做广告宣传的楼盘仅75个，骤降了25%，但广告额仍达到了859.4万元，其中十大广告楼盘之首的江南世家所投入的广告费用为59.7万元，康王商业城和益丰花园分别位于第二、第三位。这些广告费用中，绝大部分是电视广告、广告传单以及报纸杂志的形式。另外，不少广州周边楼盘推出的免费看楼专线车，也是一笔不小的费用。

4. 二手楼市将渐趋活跃

据经济日报2000年10月12日报道，房地产交易程序进一步简化，这一二手楼市发展的阻碍将成为历史。广州楼市经过几年的发展，还有福利分房尾班车的开出，相当一部分人已经手中有房，甚至是第二套房。加上广州范围的不断扩大，“就近租房”可能成为上班一族的选择，因此二手楼市可能渐趋活跃。

5. 房地产网站繁多，功能、资讯内容相近

在房地产这个朝阳行业中，网站作为新经济的身影也随处可见。据估算，中国至少有房地产专业网站300个。像新浪、网易这类门户网站基本都建有地产频道，传播着各类型的地产信息；而类似与搜房、安家等房地产专业网站，则是担当着为消费者提供网上置业指导、追随地产行业发展的双重任务；此外像丽江花园这类由发展商兴建的网站，更多的目的在于建立、丰富项目形象，增加项目的知名度。虽然目前与房地产行业沾边的网站很多，但真正能为置业者排忧解难，

提供详尽的房地产信息、再售物业信息的专业网站并不多，它们几乎全部提供以下几条内容：一、二手房租售信息（多为文字描述，极少数使用图片及360度环景技术）；房产相关法律法规及相关新闻；装修、家具风格文献资料；供楼利息计算。

6. 现有房地产网站极具区域性

现有房地产网站多立足本地，只起到互联网广告的作用，未能发挥互联网的地域优势，这可能是由于互联网技术所决定的，由于超文本文件格式（HTML）表现手法有限，极大地制约了房地产网站的跨地域发展。

7. 房地产网站表现形式

（1）超文本文件格式。运用图片，文字和超级链接介绍楼盘，这是现在房地产网页的主要表现形式。

（2）360度环景技术。能表现东南西北四方位景物，可拉近观察，展现事物的真实细节，可做少量互动，如超级链接，但只能在某一固定地点做360度旋转观察。应用此技术网站还比较少。

（3）VRML虚拟现实技术。应用电脑三维技术，展现物体的空间结构，浏览者有置身其中的感觉，不过画质与现实还是有一定差异的。

四、结论

1. 广东房地产将出现买方市场，房地产销售将出现新困难

虽然广州楼盘销售增加，积压有所减少，但广东整体商品房积压问题依然严峻，况且商品房作为耐用高价消费品，一般都有50年使用寿命，而且每户多套的可能性不大，因此，商品房的需求量在一定时期内有一定限度。

2. 未来一手房地产市场将定位在高档商品房上，消费者需要更多有关商品房的信息

随着人们生活水平的提高和购房目标的实现，人们对房屋的需求更上一层楼，房地产市场需求将转为对大面积、别墅型等高档商品房的需求。由于消费者追求的是高品质的商品房，而且这类房屋的单套成交额将是一笔不少的费用，因此对于该商品房的了解将不仅仅局限于位置、大小等信息，而是更全面的了解。广州楼盘的向外扩散导致得到这些信息将耗费不少时间与精力。

3. 地产商销售手段需要创新

随着买方市场的确立和消费者消费心理的成熟，大量广告的投入不再是其主要的销售手段的出路。因为高额的广告费用必然提高商品房销售成本，从而削弱楼盘价格上的竞争力。消费者心理从非理性转变成理性，他们注重的将是商品房的实用性和舒适性，单炒概念盘将难以取得好的销售成绩。因此房地产行业需要

销售模式的创新，需要低成本、高效、实用的销售手段。

4. 二手市场将相对活跃

城区范围的扩大，是二手交易的主要动因。楼房私有权的确立和交易手续的简化为二手交易提供了必要条件。人们手中房屋的增加提供了二手交易的房源，房屋置换成为二手交易的主要目的。

5. 现今房地产网站信息远未达到消费者要求，仍需技术创新

如上所说，单文本和图片难以满足消费者对楼盘信息的需求，网站需要新的表现手段展示楼盘。只要互联网能提供足够的信息，网上销售这一低成本的销售方式将受到地产商的青睐。

五、建议

房地产推广是一个高利润行业，如果互联网是计电视、广播、报纸杂志后的传媒主流，那么它在房地产推广上必有作为。可以利用虚拟现实技术建立房地产网站，定位在一手楼盘的销售，利润来源主要定在位地产开发商而非消费者。现在很少有地产商愿意在互联网上做广告，究其原因，主要有以下几点。

(1) 认为电视、报刊等广告是主动的，不管消费者是否接受，都难以拒绝，至少要看一眼，才能做出下一步反应。而互联网广告是被动的，消费者愿意才会看。这一想法仅从广告的目的出发，而忽略了广告的效果和效率，这也是现在房地产广告费用高昂的重要原因。而事实上，互联网广告是有针对性的，需要得到这方面资讯的消费者会主动寻找这类网站，而且在网上做广告没有地域和时间的限制。

(2) 认为互联网尚未普及。这一点也不应成为互联网难以做房地产推广的原因。就现在产业结构及人口结构考虑，未来的房地产有效消费群将集中在掌握互联网这一效率工具的年轻人群。

(3) 认为互联网传达的信息不如传统媒体丰富。的确，用传统超文本格式(HTML) 表现房地产信息，远远未能满足消费者和地产商的需求和要求。这也是房地产网站需要技术创新的原因。

地产商投入广告的目的是让消费者认识其楼盘，所以，房地产网站的服务对象是房地产准消费者而不是地产商，要吸引房地产准消费者，从而吸引地产商投放广告。

就调研所得的资料统计，如果房地产网站广告份额可以达到1%，即可至少得到每星期8万元的利润。考虑网站的营运成本远低于广告公司，应用互联网创新技术创建房地产网站，提供房地产信息服务的风险很少。

学习指导

1. 学习建议

通过学习市场调研报告的意义与特点，明确市场调研报告的原则与撰写步骤，最终掌握市场调研报告的撰写格式以及应注意的问题。

2. 学习重点与难点

调研报告的结构及内容。

3. 核心概念

调研报告

课后思考与练习

1. 判断题

(1) 调研报告要求有统一的格式和内容。(　　)

(2) 调研报告是从理性认识到感性认识过程的反映。(　　)

(3) 市场营销调研成果不需要通过文字、数据分析、图表等形式将调研结果表现出来。(　　)

(4) 市场调研报告需要灵活掌握报告格式、详略程度等。(　　)

(5) 调研报告是为各部门管理者为社会和为企业服务的一种重要工具。(　　)

2. 简答题

(1) 撰写市场调研报告的重要性有哪些?

(2) 简述完整的市场调研报告应包括哪些内容?

案例分析

根据下述材料，撰写一篇市场调研报告。

中国饮料工业协会统计报告显示，国内果汁及果汁饮料实际产量超过百万吨，同比增长33.1%，市场渗透率达36.5%，居饮料行业第四位，但国内果汁人均年消费量仅为1公斤，为世界果汁平均消费水平的1/7，西欧国家平均消费量的1/4，市场需求潜力巨大。

我国水果资源丰富，其中，苹果产量世界第一，柑橘产量世界第三，梨、桃等产量居世界前列。据权威机构预测，2015年，我国果汁产量将达195万~240万吨，人均年消费量达1.5公斤。

近日，我公司对××市果汁饮料市场进行了一次市场调研，根据统计数据，我们对调研结果进行了简要的分析。

追求绿色、天然、营养成为消费者选择果汁饮料的主要目的。品种多、口味多是果汁饮料行业的显著特点，据××市场调研显示，每家大型超市内，果汁饮料的品种都在120种左右，厂家达十几家，竞争十分激烈，果汁的品质及创新成为果汁企业获利的关键因素，品牌果汁饮料的淡旺季销量无明显区分。

(1) 目标消费群。调研显示，在选择果汁饮料的消费群中，15~24岁占了34.3%，25~34岁占了28.4%，其中又以女性消费者居多。

(2) 影响购买因素。口味：酸甜口味销量最好；低糖营养性果汁饮品是市场需求的主流。包装：家庭消费首选750mL和1L装的塑料瓶大包装；260mL的小瓶装和利乐包为即买即饮或旅游时的首选；礼品装是家庭送礼时的选择；新颖别致的可重复利用杯型也影响了部分消费者购买决定。

(3) 饮料种类选择习惯。71.2%的消费者表示不会仅限于购买一种；有什么喝什么的占了20.5%；表示只喝一种的占8.3%。

(4) 品牌选择习惯。调研显示，习惯于多品牌选择的消费者占54.6%；习惯性单品牌选择的占45.4%；因品牌忠诚性做出单品牌选择的占72%；价格导向的占12.5%；追求方便的占15.5%。

(5) 饮料品牌认知渠道。广告占75.4%；自己喝过才知道占58.4%；卖饮料商贩推荐占24.5%；亲友介绍占11.1%。

(6) 购买渠道选择。在超市购买占61.3%；随时购买占2.5%；在个体商店购买占28.4%；在批发市场购买占2.5%；在大中型商场购买占5.4%；另外，酒店、快餐厅等餐饮场所也具有较大的购买潜力。

(7) 一次购买量。选择喝多少就买多少的占62.4%；选择一次性批发很多的占7.6%；会多买一点存着的占29.9%。

附录 A
市场调研与预测概述基础知识

知识目标

1. 了解市场调研的含义、作用、内容和程序
2. 掌握市场调研的类型和特征
3. 掌握市场调研与预测之间的关系

能力目标

1. 掌握市场调研的基本程序、类型、原则和特征，从而有效地组织开展市场调研活动

2. 把握市场调研与预测的关系，从而有效地为服务于企业的决策

引　言

“没有调研，就没有发言权”，这是人们在实际工作和生活中积累的经验。同样，对于企业的经营管理者来说，要对企业实施的营销管理活动做出判断、评价、决策，也必须以客观的态度科学地调研市场情况，才能做出正确的、有利于企业发展的经营决策。

A.1　市场调研概述

1. 市场调研与企业发展的关系

《管子》中写道：不明于数欲举大事，如舟之无楫而欲行于大海也。意思是说如果做大事前不了解情况，没有做到成竹在胸，就好像一艘没有桨的船在汪洋大海里航行一样。企业就像是市场海洋中的船，只有经得起风浪，认得准航向，才能胜利地到达目的地，然后再次开始新的航程。企业的经营环境在不断地变化，包括政治、经济、文化、法律、技术、自然等宏观环境的变化；也包括企业所处的行业与竞争环境、消费需求、供求关系等中观微观环境的变化。对企业来说，这些环境是无法去改变的，只有认识并适应它们，才能在市场中取得成功。

例如，宝洁公司的婴儿纸尿裤刚投放中国市场的时候，产品设计得比较厚。在广州市场，家长反映小孩用后易长湿疹，因此产品口碑并不好。宝洁公司发现情况后立刻进行市场调研，得出原因是广州气候比较潮湿，纸尿裤过厚而不够透气，小孩用后易长湿疹。随后着手进行产品改进以适应中国市场。违背了市场的规律的原因，当然只能走向失败。市场调研有助于企业把握市场的变化，从而采取有效的市场战略和策略。所有企业为了在市场中生存发展，都必须重视市场上的各种信息，并采取切实有效的方式开展市场营销活动。市场调研是出营销决策的重要依据，是企业营销系统中不可或缺的一项活动。企业只有对市场做出科学的分析，并根据消费者的需求决定生产经营策略，才能使市场营销活动具有针对性，在竞争中求得生存和发展。市场调研是获取市场信息的一种活动，帮助企业完成上述任务。

【练习】请大家拿出一张纸，回答老师的调研问题：入学时你花了多少钱购买学习用品？主要买了什么？

【小思考】假如你想创业，如何对市场有所认识？

2. 市场调研的作用

企业通过参与市场上的交换获得生存发展的条件和动力，但在这一过程中企业并不完全处于主动地位，因为受到诸多市场因素的制约，包括宏观和微观的因素。准确把握市场信息是取得有效交换的条件。如果市场的消费需求已经发生巨大的变化，而企业还一味地盲从，只会造成经营的失败。例如，摩托车已在多个大城市禁行，企业就应尽早适应这一变化，向中小城市和乡村市场转移。可见，市场调研在企业经营管理活动中的作用不可忽视。搜集市场信息、建立市场信息网络，是推行市场经济的首要条件。市场调研是企业把握市场信息的利器，是以提高营销效益为目的的，通过有计划地搜集、整理和分析市场的信息资料，提出营销建议的一种科学方法。随着我国市场经济的进一步发展，市场竞争日益激烈，企业必须开展有效的市场调研活动才能赢得市场，具体来说市场调研的作用体现在如下几个方面。

（1）企业经营决策的前提。市场调研可以为企业的经营决策提供理论依据。企业的经营决策水平直接决定了企业的生存和发展，而决策的正确与否主要取决于其把握信息的能力。许多的成功企业都非常重视市场调研活动。例如，某房地产企业对房地产市场进行调研，得出了以下结论：①居民住房私有化比例已达59.3%；②潜在购房需求以经济适用房和商品房为主；③居民可承受的房价以3 000～6 000 元/m^2 为主；④25～34 岁的群体占购房人群的36%；⑤潜在购房的

意愿面积以 $80 \sim 100m^2$ 的需求量最高；⑥主要的潜在房屋预购者的家庭月收入在3 000～7 000 元。通过这项调研，该企业确定了主要针对年龄 25～34 岁这一群体为主销对象的营销决策，最终取得了良好的营销业绩和迅猛的发展。

（2）为企业开拓市场和开发新产品服务。企业在开拓市场时首先必须把握市场的需求环境和竞争的环境。企业还必须了解消费者现实需求与期望需求的差距，分析市场空缺，不断寻找新的增长点，准确把握市场机会。例如，海尔集团为了要打开美国几近饱和的洗衣机市场，无异于“鸡蛋碰石头”。但海尔凭借对自身实力的准确评估和对美国的洗衣机市场的详细调研，得出美国的小容量型洗衣机存在细分市场的结论，于是海尔集团以准确的决策、优秀的产品，在美国市场占有了一席之地。从中可以认识到市场细分是市场竞争的一种有效策略，但是要得出准确无误地决策，必须建立在详细的市场调研地基础之上。企业开发新产品也是同样的道理，新产品卖给谁、卖多少钱、要有什么功能设计、新产品的替代产品情况如何、营销策略如何制定等都需要建立在市场调研的基础上，才能为新产品打开销路。

（3）促使企业在竞争中占据有利地位。市场竞争是企业之间的博弈，是对消费者的争夺。只有了解争夺的对象，同时又了解参与竞争的争夺者，才能赢得竞争。一方面通过研究消费者消费的行为动机和态度，了解消费者对产品或服务的需求，从而在进行产品开发、设计、改进时，充分考虑消费者的意愿，最大限度地满足消费者需求；另一方面，了解竞争对手产品的营销策略，分析市场细分状况，寻找适合本企业发展的目标市场，进行产品和市场定位，在竞争中获得优势。再有，企业营销管理者可以通过市场调研得到市场经营状况的及时反馈，了解某一种营销策略的执行情况，及时调整方案；把握行业发展的生命周期和发展态势。

（4）促进企业经营管理的改善，增强企业的竞争力。

市场调研可以加大企业内部管理强度、完善企业内部管理制度；完善企业的各种公众关系、提升企业形象，从而增强企业竞争力。就拿客户关系管理来说，当今的市场，赢得客户就能赢得市场。所以，企业都非常注重对客户关系的维护，客户是企业的利润之源，客户是企业的资产。通过客户调研，掌握客户的态度和需求的变化，维系好客户关系，就能帮助企业提高竞争力。

综上所述，市场调研是企业生产经营活动中必不可少的一项重要活动，是任何企业都无法脱离的营销管理活动。

【练习】 结合某一企业谈谈你对市场调研作用的认识。

【训练】上网寻找案例，了解一些著名的企业认识市场调研的作用。

A.2 市场调研的含义与特征

A.2.1 市场调研的含义

1. 基本含义

市场调研是通过使用专门的、科学的方式方法，以客观的态度搜集、整理、分析和报告所调研的市场现象中，从而了解现有市场和潜在市场的情况，并以此为依据提出对策的一种理性认识市场的活动。

2. 几点认识和说明

（1）调研活动是一种社会实践活动，应用于社会活动的各个方面，包括国家的管理、政府的运作、社会公共事务的管理、企业管理等活动中。

（2）开展市场调研活动的方式多种多样。正规开展的调研活动称为“规范调研”。具体包括总体方案设计、问卷设计、调研技术的运用、资料的整理、分析报告等。可以由企业自己开展，也可以委托市场调研公司开展。其实，现实中企业更多地采取企业内部部门之间的相互沟通了解、管理活动中了解情况等活动形式，这一类调研活动称为“非规范调研”。从学习和深入认识市场的角度来说，市场调研是指规范调研；而非规范调研只不过是规范调研的实际应用形式。

（3）市场调研是一种认识市场的工具。企业要深入地认识市场，主要就是借助了市场调研的各种方式和方法。例如，宝洁公司通过市场调研，掌握中国人的发质特点，针对中国市场生产了海飞丝、飘柔、沙宣等优质产品，风靡全国。

（4）市场调研是营销市场营销的基础。市场信息是开展市场营销活动的基础，而获取市场信息必须借助市场调研，所以市场调研是市场营销活动的一个重要组成部分。

（5）市场调研活动以企业为主体，并且更加偏重于对市场信息的搜集和分析报告，为企业的营销决策服务。调研的客体是调研的对象；调研的内容是市场的各种环境因素。具体来说调研主体包括商品流通企业、生产企业、旅游饭店企业、房地产企业等；调研的客体具体包括企业、家庭、消费者等；调研内容包括政治、经济、文化、法律、自然地理、消费行为与动机、市场竞争、供求关系等。

A.2.2 市场调研的特征

市场调研与企业商品采购、广告、公共关系、销售与营业推广等其他活动相比，具有自身的一些特征。

1. 针对性

市场调研是针对企业面临的急需解决的问题开展的。任何企业都生存在特定的环境之中，在运营过程中会面临各种各样的环境变化，也在不断地根据变化做出决策。企业需要靠调研来掌握环境变化，但须注意针对性。事实上，环境质的变化并不是一蹴而就，而是存在从量变到质变的过程，这种变化，企业在一般情况下是可以应对的，不需要专门进行市场调研。例如，在市场经营中竞争对手的价格变化，企业采取相应的应对策略。但是，当企业已对环境缺乏理解和把握时，就必须借助正式的市场调研活动掌握信息；另外，当企业面对陌生的环境，如开发新产品、开拓新市场、进入新的行业时，也要借助正式的市场调研活动把握信息，从而进行决策。综上所述，市场调研知识和技能主要针对企业急需解决的关键问题。

自从我国加入世界贸易组织以后，外资不断进入我国的流通领域，2006 年 12 月 11 日我国全面取消对外资进入流通领域的限制，但我们所担心的外资大规模进入并没有马上出现，外资企业还在小心翼翼地铺网，调研认识中国的市场。

2. 普遍性

任何的企业都面临多变的市场环境，包括宏观和微观环境；环境是客观存在的，而企业只有适应环境才能生存发展，任何的企业都脱离不了市场调研活动。所以，从这个角度来说，市场调研具有普遍性。当然，并不是每一家企业都须要开展正规调研，实力强的企业更加注重对市场的科学认识，实力弱的企业更多地借助非正规调研。

3. 经常性

从管理的角度来说，企业的营运过程就是决策过程。企业决策的正确与否与信息的把握程度息息相关。由于企业每天都需要决策，因此，企业每天就需要开展信息调研活动。所以，从这个角度可以说任何企业都必须开展经常性的市场调研活动。为了保证调研活动的现代企业利用电子信息系统加强信息经常性的调研和信息共享。

4. 科学性

市场调研的技术可以分为普查和抽样调研，而在实际情况中多采用抽样调研。抽样调研遵循数理统计的原理开展，具有很强的科学性。市场调研实质上是经过多年实践应用的知识积累。

5. 可信性

市场调研得到的结论是可信的，主要是因为市场调研技术具有很强的科学性，否则，市场调研也无法成为一门学科得到被广泛应用。这里还要强调的是调研结论的可信度取决于资料的准确性，这就要求在开展市场调研活动时要严格按照要求进行组织。

6. 不确定性

依据市场调研进行决策并非一定是准确的，因为市场调研结果的准确性还受诸多因素的影响。主要包括如下几项。

（1）被调研者的配合程度。由于被调研者心理状态和调研技术等原因的影响，有可能会出现被调研者不愿意配合或配合程度不高的情况。

（2）被调研者自身条件的变化。如在企业调研中，企业对即将采取的策略和未来发展情况是无法掌握；在消费调研中，被调研者的消费观念、消费水平也是变化的，因此，条件的变化可能使调研的结果出现明显偏差。

（3）抽样调研客观上存在误差。抽样调研是从总体中抽取部分个体进行调研，调研的结果并不能完全概括全部的情况，肯定存在误差。当然，可以通过有效地运用市场调研技术尽可能控制误差，从而满足决策的需要。

【小思考】 为什么说市场调研的结果存在不确定性？

7. 时效性

市场各因素瞬息万变，当变化聚合到一定程度，就会催生市场新的质的变化。也就是说市场调研更多反映的只是某一特定时期的状况，在这个时期内才是有效的。为此，市场调研应尽可能在较短的时间内完成。

【练习】 市场调研具有哪些特征？为什么？

【训练】 结合所在班级对校园广播站的态度评价进行调研。

A. 3 市场调研的类型

A. 3. 1 按调研样本产生的方式划分

按调研样本产生的方式划分，可分为普查和抽样调研，后者又分为随机抽样

调研和非随机抽样调研

A. 3. 2 按市场调研的方法划分

根据具体资料的调研方法划分，可以分为以下几类。

（1）文案调研法，又称为桌面调研法。即搜集和归纳现存资料。

（2）实地观察调研法，即在现场观察、搜集资料。

（3）访问调研法，即通过直接或间接的方式与被调研者接触，从而搜集资料的搜集。具体的方法主要是借助问卷进行邮寄、网上调研、家访、个别访问、小组访问来搜集资料。

（4）实验调研法，通过改变某个因素从而衡量该因素对所观察的现象的影响。如改变食品的包装看销售量的变化，从而评价包装对商品销售的影响。再如改变广告的投入比较商品的销售的变化，等等。

A. 3. 3 按研究性质和目的划分

按研究探求市场现象的性质不同，可以将市场调研的方式划分为四种方式。

1. 探索性调研

有的时候，对于该调研什么，调研者心中并无把握。这时，就要进行一些摸索，把握调研方向，为开展正式的调研服务。这种摸索方向的调研就是探索性调研。所以，探索性调研的特点主要体现在：在未明市场具体情况时所作的初步调研；开展时不需要很多样本，也不需要采用概率抽样的方式或者借助专家或二手资料；为了寻找思路与启迪。

探索性调研的主要适用于大规模正式调研之前，帮助准确定义问题，设计解决方案，为问卷设计服务。

探索性调研具体可以采用小样本进行个案研究、专家咨询调研、二手资料分析等方法。

2. 描述性调研

市场调研更多的时候是为了掌握一定时期的市场状况。描述性调研就是不加修饰地反映市场情况，特点在于把握市场的客观情况；目的是描述市场被调研对象的实际情况。

3. 因果性调研

因果性调研是获取有关原因和结果之间关系的证据所作的调研。可用于调研市场状况及其变化原因，并可以进一步分析何为因何为果，以及因与果之间关系。例如可用于调研降价和赠送购物券两种手段哪种产生的效果更好。

4. 预测性调研

企业对于未来市场的变化，应该做到未雨绸缪，并尽可能占有先机。所以，在市场调研中应对消费的未来变化进行调研。这种针对市场未来变化所作的调研，称为预测性调研。

【练习】 结合市场调研按研究性质和目的划分的种类，说明各类应如何开展调研？

【训练】 结合学院内的某一商店的具体情况实地观察调研法调研学生的购买行为。

A.4 市场调研的原则与程序

A.4.1 市场调研的原则

1. 有用性原则

市场调研的内容不是调研得越多越好，实际上也不可能一次调研很多内容。这要受到很多因素的制约，包括调研费用的影响，调研的内容越多，被调研者付出的劳动就越多，应支付的报酬也会越高。如家计调研就和一般的调研不同，由于在调研中需要被调研家庭较长时间的配合，做较多的记录，一般在调研方案设计中就要考虑给被调研家庭更多的报酬。另外，调研内容还受到时间因素的影响，被调研者一般不愿意付出过多的时间配合调研。调研内容过多，被调研者容易产生畏难、厌烦的情绪，反而影响调研质量。而从调研活动本身来说，无用资料对企业决策也没有帮助，一种无效的劳动。由此可见，开展市场调研应紧紧围绕需要解决的问题进行才最具可行意义。

2. 及时性原则

及时性是保证资料价值的基本原则，因为事物都会更替，市场也是如此。所以，调研活动必须经过严密高效的组织迅速得出结果，为决策服务。一般来说，调研公司都能够在几天内将调研结果交到客户手中。

3. 准确性原则

市场调研所得的资料是为了决策服务的，是决策的基本依据，所以必须保证其准确性，否则，就会造成决策的失误而影响企业的发展。这里的准确是指在一定把握程度下的准确，并不要求100%的准确。调研结果的准确性取决于多方面的因素，包括问卷的科学性；调研人员的技术水平；被调研者的配合态度程度等。

4. 全面性原则

全面性原则也就是系统性的原则，要求在研究市场现象时不能只注重某一方面，而要从多个方面准确地认识市场现象，因为市场现象并不是由单一因素决定的。所以，要求在调研的内容设计上综合考虑影响市场现象的因素，进行全面的调研，综合分析得出正确的结论。

5. 经济性原则

市场调研的每一份资料都需要成本，开展调研时必须加以考虑。要有效地控制调研成本，做到既经济又有效。要控制好调研成本，可以通过多方面入手，包括选择合适的调研方式、合适的样本容量、合适的调研内容等，力求做到少投入、多收效。特别是二手资料的调研，如果是为了节约成本而采用它，就必须保证比开展一手资料调研有明显的节省。

6. 科学性原则

市场调研的科学性要求开展市场调研时必须按照一定的程序科学地选择抽样方式、计算样本容量、计算误差、总体估计和分析归纳得出结论。这里要强调的是，市场调研的方式很多，各种方式都是科学的但必须严格按照每一方式所适应的情况及其应用的要求进行调研。

A. 4. 2　市场调研程序

企业要开展市场调研活动，可以自己组织或者委托市场调研公司。企业自己组织进行时，企业的市场营销管理部门向企业的决策层提出建议，开展企业必要的市场调研活动，经决策层批准后组织落实。主要可能提出涉及有关企业未来发展方向的问题，如新产品开发的可行性；生产经营活动过程中出现的困难；市场竞争状况恶化等。由于一般的企业都没有建立有专门的部门和配备专业的人员，并碍于专业水平上的要求，一般都委托市场调研公司进行专项市场调研。事实上，不论是企业自己组织还是委托市场调研公司，开展市场调研的基本程序大同小异。

1. 企业自己组织进行调研

企业自己组织市场调研时，相关人员须向企业决策层提出调研项目建议书。调研项目建议书是市场部门的人员经过一系列的分析研究及必要的试验性调研后拟订的。调研项目建议书针对企业面临的调研任务作了更为详细的说明，提供给企业决策层审定，其格式和内容一般比较简明扼要，便于企业决策人员理解和审定。

调研项目建议书的格式及基本内容，可以参考小案例。

调研项目建议书

1. 存在问题（调研背景）
2. 调研主要目的
3. 词查内容
4. 调研方式和方法
5. 调研时间及进度
6. 调研组织落实：（调研责任人、参与调研人员组织等）
7. 经费预算

申请部门：

申请日期：　　年　月　　日

负责人审批意见

财务审批意见

2. 市场调研公司受托进行市场调研

从市场调研公司受托进行的市场调研活动大体可以分为八个方面。

（1）与客户接触，认识和分析客户的问题。这一阶段的主要目的是了解客户需要解决的主要问题。需要调研公司从专业的角度为客户提供一个初步解决方案，从而赢得客户，确定委托意向。

（2）向企业提交调研方案（调研任务书、调研总体方案）。调研方案是调研人员经过一系列的分析研究及必要的试验性调研后拟订的，针对企业的调研任务作了更为具体的说明，并提出相应的解决方案，所以，调研方案完全是从调研公司的角度对客户所作的说明。由于调研方案主要提供给企业审定，所以其内容一般比较简明扼要，便于有关人员阅读和理解。市场调研公司可以拟订多个方案供委托企业选定。

（3）正式签订委托调研合同，目的主要是明确双方的权利和义务。

（4）市场调研公司完善所选定的方案，并组织调研。方案总体上不变，但调研问卷的完善等问题，还需要调研公司从专业角度进一步细化。调研问卷设计好后可以按计划进行预调研和实际调研。

（5）编制录入和分析程序，目的是借助计算机提高分析效率和水平。

（6）资料处理与整理分析，即审定和完善资料，并整理资料，使其有序化。

（7）撰写市场调研报告。市场调研报告是市场调研成果的集中反映，也是市场调研公司提供给委托企业的“产品”。

（8）跟踪调研。目的是进一步检验调研的结果及变化，为进一步的调研打下基础。

【练习】如何保证市场调研的有效性？

【训练】按照调研公司的要求结和学校的要求对同学们的运动时间进行调研

A.5　市场调研的内容

市场调研包括宏观、中观、微观环境的调研。宏观环境调研包括政治、经济、文化、法律、技术、自然、地理等方面；中观环境调研主要包括行业和竞争环境的调研；微观环境调研主要包括市场需求调研、消费者行为动机调研、产品供给调研、市场营销活动调研等。

【练习】什么是消费动机？

【训练】通过网上一些调研公司的问卷设计来认识市场调研的内容

A.6　市场预测概述

A.6.1　市场预测的含义

市场预测是指在市场调研的基础上，运用预测理论和相关方法对企业决策者关心的变量（关心事件）的变化趋势和未来状态做出估计与测算，为决策提供依据（信息）的过程。

A.6.2　市场预测的基本特性

1. 服务性

市场预测活动主要是估计企业未来可能面对的变化，为企业的未来决策服务。

2. 描述性

通过定性或数学模型进行预测并得出结果。

小案例>>

2008～2012 年，艾美公司生产的防晒霜的销售情况依次如下：100 万瓶、118 万瓶、140 万瓶、162 万瓶、180 万瓶，预测 2013 年和 2014 年的销售量。

【解】建立数学模型 $y=a+bt$；求参数 $b=20.4$；$a=140$；则模型为 $y=140+20.4t$；将 $t=3$ 代入求得 2012 年预测销售量为 201.2 万瓶；将 $t=4$ 代入求得 2014 年预测销售量为 221.6 万瓶。[㊀]

3. 系统性

市场预测活动要考虑诸多因素的影响。举例而言，某地私人购买住房的市场预测，影响的因素包括现有住房情况、现有可支配收入水平、家庭人口数量、家庭结构、家庭总体收入、消费观念、信贷支持力、收入预期、社会保障、房地产市场状况等，考虑全面，才能做出较恰当的预测。

A.7 市场调研与市场预测的关系

市场调研与市场预测既存在联系，又存在区别。

A.7.1 市场调研与市场预测的联系

1. 市场调研为确定市场预测目标提供了方向

先通过市场调研得出有指导意义的结论，再结合专业知识和经验对未来发展做出前瞻性的判断。

2. 市场调研为市场预测提供必要的信息

市场预测不是无源之水、无根之木，更不是臆想。

3. 市场调研与市场预测的初衷一致

市场调研的目的是把握市场信息，为企业决策服务；市场预测的目的也是把握企业的发展方向，寻求发展的方向。同时，市场预测必须在市场调研的基础上进行。两者的关系可以表述成：市场调研—市场预测—经营决策。

4. 市场调研与市场预测的方式方法在不断发展，而且能相互促进

一方面，市场调研的一些方法在发展过程中可以作为预测的根据，如通过向专家进行调研的专家意见法，包括专家会议法、德尔菲法，就有这样的意义。另一方面，市场预测的方法也会促进市场调研方法的完善，如市场预测的问题会对市场调研的内容提出要求等。

5. 市场预测的结论要依靠市场调研进行验证和修订

市场调研与市场预测之间的关系是密不可分的，甚至有的学者把两者统称为

㊀ 采用简化求解参数方法。

市场调研。

A. 7. 2　市场调研与市场预测的区别

(1) 两项活动开展的目的不同。市场调研的目的主要是为日常决策提供依据；市场预测的目的主要是为制订管理计划和战略决策服务。

(2) 两者把握市场的侧重点不同。市场调研侧重于对市场的历史和现状的把握；市场预测侧重于对市场未来的把握。

(3) 两者开展活动的过程不相同。市场调研的过程比较复杂；而市场预测的过程比较简单，主要是从文案中得出评估结果。

(4) 两者使用的方式方法不完全相同。市场调研的方式方法十分丰富，式上可以分为随机抽样和非随机抽样，具体达十种之多，在方法上包括面谈、邮寄与网络、电话访问等多种方法；而市场预测的主要方式包括定性分析和定量分析两种，在方法上包括定性分析法、时间序列分析法、因果分析法等。

(5) 两者产生的结果不同。市场调研生成的结果主要是数据、资料、报告；而市场预测活动生成的结果主要是定性和定量的估计。

学习指导

1. 学习建议

本章是市场调研的开篇。在学习中要本着打好基础，为学好以后章节服务的思想。本章主要是围绕市场调研与预测的一些基本知识和技能展开。包括市场调研的在企业经营管理活动中的地位、作用、含义、特征、类型、原则、程序、调研内容、市场预测的涵义、市场调研与预测之间的关系、市场调研与预测的基本发展等方面。其中，要重点掌握市场调研的特征、市场调研的原则、市场调研与预测之间的关系的问题。本章可以说没有什么难理解的问题，大家可以多记忆多思考并通过一定练习和训练来巩固知识和技能。

2. 学习重点与难点

重点应掌握好市场调研的特征、市场调研的原则、市场调研与预测之间的关系的问题。

3. 核心概念

市场调研　探索性调研　描述性调研　因果性调研　预测性调研　市场预测

课后思考与练习

1. 选择题

(1) 市场调研的最终目的是（ ）。

A. 企业形象 B. 搜集资料 C. 预测 D. 企业决策

(2) 市场调研的过程就是（ ）过程。

A. 搜集资料 B. 设计问卷 C. 为预测决策服务 D. 设计方案

(3) 市场调研活动属于企业（ ）活动。

A. 营销 B. 营销管理 C. 管理 D. 日常

(4) 市场从卖方的角度就是（ ）。

A. 买卖 B. 商品 C. 消费 D. 货币

(5) 调研活动一般要求在一周内完成是遵循（ ）原则。

A. 及时性 B. 完整性 C. 科学性 D. 普遍性

(6) 市场调研的方式包括（ ）。

A. 普查 B. 问卷调研 C. 邮寄调研 D. 抽样调研

(7) 市场预测包括（ ）预测。

A. 定性 B. 定量 C. 数量 D. 计量

(8) 市场调研的内容可以包括（ ）。

A. 宏观 B. 微观 C. 中观 D. 社会

2. 判断题

(1) 企业开展了市场调研就可以使决策成功。（ ）

(2) 市场调研主要是对昨天和今天的调研。（ ）

(3) 市场调研是为预测服务的。（ ）

(4) 市场调研肯定存在误差。（ ）

(5) 市场预测是对未来的一个估计。（ ）

(6) 企业决策不能脱离市场调研。（ ）

(7) 任何的企业都需要经常开展正规的调研与预测活动。（ ）

(8) 从一般意义上来讲没有调研企业的决策肯定会是错的。（ ）

(9) 市场调研必须按照固定不变的程序来进行。（ ）

(10) 市场预测比市场调研要简单。（ ）

(11) 市场调研与市场预测是两项独立的活动。（ ）

(12) 没有市场调研也就没有市场预测。（ ）

(13) 市场调研的方式可以综合利用。( )

(14) 市场调研与预测一般是一种付费的活动。( )

(15) 通过把握消费变化就能正确预测市场。( )

(16) 我国一般企业都会大力开展市场调研活动。( )

3. 简答题

(1) 为什么说市场调研是企业必要活动?

(2) 如何理解市场调研的及时性原则?

(3) 如何理解市场调研的针对性原则?

案例分析

"空调要换代"的呼声从来没有像2007年的春天来得响亮和猛烈。空调行业在经历了传统空调的单元时代、柜机时代和一拖多时代后，家庭中央空调时代终于来临。春节过后，在装修市场上，近三成的消费者在家庭装修之前的空调配套中就选择了中央空调，而且这个比率还在持续上升，其中海尔家庭中央空调销售势头持续升温。海尔公司通过市场调研得出对市场的准确分析判断，随着人民生活水平的提高、消费观念的转变、大户型住宅的增多以及空调技术的升级都为家庭空调的升级换代坚定了基础，特别是90m^2以上的户型是选用家庭中央空调的中流砥柱，因为这样的户型安装普通的家用空调，室内机太多影响室内装修，多个室外机也难以安装，而且使用起来很不方便。所以家庭中央空调就成为消费者新家装修的首选。新春佳节尚未过完，海尔KVR家庭中央空调的销售已悄然火起来，全国各地纷纷接到了预约订单达百万套，其中新装修小区团购订单占了80%，海尔家庭中央空调开始走进寻常百姓家。

专家预言，2007年将会成为家庭空调升级换代的第一个高峰年，保守统计，新装修小区30%以上的用户会首先考虑家庭中央空调。

资料来源：http：//www.haier.com，2007年2月27日星期二搜集

【分析】1984~1991年，海尔只生产冰箱一种产品，通过名牌战略阶段，探索并积累了企业管理的经验，为今后的发展奠定了坚实的基础，总结出一套可移植的管理模式。使海尔成为全球著名企业。综观海尔的发展，不断打造企业核心竞争力是发展的关键和法宝；其中，先进的经营理念为海尔指引着发展方向和思想，产品人性化设计，想消费者所想，真诚为了消费者，与消费者双赢，无疑是海尔成功的根本。这里，认识消费的工具——市场调研与指导决策市场的市场预测无疑也是功不可没的。

附录B
市场调研内容基础知识

知识目标

1. 宏观环境调研的内容
2. 微观环境的调研内容

能力目标

1. 解释说明市场基本环境调研的主要内容
2. 结合实例搜集具体调研内容
3. 到具体企业了解、认识市场环境调研的内容

引　言

日本卡西欧公司自成立之初便以乐器产品的新、优而闻名世界，其在新、优方面的胜利主要得益于市场调研。卡西欧公司的市场调研主要采用销售调研卡，卡片只有明信片一般大小，但调研栏目中内容应有尽有。第一栏是购买者的调研，包括性别、年龄、职业等分类，十分细致。第二栏是对使用者的调研，包括购买者本人、家庭成员或其他人，每一类人员中又分列年龄、性别调研。第三栏是购买方式的调研，是个人购买，团体购买，还是赠送。第四栏是调研购买者的获悉途径，是看见商店橱窗布置、报纸杂志，广告、电视台广告，还是朋友告知或看见他人使用等。第五栏调研选中该产品的原因，包括操作方便、音色优美、功能齐全、价格便宜、商店介绍、朋友推荐、孩子要求等。第六栏调研使用后的感受，包括非常满意、一般满意、普通、不满意。剩下几栏还分别对机器性能，购买者所拥有的乐器、学习乐器的方法和时间、所喜爱的音乐、希望有哪些功能等方面作了详尽的调研。为企业提高产品质量，改进经营策略，开拓新的市场提供了可靠的依据。

问题：

1. 卡西欧公司市场调研的课题是什么？
2. 卡西欧公司的市场调研涉及哪些内容？

任何企业的经营活动不能独立于环境而独立进行，企业经营活动受到多种社会环境的影响，包括宏观环境和微观环境。环境的变化可以给企业带来市场机会，也可能给企业带来威胁，所以企业对市场环境的调研研究，是有效开展经营活动的前提。

B.1　宏观环境调研

宏观环境调研主要包括政治环境调研、法律环境调研 、经济环境调研 、社会文化环境调研 、科技环境调研 、自然环境调研六大要素的调研。

B.1.1　政治环境的调研

政治环境主要指企业外部的政治形势和状况。国内政治环境一般包括党和政府的各项方针、路线、政策的制定和调整。企业既是这些政策、方针的执行者和贯彻者，同时国家的各项方针政策的调整也约束和限制着企业的各项活动。企业要认真研究、了解和接受国家的宏观管理，而且要随时了解和研究各个阶段的各项方针、政策及其变化趋势。比如，国家扩大或压缩对基础建设的投资比例，将直接影响到建筑材料产品的销售情况。在国际政治环境方面，应当了解政治权力与政治冲突对企业销售渠道的影响。政治权力影响销售活动，往往表现为政府机构采取某种措施约束外来企业，如进口限制、外汇管制、劳工限制、绿色壁垒、反倾销等。政治冲突是指国际上的重大事件或突发性事件。这类事件也对企业市场销售工作存在影响，有时带来机会，有时带来威胁。所以，在选择销售渠道时，一定要正确了解国际和国内的政治环境。

B.1.2　法律环境调研

企业对法律环境的调研，就是要分析国家或地方政府颁布的各项法律、法令、法规与条例等。比如，我国颁布的《中华人民共和国产品质量法》、《中华人民共和国反不正当竞争法》、《中华人民共和国消费者权益保护法》、《中华人民共和国商标法》、《中华人民共和国专利法》、《中华人民共和国广告法》、《中华人民共和国税法》、《中华人民共和国合同法》、《中华人民共和国直销法》、《中华人民共和国反倾销条例》等是与企业活动有直接关系的法律、法规。企业在做每一项活动时都要符合以上法律条令，而且要善于运用。当你生产商品或给商品命名时的，就要考虑是否违反了《质量法》或侵犯了《商标法》；当你做出广告策划进行宣传或利用各种手段促销时，就要考虑是否触犯了《广告法》或《反不正当竞争法》；当你将产品出口到国外，扩大销售范围时，就得考虑是否违背了《反倾销法》或《国际贸易规则》；当你最终将产品卖给消费者时，就要考虑是否违犯了《消费者权益保护法》；当你赢利时，就得考虑是否违反了《税法》或《劳动合同法》。另外，国家有关的政策性法律文件条例，也会影响销售活动的开展。不同国家的社会制度不同、经济发展阶段与国情不同，体现统治阶级意志的法律也就不同，从事国际化运营的企业，还需要对有关国家的法律制度和有关国际法规、国际惯例进行深入地了解。随着经济全球化的发展，了解和把握各国贸易政策及相关法律法规显得尤为重要。

小知识>>

名　称	时　间	主要内容
中华人民共和国合同法	1981 年通过	国内法人间经济合同的订立与执行、变更与解除，合同当事人的责任与权力，以及纠纷的解决等
中华人民共和国商标法	1982 年通过	产品因进行商标注册，为注册的产品不得销售，商标注册的程序，商标的使用管理等
中华人民共和国专利法	1984 年通过	保护发明创造专利权，鼓励发明创造及其应用推广等
中华人民共和国食品卫生法	1982 年通过	食品的卫生标准，食品卫生的管理监督，法律责任等
中华人民共和国破产法	1986 年通过	破产申请的提出和受理，债权人会议和解和调整，破产宣告和破产清算等
中华人民共和国公司法	1993 年通过	公司的设立和组织机构，股份发行和转让公司债券，公司财务、会计、分立、破产、解散和清算，法律责任等
中华人民共和国反不正当竞争法	1993 年通过	不正当竞争行为，监督检查，法律责任
中华人民共和国消费者权益保护法	1993 年通过	消费者的权利，经营者的义务，国家对消费者合法权利的保护，消费者组织，争议和解决，法律责任等
中华人民共和国广告法	1994 年通过	广告总则，广告活动，广告的审查，法律责任等
中华人民共和国票据法	1995 年通过	汇票，本票，支票，涉外票据的法律适用法律责任等
中华人民共和国价格法	1997 年通过	经营者的价格行为，政府的定价行为，价格总水平调控，价格监督检查，法律责任等
中华人民共和国中外合作经营企业法	2000 年通过	设立合作企业的申请，合作条件、收益或者产品的分配、风险和亏损的分担、经营管理的方式和合作企业终止时财产的归属等

B.1.3 经济环境调研

经济环境是指一定时期内的社会经济条件及其运行状况和发展趋势。经济环境调研主要调研社会购买力水平、消费者收入状况、消费者支出模式、工资制度、税收及利率、信贷、消费结构等诸多内容，下面介绍其中的几项内容。

1. 经济发展水平

经济发展水平主要影响市场容量和市场需求结构。不同经济发展水平下，消费者的消费需求规模和结构有很大差别。经济发展水平快速增长带来的就业人口的增长、居民实际收入水平的提高、社会购买力的扩大，必然引起消费需求的增加和消费结构的变化；反之，消费需求就会减少。通过调研所在地的国民生产总值、经济发展速度、社会商品购买力水平、人均收入、失业率等指标，分析其经济发展水平，从而确定该地区的市场容量和市场需求结构。

2. 经济结构

经济结构包括产业结构、需求结构、地区结构、所有制结构等。我国正处于经济转型过程中，经济结构的调整和优化促进了经济的发展，也带来了社会结构的变化。这些变化必然将带动商业、交通、通信、金融等行业的发展。企业通过调研经济结构，就可以决定投资方向，确定目标市场，把握市场机会。

3. 消费支出模式和消费结构的变化

消费者支出模式是指在消费者个人或其家庭总消费支出中各类支出的比例。消费者收入的变化不仅影响购买力，而且对消费者支出模式有着直接的影响，并使其发生具有一定规律性的变化。著名的恩格尔定律就是对消费者的消费支出模式的具体分析。食物开支占总消费量的比重越大，恩格尔系数越高，生活水平降低；反之，食物开支所占比重越小，恩格尔系数越小，生活水平越高。掌握这一规律，有利于企业了解消费支出的结构变化和消费走向。

【小思考】 为什么说在经济环境调研中，应着重把握一国（或地区）总的经济发展前景？

4. 货币政策及信贷

一个国家的利率及外汇政策在一段时期会影响该国经济的发展变化。比如贷款利息的下调会引起投资积累资金的增多，借款利息的下调会导致部分储蓄基金转变为消费基金。外汇汇率的变动也在一定程度上引起进出口贸易的变化与资金的回笼。信贷是指金融或商业机构向有一定支付能力的消费者融通资金的行为。目前，我国对消费者个人提供的住房贷款、银行按揭和汽车消费贷款，一定程度上促使房地产业和汽车业的扩大消费、快速发展。随着我国市场经济的发展，消费信贷业务将逐渐发展，各种信贷形式得到广泛运用，这将对我国的消费需求和消费支出产生深远的影响。

B. 1. 4 社会文化环境调研

社会文化是指一个社会的社会结构、民族特征、价值观念、生活方式、风俗习惯、伦理道德、教育水平、语言文字等。社会文化环境在很大程度上决定着人们的价值观念和购买行为，例如，有些地区的消费者喜欢标有“进口”或“合资”字样的商品，另一些地区消费者却可能相反，这些类似的文件差异都要通过市场调研掌握。

B. 1. 5 科技环境调研

科学技术是第一生产力，科技发展对经济发展有巨大的影响，不仅直接影响企业内部的生产和经营，还同时与其他环境因素互相依赖、互相作用，对企业的经营活动带来巨大的影响。当前，世界新科技革命正在兴起，生产的增长越来越多地依赖科技进步，产品从进入市场到市场成熟的时距不断缩短，高新技术不断改造传统产业，加速了新兴产业的建立和发展。高新技术的发展，促进了产业结构趋向尖端化、软性化、服务化，营销管理者必须更多地考虑应用尖端技术，重视软件开发，加强对用户的服务，适应知识经济时代的要求。

科技环境日新月异的变化，不断地给企业带来新的机遇和新的挑战。企业要在市场上立于不败之地，就必须时刻关注科技环境的变化，通过多种形式的调研研究，充分认识新技术、新工艺、新材料、新产品、新能源、新标准的情况。同时，企业还要注意科学技术引领市场营销观念、营销策略的变化。

B. 1. 6 自然环境调研

自然环境包括地理、气候、资源、能源等因素。企业受到各种自然环境的影响，如资源短缺、环境污染严重、能源成本上升等。自然环境对企业经营活动的影响越来越大，企业需要不断地通过市场调研了解和掌握自然环境的变化，相应地制定企业的发展战略。

日本汽车最初进入加拿大市场时，汽车时常生锈，加拿大消费者对产品质量产生了怀疑。日本调研后发现，原来加拿大冬天天寒地冻，常常需要在道路上撒盐来融化冰雪，而汽车在公路上长时间受到盐的腐蚀，车身就会锈迹斑斑。日本汽车制造商在调研后改进了车身的喷漆配方，添加了抗盐防锈漆，很好地解决了这一问题。

【练习】如何理解社会文化环境调研与市场营销的关系？

【训练】结合实际的市场问题进行宏观环境因素的分析

B.2　微观环境调研

企业营销管理的任务，就是要不断向目标市场提供有吸引力的产品或服务。要想成功做到这一点，企业的营销管理者不仅需要注视目标市场的需求，而且需要了解企业营销活动的所有微观环境因素。微观环境的调研包括消费者调研、市场需求调研、市场竞争调研、产品调研、价格调研、分销渠道调研、促销调研等。

B.2.1　消费者调研

消费者需求是企业一切活动的中心和出发点。消费者调研是市场调研中最重要的内容之一。消费者调研主要包括：消费者结构调研、消费者数量调研、消费者购买动机调研、消费者购买行为调研、消费者满意度调研。

1. 消费者结构调研

任何产品都有一定的消费群，而哪些人构成企业产品的消费者，这就需要企业进行大量的调研工作得以确定，以便有针对性地开展营销活动。消费者结构包括其性别、年龄、职业、收入、教育程度的结构等。

2. 消费者数量调研

对于企业而言，消费者数量的多少直接影响企业的销售业绩。因此如何让更多的消费者成为企业的长期购买者，增加消费量，是企业长期研究的重点问题。企业需要调研在不同时期消费本企业产品的消费者数量，以及时调整生产计划。

3. 消费者购买动机调研

从企业营销的角度出发，开展市场调研的重要目的之一是分析消费者的购买动机，从而为企业制定科学、合理的营销策略提供依据。消费者的购买动机是由消费者需要决定的，而美国心理学家马斯洛（A. H. Maslow）认为人的需要有生理需要、安全需要、社交需要、尊重需要、自我实现需要五个层次。消费者购买动机调研主要就是分析研究消费者的需要层次，从而把握消费者购买动机的变化。消费者购买动机具体分为生理动机和心理动机两种，但是具体的原因很复杂，难以捉摸。因此，消费者行为动机的调研难度较大，需要精心设计。

小案例 >>

20 世纪四五十年代，速溶咖啡在占领市场前走过了一段坎坷的道路。美国加利福尼亚大学的心理学家海尔对这一问题进行了调研研究。研究得出了这样的结论：美国妇女不购买速溶咖啡的动机是她们认为做家务是主妇的天职，想逃避做家务事要受到谴责的，而速溶咖啡宣传时强调省时、省事，让人觉得它给懒人提供了帮助，所以一般的家庭主妇不愿也不敢购买速溶咖啡。

【分析】 本案例说明了购买动机对市场营销的影响。

4. 消费者购买行为的调研

分析消费者购买行为的目的在于掌握消费者的购买习惯和对产品的具体要求，勾画出典型的消费者形象，从而为有针对性地开展市场营销活动提供参考资料。消费者购买行为是指消费者为满足其个人或家庭生活的需要而做出购买商品决策的过程。消费者购买行为的调研不仅要调研购买者，而且要调研购买决策单位；不仅要调研购买过程，而且要调研消费者购买、使用、处置商品的全过程。消费者购买行为的模式表现为五个“W”和一个“H”，即购买什么（What），为什么购买（Why），何时购买（When），何处购买（Where），由谁购买（Who），以及如何购买（How）。具体调研内容如下。

1. 购买什么

消费者购买对象，例如购买名牌产品还是非名牌产品。

2. 为什么购买

购买动机，是理智动机还是情感动机等。

3. 何时购买

消费者的购买时间商品性质、季节、假日和消费者闲暇时间的影响，有一定的习惯和规律。例如我国的春节、中秋节就是消费旺季。

4. 何处购买

要从两个方面调研对消费者从何处购买：一方面是消费者在何处决定购买；

另一方面是消费者在何处实际购买。两者可能统一，也可能不同。一般来说，消费者对耐用品和高档品的决定购买地点与实际购买地点是不同的，购买决策一般在家里做出，而实际购买地点则在商店里；日用消费品则多在现场决定，现场购买。

5. 由谁购买

购买某种产品，往往不是一个人的行为，而是多个人以不同角色参与的过程，一般分为发起者、影响者、决定者、执行者和使用者五种角色。在许多情况下，实际执行者并不是决定者或商品使用者。搞清谁是决定者和影响者，对企业来讲关系重大。调研后找到谁是购买决定者，从而采取有针对性的广告措施等，可以影响消费者、争取购买者，促成购买行为。

6. 如何购买

消费者的需求决定购买什么，而消费者的收入水平和社会因素决定消费者如何购买。在调研过程中要了解到消费者倾向于怎样购买、价格高低、品牌包装如何、喜欢什么样的促销方式等。企业了解这些问题，才可以提供更多适宜的产品，吸引更多的消费者购买。

企业只有对消费者购买行为进行充分的调研研究，才能在激烈的市场竞争中获得自身生存与发展的空间。

小案例>>

某鞋厂生产了一种海蓝色的涤纶坡跟鞋，在产地很受欢迎。鞋厂根据这一情况主动给外国一家大商场发送了一部分这样的鞋。不久，商场来电要求退货。厂方百思不得其解，迅速派人前往调研。调研结果显示出这种鞋之所以不受欢迎，是因为该商场所在地的风俗与产地不同，这种鞋的颜色为该国的禁忌，因此才使这种鞋滞销。

【分析】 *消费者购买行为的调研是企业调整营销策略的基础。*

7. 消费者满意度调研

消费者满意度（customer satisfaction）是消费者感觉状态的一种水平，是指企业所提供产品（服务）的表现与消费者当前对其期望和要求相比的吻合程度。消费者满意度指数（customer satisfaction index）是衡量消费者满意度的一个指标，用百分比表示。消费者满意度指数用来表示消费者对一种产品的质量、性能、外形、售后服务用等方面的综合满意程度。例如，对产品的性能、功效、包装、服务满意或不满意到什么程度？使用后生理、心理上有什么具体感受？对企业、产品、品牌是否有好感，有好感到什么程度？调研这些内容的意义在于，一是指导消费者的消费行为；二是使厂家认识到产品在使用过程中存在的问题，以便及时地改进，更好地为消费者服务。企业为了不断地超越消费者的期望，赢得更多的竞争优势，满意度调研已成必然趋势。

消费者满意度的测量主要从两方面开展：首先，列出所有可能影响消费者满意度的因素，按照这些因素的重要程度由高至低排列，最后选出企业最关心的相关因素，相关因素一般控制在 10 ~ 20 个，被调研者可协助判断这些因素的重要程度；其次，就所被调研者对选择评价的重要因素的满意度做出评价，评分尺度可由设计者依据精确程度以及分析水平的要求设定，一般以 5 项量表等级为准，即很满意、满意、一般意见、不满意、很不满意。满意度调研可以参考表 B-1。

表 B-1 2007 年国产轿车消费者满意度调研

调研问题	很满意	满意	一般	不满意	很不满意
1. 请问你如何评价车辆的整体设计风格					
2. 请问你如何评价车辆的内饰设计风格					
3. 请问你如何评价车辆的漆面质量					
4. 请问你如何评价车辆的内饰部件质量					
5. 请问你如何评价车辆的机械部件可靠性					
6. 请问你如何评价车辆的动力性					
7. 请问你如何评价车辆的操控性			○	○	○
8. 请问你如何评价车辆的制动性	○	○	○	○	○
9. 请问你如何评价车辆的安全性	○	○	○	○	○
10. 请问你如何评价车辆的减振性	○	○	○	○	○
11. 请问你如何评价车辆的行李厢空间	○	○	○	○	○
12. 请问你如何评价车辆的内部空间	○	○	○	○	○
13. 请问你如何评价车辆的音响	○	○	○	○	○
14. 请问你如何评价车辆的空调性能	⊙	○	○	○	○
15. 请问你如何评价车辆的车内噪声	○	○	○	○	○
16. 请问你如何评价维修保养的等待时间	○	○	○	○	○
17. 请问你如何评价维修人员的水平	○	○	○	○	○
18. 请问你如何评价售后人员的服务态度	○	○	○	○	○
19. 请问你如何评价维修保养的便利性	○	○	○	○	○
20. 请问你如何评价 4S 店的硬件环境	○	○	○	○	○
21. 请问你如何评价车辆的零配件价格	○	○	○	○	○
22. 请问你如何评价 4S 店的收费水平	○	○	○	○	○
23. 请问你如何评价车辆的燃油经济性	○	○	○	○	○

B.2.2 市场需求调研

市场需求反映了消费者对某一特定产品或服务的购买意愿和购买能力。市场需求就是企业的市场机会，掌握当前市场需求、潜在需求及其变化趋势信息，是企业营销决策的前提。市场需求调研包括市场需求总量调研，市场需求结构调研，市场需求时调研、市场需求影响因素的调研。

1. 市场需求总量调研

市场需求总量是指在一定的地理区域、一定的时间期限内、一定的营销环境下，一定的消费者群体所购买特定产品的总量。市场需求总量受到很多因素的影响，本身是一个变量，因此，就需要经常调研市场需求总量，以便企业了解其变化，及时调整营销策略。

2. 市场需求结构调研

随着消费者收入的提高，我国市场需求结构也在发生很大的变化。对于始终变化中的需求结构进行调研，主要从购买力投向入手，通常按消费者收入水平、职业类型、居住地区等标准分类，然后测算每类消费者的购买投向，即对衣食住行等商品需求结构进行分类。需求结构调研不仅要了解需求总量结构，而且还必须了解每类商品的具体结构信息。

3. 市场潜在需求调研

在竞争激烈的市场上，潜在市场需求是企业寻求的最佳机会。谁先发现了潜在的市场需求，谁就获得占据市场的先机，谁就拥有竞争力。市场永远存在未被满足的需求，问题是企业如何去发现它，并且采用有效的战略和策略，将潜在的市场需求机会转化为企业的营销机会，开展市场调研就是发现并把握市场机会的重要途径。

4. 市场需求时间调研

市场需求时间调研主要是了解消费者需求的季节规律性和具体购买时间，以及需求时间内的品种和数量结构。

5. 市场需求影响因素的调研

市场需求受各种因素制约，其中有企业可以控制的因素，也有一些因素是企业无法控制的，如消费者因素、竞争对手因素、政治因素、自然环境因素等，对此，企业可以在充分调研后采取措施预先避免不利因素，甚至通过营销手段努力创造某些局部的有利环境，以扩大市场需求。

市场需求调研是一个综合性的调研，通常是由国家相应的经济管理部门组织进行的，企业只是间接地利用资料。而具体商品数量、质量、品种、规格、需求时间等方面的需求情况及其满足程度的调研，是企业市场需求调研的重要内容。为了准确把握消费者的需求情况，企业通常需要对人口构成、家庭、职业与教育、收入、购买心理、购买行为等方面进行调研分析，然后再得出结论。

B. 2. 3　市场竞争的调研

企业仅仅了解消费者的需求是远远不够的，还必须了解自己的竞争对手。不研究竞争对手的战略和策略，想取得竞争的优势是不可能的。从某种意义上讲，了解竞争对手也是现代企业的重要大事，是企业选择营销战略和策略的先决条件。因此，市场竞争调研正成为企业最为关注的调研内容之一。市场竞争的调研内容主要有如下几项。

(1) 企业有没有直接或间接的竞争对手，如有的话，是哪些。

(2) 竞争对手的所在地和活动范围。

(3) 竞争对手的生产经营规模和资金状况。

(4) 竞争对手生产经营商品的品种、质量、价格、服务方式及其在消费者心中的声誉和形象。

(5) 竞争对手的技术水平和新产品的开发经营情况。

(6) 竞争对手的销售渠道以及销售渠道的控制程度。

(7) 竞争对手的宣传手段和广告策略。

(8) 当前竞争程度（市场，占有率、市场覆盖面等）、范围和方式。

企业只有熟悉了相关内容，判断自身所具备的条件，才能清楚地判断自身在市场竞争中所处的地位。进入国际市场的企业，还需要了解国外企业的市场份额及在该国市场上所处的地位等。任何一个成功的竞争者都有自己的成功之处，如企业形象好、产品质量优、价格适中、雄厚的资金、销售渠道的控制、成功的广告、有效的促销手段等。

B. 2. 4　产品调研

为市场提供消费者（用户）所需要的产品服务，是企业赖以生存的基础，产品调研就是搜集消费者对本企业产品的评价和偏好信息，以评估产品满意需求的状况，其核心是产品的适用性。产品调研包括产品概念调研、产品实体调研、品牌形象的调研、产品包装调研、产品生命周期阶段调研。

1. 产品概念调研

产品概念是消费者心目中的产品特征，是用消费者的语言表达出来的产品开发构想。企业在推出新产品之前，需要将产品概念放到消费者中去做一番调研测试，了解这一概念能否满足消费者某一方面的需求，能否吸引他们的注意，能否激发他们的购买欲望。

产品概念调研的主要内容有：消费者对产品概念的理解程度、消费者对概念中所表达的产品特性的需求程度、概念的产品特性与竞争产品有无明显的差异、概念能否激发消费者的购买欲望等。

2. 产品实体调研

（1）产品质量调研。产品质量是产品最基本、最主要的内容，也是消费者最为关注的问题之一。商品的实用性、耐用性、安全性、维修方便等方面都是人们在购买商品时通常考虑的因素。通过产品质量调研，企业可以了解哪些问题是最主要的，是生产经营中应该强调和狠抓落实的重点。质量是个动态概念，随着生产技术的进步、买方市场的形成、消费者价值观的变化以及产品所处的市场生命周期阶段的不同，消费者对性能要求的侧重点也会不相同。因此，针对产品质量不仅要进行多方面的调研，还要进行多层次和经常性的调研。

（2）产品功能调研。消费者购买产品是为了获得某种使用功能，功能是体现产品价值的重要因素之一。产品的功能包括产品的心理性功能和实用性功能。所谓心理性功能是产品的个性化设计引得消费者产生联想、想象、推理等心理作用而对产品特色产生的认同和理解，如：时尚、豪华、浪漫等；实用性功能是指产品的各种基本的和附加的实际效用，如：保温、防尘等。因此，对产品功能的调研要从两个方面着手。另外，不同的消费者对功能的需求是不同的，所以企业需要做经常性的调研和研究，以保证设计的功能适合目标消费者的需要，尤其要防止功能过剩而导致成本上升，使企业失去价格上的竞争优势。

（3）产品款式调研。产品款式包括产品的结构、规格、形状、色彩、口味等特征。款式是企业产品区别竞争产品而实行差异策略的重要武器。款式的新颖性、多样性和个性化，是企业产品开发的要素，随着科学技术的不断发展和市场竞争的日趋激烈，产品也越来越同质化、同步化，价格水平、分销渠道和促销手段越来越相似，这使消费者在选购商品时更注重产品款式的个性化和新颖性。因此，通过产品款式调研，随时了解消费者的消费心理和对产品款式的偏好，为企业不断开发新型产品提供依据。

（4）产品原材料调研。随着人们生活水平的提高、环保意识的增强和消费心理的日益成熟，消费者对产品的要求越来越多样化，对产品原材料的要求就是其一。不同层次、不同区域、不同时期、不同年龄、不同性别的消费者对产品原材料的需求有所差异，产品原材料调研主要是调研消费者对原材料的各种特殊要求。例如，我国不少消费者喜欢喝不含任何添加剂的饮料。

3. 品牌形象调研

品牌是指产品的商业名称，由包括文字、标记、符号、图案和颜色在内的品牌标志构成，用来识别产品的制造商和销售商，是产品质量、性能、特色的综合体现，是区别竞争产品、吸引消费者重复购买、培养消费者忠诚的主要依据。品牌调研主要调研品牌在消费者心目中的印象和地位、品牌在消费者心中的价值、消费者对品牌的情感表现、有多少消费者使用了这个品牌、有多少消费者了解认同这个品牌、品牌设计有没有体现个性、消费者对品牌的忠诚度如何等。因此，进行品牌形象调研，对于企业进一步传播、巩固和调整品牌形象，强化产品的竞争力，建立稳定的顾客群，保护企业的合法利益，培养消费者的忠诚度具有极其重要的作用。

4. 产品包装调研

包装是指对某一品牌商品设计并制作容器或包扎物的一系列活动；是产品生产过程再流通领域的延续；是产品的一部分，除了保护产品，方便运输、销售之外，还具有树立品牌形象和企业形象、促进销售等作用。

包装调研主要是调研包装的外观设计、颜色、容量、文字、图案、包装材料等是否能被消费者接受和喜爱、为什么喜爱，以及希望通过产品的包装获得哪些产品信息；竞争产品的包装有什么特点等内容。对于运输包装，应该了解包装是否方便运输、储存、拆封，能否适应不同的运输方式和气候条件等。

市场对于不同类型的包装有不同的要求。

（1）消费品包装。消费品包装应该能起到美化、保护和宣传商品的作用。因此，在调研中应查明以下内容。

1）包装与市场环境是否协调。

2）消费者喜欢什么样的包装外形。

3）包装应该传递哪些信息。

4）竞争产品需要何种包装样式和包装规格。

（2）工业品包装。工业品包装应该能起到介绍包装内容和保护商品的作用，其调研内容如下。

1）包装是否易于储存、拆封。

2）包装是否便于识别商品。

3）包装是否经济，是否便于退回、回收和重新利用。

（3）运输包装。运输包装应该能帮助商品及时、安全地运达目的地，其调研内容如下。

1）包装是否能适应运输途中不同的搬运方式。

2）包装是否能保证防热、防潮、防盗以及适应各种不利的气候条件。

3）运输的时间长短和包装费用为多少。

5. 产品生命周期阶段调研

一种产品在市场上的销售和获利能力会随着时间推移发生与生命周期相似的变化，即产品都会经历一个进入市场、成长、衰退，直至退出市场的生命周期。企业只有掌握产品处在生命周期的阶段情况或未来发展趋势，才能制定较好的营销策略和发展战略。产品处与生命周期哪一阶段，主要反映在产品销售量、产品普及率、销售增长率、消费者购买意向、市场产品、可替代产品的开发和销售情况等方面。

（1）产品销售量及销售增长率调研。销售增长率是判断产品处于生命周期所处阶段的重要依据。因为在生命周期的各个阶段，销售增长率是不同的。根据日本研究得出的经验，增长率在投入期是不稳定的，成长期在 10% 以上，成熟期大致稳定在 0.1% ~10%，衰退期则为负数。当然，国情不同、行业不同，其经验数值也不一定相同。

（2）消费者的经济情况和购买意向调研。调研消费者对产品价格的经济承受力，对产品购买欲望的强烈程度。具体包括：选择此种商品的动机；产品受欢迎的原因；产品在哪些方面需要改进；消费者为何停止或减少购买此商品的原因等。

（3）产品普及率调研。普及率通常也被视为衡量产品生命周期的尺度。一般当普及率很低时，产品处在导入期，随着普及率的提高，产品也逐步进入成长期和成熟期，当普及率过高，即接近饱和时，产品通常就要进入衰退期了。

当调研结果显示企业某种产品接近衰退期时，就应及早采取相应措施，或停止生产和经营该产品，开发其他新产品；或努力对产品进行一些改进或改变促销策略等，使产品的生命周期得以延长。

企业通过调研上述内容，可以确定产品所处的生命周期阶段，从而制定合适的营销策略。

B. 2. 5 价格调研

产品价格是企业可控因素中最活跃、最敏感、最难以有效控制的因素，也是决定企业产品市场份额和赢利能力最重要的因素之一。企业为产品所规定的价格是否适当，直接关系到产品能否顺利地进入市场，关系到产品的销量、市场占有率与利润的大小，产品以及企业形象的好坏。然而，产品定价又不完全是企业单方面所决定的，它涉及消费者和经销商的利益，受到他们以及市场供求状况、竞争产品价格以及其他各种社会环境因素的影响和制约。因此，企业在产品定价或调价之前，完全有必要进行价格调研。

1. 价格敏感度调研

价格敏感度调研是指消费者对定价的接受程度及对价格变动的敏感程度。不同性质的产品，价格弹性不同。生产资料的消费者对价格变动的敏感度一般不太高，而生活消费品的消费者对价格变动往往十分敏感。

价格敏感度可以用需求弹性系数衡量。所谓需求弹性系数，是指因价格上升或下降的比率造成的销售量减少或增加的比率。由于价格同需求量成反比关系，所以对需求弹性系数应取绝对值。$E>1$，需求弹性较大；$E<1$，需求弹性较小。需求弹性系数的大小是企业制定和调整价格的重要依据。

2. 消费者价值感受调研

由于消费者价值期望是引发购买的前提条件，而消费者价值感受是消费者满意度的基础，是消费者忠诚度的有力保证。实施消费者价值感受的关键就是要准确地把握目标消费者对本企业产品价值在心理上的感受和认同程度，包括对现有价格的接受程度、可以接受的价格水平等。本调研应与产品需求的强度、时间、地点、消费心理因素结合起来进行，以便进一步细化调研项目。

3. 竞争产品的价格调研

竞争产品的价格水平是企业定价时需要考虑的另一个重要因素，对采取以竞争为导向定价的企业来说，这种调研主要为了了解消费者对竞争产品的认同程度和意见、竞争产品的价格目录、竞争产品价值和价格之间的关系等。

4. 产品成本调研

产品成本是盈亏的临界点，也是企业定价的底线，是影响定价的重要因素。充分了解产品生产成本、销售成本、财务成本、管理成本也是价格调研的主要内容。例如，生产成本调研包括固定成本、变动成本、边际成本、规模成本、经验成本登记项目；销售成本调研包括储运成本、流通成本、促销成本等具体项目。

除了上述四个方面之外，企业价格调研还有不少项目，如国家价格法规和政策、国内外经济形势和金融形势、汇率和利率的高低等，具体可以跟实际需求决定调研内容。

B. 2. 6　分销渠道调研

商品从生产者向消费者转移的过程中，要经过若干流通环节或中间层次。分销渠道调研就是对商品在流通过程中所经过的流通环节或中间层次进行调研。调研主要了解企业现有的销售渠道是能满足销售商品的需要；中间商的销售额、资金状况、储存能力，消费者对中间商的反应、遵守合同的声誉等；中间商对发货速度、数量的要求，对推销员、营业员进行技术培训的要求等。

1. 渠道类型调研

分销渠道的类型多种多样，并且不断有新型的分销渠道出现。对于企业来说，不同类型的渠道各有利弊，企业必须通过调研各种渠道成本、效益，及其与消费者的联系，企业对渠道的控制能力和渠道对产品的适应性等方面的情况，做出分销渠道设计决策。这方面的调研还包括对企业现有渠道的调研，如是否能满足产品销售的需要，过程是否畅通；消费者是否感到方便、满意；分销渠道的各环节产品库存是否合理，有无积压、脱销现象等。

2. 渠道成员调研

对于选择间接渠道分销产品的企业，需要从成千上万家中间商中挑选一些较为理想的作为自己分销渠道的成员，它们极大地影响着企业产品分销系统运作的有效性和经济性。企业在选择或调整成员时，要调研研究各层面中间商的企业信誉、企业形象、经营稳定性、顾客类型、所在地的社会经济环境，以及中间商的实体分配能力、服务能力、销售能力、管理水平、营销技术、市场控制能力、信息搜集能力、产品知识和专业经验、协作意向等。为了选择好渠道成员，有必要了解以下情况。

（1）企业现有渠道成员能否满足销售商品的需要。

（2）企业是否有通畅的销售渠道；如果不通畅，原因是什么。

（3）销售渠道中各个环节的商品库存是否合理；能否满足随时供应市场的需要；有无积压和脱销现象。

（4）销售渠道中的每一个环节对商品销售提供哪些支持；能否为销售提供技术服务或开展推销活动。

（5）市场上是否存在经销某种或某类商品的权威性机构；如果存在，它们促销的商品目前在市场上所占的份额是多少。

（6）市场上经营本商品的主要中间商，对经销本商品有何要求。

B. 2. 7 促销调研

促销就是企业采用商业广告、人员推销、营业推广和公共关系等方式将产品或服务的有关信息传递给消费者，从而引起他们的注意，激发他们的兴趣，刺激他们的需求，促使他们购买。在现代竞争激烈的市场环境中，促销活动是企业营销活动的又一个重要组成部分。

1. 广告调研

商业广告是促进产品销售最常见的一种方式，为了实现与目标消费者有效的沟通，企业需要搜集很广泛的信息，就广告活动本身来说，调研包括以下几项。

（1）广告信息调研。广告传播信息必须是诉求对象需要的、能够理解的、乐于接受的，只有这样，才能达到沟通的目的。为了吸引广告诉求对象广告需要独特的创意和诉求角度，因而企业这方面的调研除了要深入了解消费者的情况及其对本企业广告信息的认同和理解，还需要充分了解本企业产品的独到之处和竞争产品的广告诉求信息，为制定和调整本企业的广告传播信息提供依据。

（2）广告媒体调研。广告媒体调研是研究在广告运作过程中，综合考虑效果上和投入产出运用何种媒体比较合算，其目的是令广告宣传能达到理想的效果。在广告媒体调研中，要侧重了解各种媒体的优点和缺点，包括媒体形象、媒体的经济性、媒体相互组合的广告效果变化等。

作为广告传播的工具，现代媒体种类繁多，大致可分为以下四种。

1）视听广告，包括广播、电视和电影等。

2）阅读广告，包括报纸、杂志和其他印刷品。

3）邮寄广告，包括商品目录、说明书和样本等。

4）户外广告，包括户外广告牌、交通广告、灯光广告等。

同时，每一类媒体中又细分许多具体媒体，有覆盖全国的，也有地区的，另外，其声望、可靠性等也各不相同。广告约有2/3的费用花在媒体上，因此，如何能以最低的广告费用得到最大的媒体影响力，是企业和广告制作者密切关注的问题，这就需要通过调研，对各种媒体的优点和缺点进行比较，有重点地了解某些具体媒体的影响力、覆盖面、信誉度、经济性和目标消费者的接触率等，为企业选择广告媒体提供可靠的信息。

（3）广告效果调研。广告效果调研是对广告活动结果的反馈，具体来说，就是运用科学的调研研究方法，对广告活动的结果进行了解、分析、研究和评估，以便检查广告活动的效果，为进一步开展广告活动制定有效的广告策略。影响广告效果的因素有广告的版面大小、时间长短和传播频次等。广告效果调研对广告经营企业开展业务，提高广告的社会效果和企业经济效益有重要的作用。

企业投入巨资进行广告促销活动，广告公司精心策划、实施广告活动，目的都是获得良好的促销效果，因此对广告效果进行调研，评定促销效果，是广告调研中最重要的内容。广告效果调研具体包括以下三个内容。

1）广告的社会效果，即该广告对社会文化、道德和人们的思想观念产生的影响，对社会经济结构、消费者生活和行为产生的影响。

2）广告的心理效果，主要是指产品信息的创意、表现手法和发布时点对诉求对象产生的视听率、注意度、知名度、好感度、理解度等心理活动的影响。

3）广告的销售效果。商业广告最主要的目的是促进产品的销售，具体体现广告费用的投入对销售额的影响程度。通过计算这两者之间的比例来确定效果的大小，是衡量本次广告活动成败的主要依据。

进行广告效果调研时要考虑：①广告引起什么人以及多少人的注意，在众多受众中，广告给哪部分人留下的印象最深；②广告能否引起受众的兴趣和喜爱；③广告带给受众什么样的商品形象；④有没有人和有多少人因广告而最终购买了商品和服务。

2. 人员推销调研

人员推销调研是为了了解推销人员的基本素质、推销能力、推销技术和推销成效，以及推销的组织和管理的利弊得失，以便进一步合理确定推销的组织结构，实施人员奖励和培训计划。人员推销调研主要调研推销人员的推销观念、推销人员的推销技能、推销人员的培训效果、推销人员的报酬。

3. 营业推广调研

营业推广是一种在营业过程中，以富有创意的促销手段激发市场需求，直接吸引消费者和中间商迅速或大量购买特定产品的促销策略。营业推广调研的主要内容如下。

（1）营业推广目标对象调研。主要了解营业推广促销对象的消费心理和购买行为特点。

（2）营业推广工具调研。企业在需要根据促销目的、产品特点、环境背景等决定使用某种工具，营业推广工具调研具体调研这种工具的利弊、具体实施方式，以及可能带来的效益。如对赠送样品，就要调研以下内容：赠送对象是谁？赠送面多广？每位受众送多少合适？受众的区域分布如何最合理？什么时间赠送最好？应该采取什么具体的赠送方式？只有在充分调研的基础上才能做出类似决策。

（3）营业推广效果调研。营业推广效果调研主要是调研活动开展后的销售量变化、消费活力的大小，消费者对本次活动的支持度评价（如优惠券的回收率、参加抽奖的人数等），以及中间商的接受程度和参与程度（如是否增加店内广告、有无给予价格优惠等）。

4. 公关调研

企业的公共关系活动能优化企业的内外营销环境，塑造良好的企业形象，从而促进企业产品销售，增强企业产品的市场竞争力。主要包括：企业当前营销状况调研、社会营销环境调研、企业形象调研、公众舆论调研、公关活动效果调研。

【练习】理解说明市场微观环境调研中消费调研的内容

【训练】结合具体的商品说明应进行调研的内容

学习指导

1. 学习建议

市场宏观环境的调研主要包括政治环境调研、法律环境调研、经济环境调研、科技环境调研、自然环境调研、社会文化环境调研等；微观环境的调研包括市场需求调研、市场竞争调研、产品调研、价格调研、分销渠道调研、促销调研等。学生学习后，要了解宏观环境的不可控性，以及微观环境的具体性；把握调研内容之间的关系，能够分析具体调研课题，确定应调研的内容，为以后的问卷调研提供依据。

2. 学习重点与难点

重点：

（1）掌握微观市场调研的主要内容。

（2）认识市场经济条件下宏观环境的具体内容。

（3）消费者购买动机和行为调研。

难点：市场调研宏观环境的调研。

3. 核心概念

产品概念　商品实体

课后思考与练习

1. 市场环境调研包括哪些？其内容是什么？
2. 简述市场商品需求情况调研的相关内容。
3. 结合实际谈谈如何对消费者进行满意度调研？

4. 结合实际谈谈如何加强企业形象调研?
5. 简述商品实体和包装调研的内容。
6. 主要对竞争对手调研哪些内容?
7. 市场营销中的价格调研有哪些?
8. 对营销渠道的调研主要包括哪些调研内容?
9. 结合实际谈谈如何运用广告调研了解广告效果?

案例分析

荷兰某食品工业企业每推出一款新色拉调料产品，均受到消费者的普遍欢迎，产品供不应求，其成功主要依赖于该企业不同寻常的市场调研。以“色拉米斯”产品为例，在推出“色拉米斯”前，企业选择了700名消费者作为调研对象，询问其喜欢企业的“色拉色斯”（一种老产品的名称），还是希望企业制度新的色拉调料。消费者对新产品提出了各种期望，企业综合消费者的意见，几个月后研制出了一种新的色拉调料。当向被调研者征求新产品的名字时，企业拿出预先选好的名字“色拉米斯”和“斯匹克杰色斯”供其挑选。80%的人认为“色拉米斯”更好。这样，“色拉米斯”便被选定为这种产品的名字。同时，企业还调研消费者愿意花多少钱购买，以此确定了该产品的销售价格。经过反复地征求意见，并根据消费者的意见作了相应的改进，“色拉米斯”大获成功。

【分析】

1. “色拉米斯”一举成功的原因是什么?
2. 在这个案例中，涉及了哪些调研内容?

参考文献

[1] 苏卫国. 市场调研与预测［M］. 武昌：华中科技大学出版社，2004.

[2] 刘玉玲. 市场调研与预测［M］. 北京：科学出版社，2004.

[3] 李国强，苗杰. 市场调研与市场分析［M］. 北京：中国人民大学出版社，2005.

[4] 陈启杰. 市场调研与预测［M］. 2 版. 上海：上海财经大学出版社，2004.

[5] 杨勇. 市场营销：理论、案例与实训［M］. 北京：中国人民大学出版社，2006.

[6] 小卡尔·迈克丹尼尔. 市场调研精要［M］. 杜建刚，译. 3 版. 电子工业出版，2002.

[7] 郑方辉，等. 市场研究典型案例［M］. 广州：华南理工大学出版社，2001.

[8] 龚曙明. 市场调研与预测［M］. 北京：清华大学出版社，2005.

[9] 叶明海. 市场研究［M］. 上海：同济大学出版社，2000.

[10] 余建英，等. 数据统计分析与 SPSS 应用［M］. 北京：人民邮电出版社，2003.

[11] 李长风. 经济计量学［M］. 上海：上海财经大学出版社，1996.

[12] 易丹辉. 数据分析与 EVIEWS 应用［M］. 北京：中国统计出版社，2002.

[13] 王振龙. 时间序列分析［M］. 北京：中国统计出版社，2003.

[14] 董承章. 经济预测原理与方法［M］. 大连：东北财经大学出版社，1992.

高职高专房地产类专业实用教材系列
高职高专精品课系列

课程名称	书号	书名、作者及出版时间	定价
居住区规划	978-7-111-42613-4	居住区规划（第 2 版）（“十二五”国家级规划教材）（苏德利）（2013年）	35
房地产投资分析	978-7-111-39877-6	房地产投资分析（第2版）（高群）（2012年）	30
房地产市场营销	978-7-111-47268-1	房地产市场营销实务（第 3 版）（栾淑梅）（2014年）	35
房地产开发	978-7-111-24092-1	房地产开发（张国栋）（2008年）	28
房地产经营与管理	978-7-111-46876-9	房地产开发与经营实务（第3版）（陈林杰）（2014年）	35
房地产经济学	978-7-111-43526-6	房地产经济学（第2版）（高群）（2013年）	29
房地产经纪	978-7-111-48117-1	房地产经纪实务（第2版）（陈林杰）（2014年）	35
房地产估价	978-7-111-32793-6	房地产估价（第2版）（左静）（2011年）	31
房地产法规	978-7-111-43942-4	房地产法规（第 3 版）（“十二五”国家级规划教材）（王照雯）（2013年）	25
建筑工程造价	978-7-111-46883-7	建筑工程造价（第2版）（孙久艳）（2014年）	35
建筑工程概论	978-7-111-40497-2	房屋建筑学（第2版）（徐春波）（2013年）	35
建筑材料	978-7-111-42753-7	建筑材料（丁以喜）（2013年）	39
建设工程招投标与合同管理	978-7-111-30875-1	建设工程招投标与合同管理实务（第2版）（高群）（2010年）	29
工程监理	978-7-111-38643-8	建设工程监理（王照雯）（2012年）	35
工商管理类专业综合实训	978-7-111-21236-2	工商管理类专业综合实训教程：工商模拟市场实训 （精品课）（阚雅玲）（2007年）	22
职业规划	978-7-111-26991-5	职业规划与成功素质训练 （精品课）（阚雅玲）（2009年）	34
网络金融	978-7-111-46435-8	网络金融（第3版）（张劲松）（2014年）	35
统计学学习指导	978-7-111-22168-5	应用统计学习指导 （精品课）（孙炎）（2007年）	19
统计学	978-7-111-47018-2	应用统计学（第2版）（精品课）（“十二五”国家级规划教材）（孙炎）（2014年）	35
市场营销学（营销管理）	978-7-111-37474-9	市场营销基础与实务（精品课）（肖红）（2012年）	36
管理信息系统	978-7-111-23032-8	管理信息系统 （精品课）（郑春瑛）（2008年）	28

走向职业化高职高专规划教材系列

课程名称	书号	书名、作者及出版时间	定价
高级财务会计	978-7-111-44076-5	高级会计实务（傅秉潇）（2013年）	35
财务会计	978-7-111-33443-9	财务会计实务（赵红）（2011年）	29
财务管理（公司理财）	978-7-111-23417-3	财务管理（刘云丽）（2008年）	30
财务法规	978-7-111-46121-0	财经法规与会计职业道德（第3版）（李立新）（2014年）	39
网络营销	即将出版	网络营销实务（第2版）（高凤荣）（2014年）	35
网络营销	978-7-111-27337-0	网络营销实务（高凤荣）（2009年）	32
电子商务其他专业课	978-7-111-28750-6	电子商务综合实训（肖红）（2009年）	28
电子商务其他专业课	978-7-111-27212-0	计算机网络技术（余棉水）（2009年）	30
电子商务案例	978-7-111-29768-0	电子商务应用案例（邹德军）（2010年）	26
电子商务	978-7-111-39004-6	电子商务实用教程（谢金生）（2012年）	32
管理学	978-7-111-23215-5	管理基础与实务（朱权）（2008年）	30
管理学	978-7-111-38887-6	管理学基础（李立新）（2012年）	35
审计学	978-7-111-35218-1	审计基础与实务（琚兆成）（2011年）	29
审计学	978-7-111-35453-6	审计实务（傅秉潇）（2011年）	32
会计学	978-7-111-35292-1	会计基础（李立新）（2011年）	34
会计学	978-7-111-33292-3	会计基础（刘志娟）（2011年）	29
西方经济学	978-7-111-39029-9	经济学基础（第2版）（李海东）（2012年）	30
统计学	978-7-111-29041-4	应用统计基础（精品课）（曾艳英）（2009年）	38
经济法	978-7-111-13974-4	经济法基础与实务（黄瑞）（2008年）	32
旅游客源国概况	978-7-111-24207-9	旅游客源国概况（舒惠芳）（2008年）	30
旅游概论	978-7-111-27381-3	旅游概论（石强）（2009年）	28
旅游法规	978-7-111-31434-9	旅游法规与职业素养（蒲阳）（2010年）	28
旅游地理	978-7-111-29023-0	中国旅游地理（余琳）（2009年）	32
饭店市场营销	978-7-111-27282-3	饭店市场营销（陈云川）（2009年）	26
饭店实用英语	978-7-111-24980-1	饭店实用英语（陈的非）（2008年）	38
导游业务	978-7-111-27084-3	导游业务（蒲阳）（2009年）	28
市场营销学（营销管理）	978-7-111-36268-5	市场营销基础与实务（第2版）（高凤荣）（2011年）	35
市场营销学（营销管理）	978-7-111-32795-0	市场营销实务（李海琼）（2011年）	34
市场调研与预测	978-7-111-33916-8	市场调研基础与实训（杨静）（2011年）	38
市场调研与预测	978-7-111-38774-9	市场调研与预测（第2版）（邱小平）（2012年）	29
公共关系学	978-7-111-39846-2	公共关系基础与实务（第2版）（朱权）（2012年）	30
公共关系学	978-7-111-36288-3	公共关系理论与实务（杨再春）（2011年）	36
数据库原理及应用	978-7-111-29203-6	网络数据库应用（李先）（2010年）	28